应用文写作教程

（第三版）

陆亚萍 詹 丹 张 彪 编著

YINGYONGWEN
XIEZUO JIAOCHENG

U0421964

复旦大学出版社

内容提要

本书是一部融可读性与可操作性于一体的应用文写作教材。

全书分基础知识、文体例说、训练和答疑三部分内容。用正面讲解、答疑、文体点评等多种方式，多角度、多层次地聚焦知识要点，系统而全面地介绍了应用文写作的概念、特征、源流、主题、材料、结构、表达、语言等最基本的知识点；简洁、清晰地重点介绍了通用性强、适用面广、使用频率高的几种法定公文、日常事务应用文、商务应用文；为增强实用性，本书特别增加了“应用文写作常见错误评点与训练案例”及“应用文写作答疑100问”两章内容。

本书旨在帮助学习者掌握应用文写作的基础知识，提高学习者实际的应用文写作能力。

本书既可供各级院校的学生作为应用文写作课的教材，也可供广大应用文写作学习者作为参考书使用。

前言

教材是提供常识的，而常识具有一定的稳定性，从应用文写作的规范体式来说，这种稳定性体现得尤为明显。而利用一套固定的教材，似乎是保持这种稳定性的有效手段。在当下社会上已经有许多应用文写作教材的前提下，我们仍耗时耗力编写这样一本教材，是因为我们自信：在从事一项看似已经无法创新的劳动中，我们仍能让读者感受到一些创意或新意。

常识无法创新，但是对常识的阐释可以创新。尤其是当这种常识被阐释得过于枯燥无味时，我们希望通过自身的努力，能够创造性地传递出一些趣味。我们这样说，绝不意味着我们是在写一本趣味应用文的写作教程。这里涉及对写作自身特点的理解。从一方面看，说到纯粹的趣味性，以非文学性为自身特点的应用文写作，无论如何也不能与文学性写作的纯粹趣味性相提并论。文学性的写作或者阅读能够给人提供娱乐，但是，要从应用文的写作或者阅读中来获得娱乐，这种可能性实在很小。不难发现，生活中确实有不少人产生了从事文学创作的强烈冲动，即便自己不能胜任此项活动，即便他们的创作暂时甚至长期得不到别人的欣赏，也并不妨碍他们在无人喝彩的情况下，一直坚持下去，自娱自乐。但是，出于创作的需要而不是实际的目的，来写一张通告或者通报的人，还很少见；也很少听说，有人能在纯粹阅读此类应用文时，从文字本身获得一种快乐。可是，从另一方面看，由于应用文的写作是和生活紧密相连的，其与日常生活的关联程度，在某些方面，甚至还超过了文学性写作。所以，生活本身的新意和趣味，有时候也会从这些似乎是刻板的、枯燥的文体中散发出来。更不用说，我们有许多人时不时会犯些常识性的错误，而以常识来纠正这些错误，对读者造成的心理上的戏剧性效果，有时候是不亚于阅读文学作品的。基于此，我们即便是阐释常识，也有所选择。只有那些在生活中最常用、也最容易引起误解的应用文写作知识，才被我们重点讲解。

写作具有很强的实践性，学习写作知识的最终目的是为了提高写作水平，但认为写作知识无助于写作水平提高的观点，时有所闻。固然，提高写作水平最有效的方法是多写多练，但是，了解基本的写作知识和应用文的各种体例要求，也是必不可少的。我们没有必要用“没有理论指导的实践是盲目的”这样的套话来予以劝诫，道理很简单：用英国一位经济学家的话来说，那些敌视理论知识的人，倒不是他们不要理论或者没有理论，只不过他们的理论，是被一种陈旧的或者错误的理论所支配而已。在这样的理论支配下，那些可笑的错误，在他们的应用文写作实践中，才会一再出现。正是这种实践中的太多错误，更加强化了我们有必要再编一本教材的决心。

本教材在编排结构中，打破了那种平面展开的方式，用正面讲解、答疑、文体点评等多种方式，多角度、多层次地聚焦知识要点。这表明了我们旨在用一种聚光灯式的观照，来呈现一种客观的知识，同时我们也力图用多种文字的触角，来寻求读者接受知识的最佳兴奋点，从而为我们的教材找到知识与读者联系的真正通道。这是本教材的最低目标，其实也是最高目标。换句话说，让本教材的编写不致成为一种重复劳动，既是我们卑微的希望，更是我们高层次的期待。而只有读者以及读者的实际使用效果，才能检验我们的希望是否绝非一种好高骛远的奢望。我们真诚期待着读者诸君的反馈意见和同行专家的批评建议。

编者

2014 年 9 月

目录

上编 基础知识

第一章 引论 / 3
第一节 应用文写作的概念 / 3
第二节 应用文写作的特征 / 4
第三节 应用文写作的源流 / 6

第二章 外部论 / 8
第一节 应用文的作者 / 8
第二节 应用文的读者 / 10
第三节 应用文与社会 / 11

第三章 内部论 / 13
第一节 主题 / 13
第二节 材料 / 15
第三节 结构 / 17
第四节 表达 / 20
第五节 语言 / 26

中编 文体例说

第四章 法定公文 / 31
第一节 概说 / 31
第二节 通知、通报、通告 / 39
第三节 请示和报告 / 63

第四节　函 / 76
第五节　纪要 / 82
第六节　其他法定公文 / 88

第五章　日常事务应用文 / 103
第一节　概说 / 103
第二节　计划和总结 / 105
第三节　简报和调查报告 / 121
第四节　会议记录、会议综述 / 135
第五节　讲话稿 / 143
第六节　简历和求职信 / 149
第七节　规章制度 / 155
第八节　其他常用事务文书 / 163

第六章　商务应用文 / 181
第一节　概说 / 181
第二节　经济合同 / 183
第三节　商品广告 / 198
第四节　营销策划书 / 202
第五节　产品说明书 / 209
第六节　招标书和投标书 / 212
第七节　其他商务文书 / 223

下编　训练和答疑

第七章　应用文写作常见错误评点与训练案例 / 239
第一节　主题与材料 / 239
第二节　格式与结构 / 247
第三节　语言与表达 / 256

第八章　应用文写作答疑100问 / 271
第一节　导读 / 271

第二节　基础知识 / 273
第三节　法定公文 / 280
第四节　日常事务应用文 / 285
第五节　商务应用文 / 290
第六节　余论 / 295

附录一　中共中央办公厅　国务院办公厅关于印发《党政机关公文处理工作条例》的通知 / 296
附录二　党政机关公文格式 / 304

第三版后记 / 323

上编　基础知识

第一章　引论·
第二章　外部论·
第三章　内部论·

第一章　引　论

导学	作为全书的引论，本章对应用文从三个方面进行了简要说明：一是概括了应用文的概念；二是对这一概念的内涵，从应用文特点的角度，进行了较为详细的分析。但是正因为应用文写作具有很强的实践性，所以，单纯从概念和理论上来分析其特点，尚不能对应用文有比较深入的把握；三是我们在教材中引入了历史的视角，对应用文发展的脉络加以简洁的勾勒，这也是把理论分析放到现实基础上的重要手段。
助学建议	掌握应用文的写作概念和特征，了解应用文的历史渊源。
自学建议	通过实际案例，来学习应用文写作的概念、特征和历史渊源。

第一节　应用文写作的概念

应用文是指人们在日常生活或工作中，为处理公私事务经常应用的、具有规范体式的工具性文体。

对于这个概念的理解，有三个不可或缺的因素。

一是应用文写作的用途、作用。凡个人与个人之间，机关团体与机关团体之间，或个人与机关团体之间，在实际生活、学习和工作中需要交流信息、协调或者指导实践、寻求解决问题的帮助等等，就会从事的这样一种书面表达活动，即应用文的写作。

二是应用文写作具有的规范性。即应用文的文体格式、语言表达、甚至书写位置等均具有一定的写作规范要求。在应用文中，每一文种都具有相对固定的模式。这种规范，有的是约定俗成的，有的则是国家政府颁布了明文规定，是我们在写作中不能突破或随意创造的。

三是应用文写作以书面语言为工具。应用文是以文字为载体的一种书面表达,使用的不是口头化的语言。应用文的文,更严密简洁,也更规范。

第二节 应用文写作的特征

对于文章,有两种分类方式。第一种是外部的分类,就是把文章分为应用性文章和文学性文章两大类。分类的目的,是通过比较分析出应用文写作的一般特点。还有一种是内部的分类,依据不同的标准,对应用文内部进行细分,从而区分出内部大致类似的共同文类。就我们的教材而言,是把应用文一分为三,即:法定公文、日常事务应用文和商务应用文,并在这三类中,再进一步细分出每一种文种,来说明其各自的特点和写作要求。

一、一般文章的写作流程特征

一般文章的写作模式包括了四个要素。首先是作者,没有作者就没有文章的产生。就应用文来说,这个作者也许代表个人,如"个人一年学习总结",也许代表集体,如"部门年度计划"(执笔人常常是领导或者集体意愿的代表)。其次就是文章,即载体。第三个要素是客观对象,即文章反映的内容。第四个要素就是读者。这四个要素从写作流程链来说,是互有关联、缺一不可的。

二、应用文的特征

从一般文章的写作流程的角度把应用文与其他类别的文章作一个比较,就可以概括出应用文的主要特征。这些特征,涉及了内容和形式两方面,主要包括以下四个方面。

(一) 实用性

应用文写作目的实用,对象明确、具体。如发一个"会议通知"是为开一个会,布置一件事;写一个"计划",是要对一定时期内所要做的工作或所要完成的特定目标及任务,预先加以书面化、条理化和具体化等等。绝大部分应用文的写作动机往往不是源于个人对生活的感触,更不是个人感情的宣泄,而是由于实际的生活、工作需要或者领导指示的下达,即,是所谓的"遵命写作"。应用文的实用性是指所有的应用文都是为实际需要的"用"而写的,或者是需要解决问题的"请示",或者是交流信息的"简报"等等。而一旦付诸使用,就会产生一定的功用,具有一定的政策性和强制性的功能作用,比如规范人们的行为,如"公约"、"规定"。每篇应用文都有特定、具体、明确的功能。许多应用文——比如公文写作——都代表着发文机关的集体或者主要领导,代表着一定的组织或单位主管、法人代表,而实际的执笔者,并不署名。文学性写作,比如小说、散文、诗歌等的作者就相对固定,作者的写作目的并不具体直接,可以是作者本身抒发胸臆的需要,或是文学作品陶冶人的情操、给人以美的享受的"受用"、"大用",它的用的意义显然更为宽泛,是与应用文的直接交流、管理、规范等的实用性作用完全不同的。

（二）时效性

应用文的实用性要求所有的应用文都是为解决具体问题而写作的，所以同时也具有时效性的特点。不同的文体，它的时效性是长短不一的，不能一概而论。有的文种，比如“规划”，它的时效性可能比较长，如五年或者一生。也有的文种，比如对交通管制时间的“通告”，时间一过，这一管制通告就自然失效。还有的文种，对时效做了特别约定，比如签订合同，有时候双方会对该合同的有效期进行约定。而文学作品的创作时间与“作用”的时间没有直接关系，只要反映的内容具有时代感，这个“效用”就可能越超越时空，越有意义，价值也就越大，所谓经典就是这个意思。巴尔扎克是法国19世纪文学的杰出代表，他创作的《人间喜剧》的最大的价值是为后来的人们提供了详细了解19世纪法国和巴黎的全景图，特别是关于巴黎政治、经济、文化和社会的场景图。他的作品至少是后来人们直观了解过去巴黎生活的资料之一。恩格斯曾经说过，巴尔扎克提供的东西比法国当时的历史学家们提供的还多。

（三）规范性

应用文中的各类文章，在长期的使用过程中，逐渐形成了各自比较固定的体例。从标题、开头到结尾等，都有一定的规范要求，文章安排的方式，甚至包括用语，都有一定的规定。尤其是应用文中的公文写作，《党政机关公文处理工作条例》对十五种公文的格式，在标题、编号、正文、用印、发文日期、书写格式、用纸大小等方面都作了明确的规定。相对于有各种“束缚”的应用文，文学类写作则不但可以而且提倡充分体现作者的个性风格和独创性，系“成一家之言”之作。

应用文的规范性还包括对文种选择的规范，尤其是法定公文的每个文种有其适用范围的要求。不同的应用文体有不同的功用，反映了不同的行文目的和要求，有的还反映了收发双方之间不同的身份关系。例如向非上下隶属关系的有关部门请求批准，就选用“函”而不能用“请示”这样的文种，又如办学招生可用“启事”、“广告”而不能用“通告”。

（四）真实性

应用文写作的真实性主要是指客观对象的真实性，包括事实的真实和生活的真实。很多应用文，文中所写的数据、材料等，要真实、准确；所发布、传达的上级指示精神要确切。应用文写作，是为了解决生活中的实际问题，是为交流思想、传达信息服务的，所以应用文作者观察、了解、调研、反映的对象必须是自然的实际情况，只有建立在真实内容基础上的思想和信息才会使人信服。比如，发一个“简报”，里面涉及的人和事都必须是有名有姓、确有其事的，作者在写作时不能任意虚构事实、主观臆断，否则就会成为无稽之谈，非但达不到沟通信息、交流经验、反映情况、指导工作的目的，甚至还会造成严重的后果，作者也许还将承担一定的行政和法律责任。而文学类写作反映的客观对象则允许虚构、允许发挥想象，所谓的真实是指艺术的真实，即是经过加工的真实。比如，拉美作家马尔克斯的名作《百年孤独》是魔幻现实主义文学作品的代表作，作品是个虚构的故事，里面有很多不真实的情节，如：摇篮会飞，大雨一直下了四年多，死人寂寞了回来找活人聊天，生出长猪尾巴的小孩，等等。读完全书，读者可以领悟，作家是要通过布恩地亚家族七代人充满神秘色彩的坎坷经历，来反映哥伦比亚乃至拉丁美洲的历史演变和社会现实，引发读者思考造成马孔多百年孤独的原因，

从而去寻找摆脱受命运摆弄的正确途径。应用文则不同,真实性是应用文特征最重要和最本质的要素。

第三节　应用文写作的源流

在人类历史上,应用文写作具有悠久的历史。作为人际交往的工具和手段,应用文随着人类社会发展的需要而产生,并且随着社会的发展而不断变化和演进。三千多年以来,应用文逐渐形成了一种具有约定性和规定性的文体。

我国古代最初的写作,都是基于实际应用的社会需要。殷商时期是我国应用文产生的时期。《尚书・序》记载:“古者伏羲氏之王天下也,始画八卦,造书契,以代结绳之政,由是文籍生焉。”可见,最早的写作,是为了替代原始的“结绳”记事的功能。随着文字的产生,开始出现书面的应用体裁的文章。见于甲骨文、钟鼎文、《尚书》等的典、谟、训、诰、誓、命、令、檄等,是我国古代最早的文章,都具备应用文写作的实用性等特征。典,即典常,它是记述古代帝王法的文书,如《尚书》中的《尧典》、《舜典》;谟,是臣下为君主就国家大事进行策划谋议的文件,如《尚书》中的《大禹谟》;契,即券据,这是公文中最早的一种,用以记事立信,是后世契据的前身。以上种种,均属于应用文写作的领域。

应用文写作在秦汉时期有很大的发展。秦始皇统一天下后,在社会各方面进行了一系列的变革,应用文也“书同文”,在写作格式和名称等多方面作了相应的改革,比如,改“命”为“制”,改“令”为“诏”,改“上书”为“奏”,天子自称为“朕”等,形成了较为规范、完整的体制。汉代随着社会政治、经济、军事等生活内容的日益丰富和发展,应用文文体也趋于纷繁和完备。“文书盈于几阁,典者不能遍睹。”(《汉书・刑法志》)东汉蔡邕在《独断》中说:“凡群臣上书天子者有四名:一曰章,二曰奏,三曰表,四曰驳议。”对应用文写作经验的总结,也开始系统化、理论化。在《后汉书・刘陶传》中出现了“公文”一词:“但更相告语,莫肯公文。”这一时期,第一次明确了上行文和下行文的各自文体和应用,应用文名篇也成为典范之作,对后来的应用文写作影响深远。如西汉邹阳的《狱中上梁王书》、司马迁的《报任安书》、晁错的《论贵粟疏》等。

魏晋南北朝时期的应用文写作已相当成熟。主要体现在:公、私应用文的体裁特点明显,在实际使用中更切实可行,并增加了新的应用文体。如,在秦汉的基础上增加了“移”这种平行应用文,贺表、列辞、牍状等都是新形势下出现的新文体。尤其是有关应用文写作的特点、功用、规律的理论研究,全面深入而富有意义。同时,这一时期的很多文学名篇佳作都是标准、规范的应用文,历来受到推崇。如孔融的《荐祢衡表》、诸葛亮的《出师表》,在南朝文学理论家刘勰的《文心雕龙》中被并称为“表之英也”。曹操的写作,文体标准,言简意明,他的《让县自明本志令》以及嵇康的名篇《与山巨源绝交书》,都属应用文的上乘之作。

唐宋时期的应用文继续发展、成熟并走向高峰。各种体裁名篇如林,文种使用的新规定及新文体的增加使应用文系统更趋完备,达到历史高峰。隋、唐、宋开始使用的文体就有音、咨、申状等。魏徵的《谏太宗十思疏》是应用文中的名篇,而唐宋散文八大家中涌现的名篇更是不胜枚举。

相对于唐宋时期的高峰，元明清是应用文写作的稳定时期。创作上虽不及唐宋时期辉煌，但在应用文研究方面渐趋深入，明代吴讷的《文章辨体》、徐师曾的《文体明辨》，清代姚鼐的《古文辞类纂》、刘熙载的《艺概·文概》等，其中都对公文的各种体式进行了详细论述，影响广泛。这一时期突出的变化是对应用文的分类更加细化，如明代的上行文就有题、奏、启、表等十几种之多，但也相当繁琐。清朝对传统应用文进行了由繁到简的重大改革，至清末则把下行类应用文章合并为"诏"、"令"，上行类统一为"奏"、"折"等，对之后的应用文写作影响很大。

从五四运动至当代，应用文写作进入了重大革命时期。一方面，随着封建制度的瓦解，带有历代封建标志色彩的应用文体被废止，如"诏"、"奏"、"上书"等。辛亥革命后，南京临时政府1912年制定的《公文程式》中规定的文体类型只有五种："令"或"谕"；"咨"；"呈"；"示"（但经参议院议决之法规，应由大总统宣布者曰"公布"）；"状"。

不久，临时政府内务部又在一份复函中对以上公文的名称和用法作了补充和解释："《公文程式》所指各种外，尚有一种曰'批'……'批'、'谕'、'令'等之义别：凡上级公署职员命下级公署职员或职员命人民者曰'令'；凡命令而又含有劝导之意者曰'谕'；凡受有呈阅而裁决判断之者曰'批'。"另外还明确规定："行用于外国之公文"为"照会"。同时，应用文在语言表达上，白话文逐步取代了文言文。这个时期是应用文写作古代与现当代的分界和转折时期。

中华人民共和国成立后，新中国逐步建立、规范了自己的应用文写作系统。国务院办公厅在1951年、1957年、1981年、1987年、1993年、2000年、2012年七次修订、完善、规范公文的写作和使用，使之与社会生活的发展更相适应和适用。这在我们现在看到的各种教材中都有体现。

从应用文写作的漫长历史来看，历代应用文的写作基本都是在传承、改革前代的基础上发展、演变并逐步完善的，其时代特点明显，共同点都是为了更好地使用，都是源于实用这个目的。从这个意义上说，应用文的继续发展也是必然的。

学习重点

应用文的概念和特征。

学习难点

应用文的发展源流。

本章小结

应用文的概念和特征都是在现实生活的实际应用中产生的，其具体要求，也随着历史的发展而有所变化。了解应用文的历史和概念、特征，有助于在写作应用文中有一种更自觉的意识。

第二章　外部论

导学	任何写作活动都有外部和内部的构成要素，应用文写作也不例外。从文艺学角度看，当初，一些理论家分出创作的外部论和内部论，其目的是为了把外部的构成要素排除于理论研究的大门，通过最初的一次分类，似乎一劳永逸地打发走了各种外部的制约要素，从而可以让自己来专心研究作品内部诸如文体、语言、修辞等方面的问题了。但是，我们在这里仍然采用这样的外部与内部之分，倒不是为了轻视外部的要素，要求大家也专心于文字等形式方面的雕琢，而只是从不同特征出发来对要素予以分析，是把外部特征放在与内部同等重要的位置。我们甚至认为，与文学作品相比，应用文的外部特征也许要比内部的技巧性的要素更为重要。道理很简单，一篇无关社会现实的文笔优美的文字游戏式作品，也许会受到一部分读者欢迎，且有一定的存在价值，但一篇应用文如果是这样被写就的，也许就无丝毫存在的价值了。文章的外部要素大致可以分为作者、读者和社会三方面，我们的论述也依此逐步展开。
助学建议	利用比较方法，对应用文写作的外部要素的制约性予以充分分析。
自学建议	理解外部要素对应用文写作的制约性，自觉提高自我修养。

第一节　应用文的作者

应用文的作者就是应用写作活动的主体。和其他各类文章的写作一样，应用文也要讲究“真、善、美”，但如前所述，应用文的作者不同于文学作品的创作者。虽然各类应用文涉及的作者的特性不完全相同，除了一些私人书信、简历等，大多是为机关组织集体或者领导立言，尤其是行政公文的作者，往往是集体构思、讨论、准备材料，最后由一人完成。这里，所指的作者是指实际执笔者。而应用文一经行文、签发，便具有法定的权威和行政约束力，是一项特殊的社会实践活动。所以，写作者的思想素质、政策水平以及文化修养，对应用文写作的最终完成和应用效果起着决定性的影响。

一、思想素质

由于应用文大多是传达党和国家的方针政策以及各级单位的具体事务，有很强的法律性和权威性，所以应用文写作者（有时是个人，有时是集体酝酿、一人执笔）的思想素质，关系到应用文的社会影响和工作效率。思想素质包括坚定正确的政治方向和全心全意为人民服务的精神、科学的发展观和求真务实的工作作风。

所谓坚定的政治方向和全心全意为人民服务的精神，就是要求应用文的作者必须在写作上以马克思主义的世界观、方法论以及党和国家的新思想、新理论指导写作实践，准确、及时发布、传达党和国家的方针政策和法规。写作时既准确体现党和国家的最高方针政策，又结合本地区、本单位实际情况的具体政策，切实、有效地发挥应用文统一认识、协调步伐的指导、规范、管理、服务功能，这是应用文写作者思想素质的第一要素。

所谓科学的发展观和求真务实的工作作风，是指应用文的作者作为实践者不能在时间和空间上一成不变地完全照搬照抄有关党和国家及地区的方针政策，要在具体的实践过程中，以科学的发展观作指导，善于发现新情况、总结新经验；尊重社会和自然的发展规律，排除个人主观想象和意愿；理论联系实际，实事求是，结合具体情况。因此可以说，应用文的写作虽是“遵命”写作，但这个“遵命”应该从两个方面来理解：一是遵国家机关领导之命，一是遵社会自然科学规律之命。

二、政策水平

很多“指挥性”和“规范性”等类的应用文具有一定的政策性。应用文作者如果不能正确理解、把握和及时了解体现思想理论的党和国家、地区、部门的相关政策的精神，不学习掌握相关的法律知识，并行之于反映实际和可供具体操作的写作实践中，势必会给政策的传达和实际工作带来负面影响。从大处说，可能会给社会的稳定发展带来负面影响，不利于和谐社会的建设；从小处说，会涉及相关工作不能具体操作实施，达不到写作的目的。2007 年 11 月 23 日，上海《新民晚报》有一篇通讯：《自立规章变更员工岗位》，报道某公司员工余先生因不服公司擅自变更其工作岗位，将公司告上法庭。公司答辩对其“变更岗位”的制裁依据是公司的“规定”，而法院认为，余先生所在公司制订的“规定”是与《劳动法》相违的，是缺乏法律依据的，遂作出余先生胜诉的判决。可见，政策的制定者（也就是应用文写作者）是需要掌握相关的法律知识的。再举一例：公安部 2007 年下发了《服务群众十六项措施》，其中规定：7 月 1 日起实施车牌终身制。但是，以前的规定是：汽车报废时号牌要收回，所以各地交警部门有关人士均表示，将依据《十六项措施》及时且详细制定具体执行方案。可以想象，如果执行单位不及时按照国家政策调整方案，大量的上访事件会给社会造成很大的影响。而有些部门员工因对本单位相关政策不了解而提请的相关“请示”，自然也会因政策限制无法得

到满足。此类案例并不少见。所以，应用文写作者必须具有一定的有关国家与单位的文化、经济、教育等的政策知识，才能顺利解决政策与实践的矛盾，达到写作目的。应用文写作者的政策水平，是体现在政策的制定和政策的执行运用两个方面的。

三、文化修养

文化修养是一个很大的概念。应用文写作者的思想素质和政策水平可归入作者的文化修养范畴，应用文写作者的职业道德、审美水准等等，甚至也应该包括在内。这里的文化修养，主要指应用文写作者必须具备的专业知识和专业技能。专业知识包括应用文写作的基本概念、基础理论，应用文的源流、发展动态的知识；专业技能包括文体选用正确、格式书写规范、用字精当、表达无误等写作技能。

应用文写作是写作学的一个分支，所以，应用文的写作虽然强调必须遵守一定的规范格式，但它和写作学的基础理论有密切联系，体现出写作者的语文水平。这部分内容会在后面的章节详细讲述。相关知识即指相近或交叉专业的有关知识，比如法学、经济学、心理学、历史文化和电脑技术等知识。应用文写作涉及的社会生活面非常广泛，是一项综合性的实践活动。比如，2007 年 11 月 9 日，国家发改委在其官方网站上刊登了国家拟将清明、中秋等传统节日增设为法定节日的调整方案并对此开展了问卷调查，此事就体现出调整草案的作者对中国传统文化的重视以及对民情、民意的了解与关注。当今时代是一个变革的时代，社会生活日新月异，知识、观念更新频繁，政府管理随之不断变化，这些知识的了解有助于作者写出具有质量和效用的文章，提高作者的应用文写作水平，以适应新时代的发展需要。

第二节　应用文的读者

应用文写作和其他任何类别的写作一样，读者是写作链中的一个组成环节。但是，由于应用文写作的特点，决定了应用文的读者也有其相应的特殊性。

一、制约性

应用文是为“用”而写的文章，写作对象具体明确，有特定的受众，有明确指向的读者或读者群，比如，“请示”、“报告”的读者就是单位的直接上司；部门“规章”的读者就是部门的全体员工；商品“说明书”的读者就是商品的使用者；甚至“广告”，其读者对象虽然广泛，但也是具体明确的，即：商品广告的读者就是潜在的消费者，公益广告的读者则是广大的人民。因为“心中有明晰的读者”，而且这个读者的喜好、信服、接受度直接影响、关系到甚至决定文章之“用”的效果，这就形成应用文所谓的读者制约性。这个制约体现在写作者从文种选择、选材、结构、表达方式一直到措辞用语等行文的各个方面。比如，写给不相隶属的单位的有关事项请求，文种应选择“函”，而不是“请示”，内容要简洁、明确，行文用语要诚恳、平等、有商榷性等；而读者是下级的“批复”等，内容就必须有指导性、决断性、权威性等。再比如，体现在结构上的制约：“批复”一般都先要回应对方的请示，然后说明意见，再说明理由。如果不首先回应对方的请示,可能下级单位(个人)都不知道是为了何事批复;然后表明态度,是因为送请示的人,首先最关心的就是这个;理由则放在最后解释。这样的结构,实际上是从读者的需要出发的。这就是对写"批复"的结构制约。即便是同一文种,也会因目的、场合、对象的不同而受到相应的制约。比如,在老干部新年团拜会上的领导讲话和新生入学的开学典礼上的讲话,在行文和语言的"态度"表达上是大不一样的。

应用文读者对写作的制约作用于全部的文体,是贯穿在写作活动始终的。

二、反馈性

应用文的读者不仅对应用文写作具有制约作用,同时还具有反馈的作用。这主要体现在先期的阅读反馈和文章实施效果的后期反馈两个方面,具体是指应用文的读者有对写作信息的修正、补充、完善的权利和义务。

比如,一个会议的"日程安排",作者根据会议的参与者阅读后的反应会作相应的调整,一份"请示"的"批复"为不同意或提出修改意见等等,再如上文所举国家发改委的拟将清明、中秋等传统节日增设为法定节日的调整方案的问卷调查,就是读者信息作用于写作者,帮助、促使其完善的反馈作用。否则,文章的效果作用会受到影响,有些或许根本不能实施,无法达到写作目的。从这个意义上说,应用文的读者,也是文章写作的共同参与者。

应用文的文章最终都是要付诸实践的,能否实施并达到写作目的、预期效果,需要特定读者的反馈。一份出色的"论证报告",其中的有些建议如果没有被采纳;"规章制度"如果没有被遵照执行;铺天盖地的"广告"如果没有促进销售……写作的实用功能就不能得以实现。当然,更有举不胜举的例子证明了:文章因为读者的积极参与实践而实现了写作目的,发挥了文章的功能价值。所以,应用文的读者实际上也是写作的共同完成者。

第三节　应用文与社会

任何文章都是反映社会内容的,而应用文与社会的关系更为密切,因为应用文写作更切合实际、讲究实效。应用文与社会的关系主要体现在两个方面:一是应用文写作必须具体、真实、及时地反映并直接作用于社会;二是社会对应用文写作具有制约、促进作用。这个关系具体来说又涉及三方面内容。其一,应用文是社会真实状况的反映。大到社会热点问题,如"嫦娥一号"相关连续报导,及时而真实,对社会产生的影响积极、巨大。小到某行业、市场、产品的分析调查报告,如《2007 年复印机制造业调研报告》等,都必须真实、准确把握相关新信息新材料,反映新问题,报告新成果。其二,国家机关企事业单位的一系列政策法规,如不同单位、部门的"考核细则"、"规章制度"等,就是单位各部门的行动准则和行为方向,是各级行政单位传达党和国家的方针政策,有针对性地解决实际问题的重要工具。其制作(写作)都是以部门单位的具体情况为依据,不同程度地反映出其具体的情况。其三,应用文反映集体或者领导的意图,特别是高级领导机关有规范行为作用的法规性和政令性文件,如"决议"、"决定"等,具有很强的针对性,其内容一般都包含指导性思想、理论和实践的依据、方针政策以及实施方案等。比如，于 2007 年 12 月 1 日实施的国家建设部、财政部的《廉租房保障办法》，以及同时废止 2004 年《城镇最低收入家庭廉租住房管理办法》，就是国情、民情、思想的综合认识工作的基本真实的现状反映。有些可公开发表或改头换面作为新闻报道发表的文件，对社会的影响作用就更大，是社会有序、有效管理的重要依据，对社会的发展与稳定起着领导、协调、规范的作用。以上这三方面，应该是互相制约、互相协调的。一旦其中发生抵触时，就应该本着实事求是的根本原则，来进行写作。回顾五十多年来的历史，在"大跃进"、"文革"时期，我们国家错误的方针、政策被执行，错误的信息又被上面采纳，给国家和人民造成的损失、影响难以估量。所以，应用文的写作提倡尊重实际，按实际情况反映事实，以达到帮助修订及完善方针、政策的作用，这是对国家、人民负责的态度，也是做人应具有的起码良知。

事实上，应用文受制于社会，这反过来又推动了应用文的发展。应用文因社会需要而产生，又因社会的发展而发展。社会的公众道德价值标准等，都不同程度影响了写作者的观点、评判、写作风格，而应用文体的类别由殷商产生之初的粗到明清的繁琐的细，历朝历代至今不断且仍将继续地演变，都证明了社会对应用文写作的促进、推动作用。

综上所述，应用文既是产生于社会、反映社会、作用于社会，又是受制于社会的。而这两者应该是互相制约、促进、互为因果的。

学习重点

作者与应用文写作的关系。

学习难点

读者对应用文写作的多重制约性。

本章小结

外部的制约是相对于文章本身而言的，并不是意味着不重要，作者、读者和社会这三方面，呈现出丰富、复杂的现象，在应用文实际写作中，表现了多方面的关系，有必要加以细心领会。

笔记区

第三章 内部论

导学	应用文写作是写作学的一个分支，它有一般意义上文章的共性。而应用文特有的实用、时效、规范、真实的性质特征，又决定了应用文区别于其他文章的特殊写作要求。在行之于文的具体写作过程中，这些写作的特殊要求同样体现在文章的内部要素上。所谓文章内部要素，是指一般不考虑外部的诸如读者、社会条件的文章本身的要素，即文本要素。虽然应用文种类不同，写作要求也不尽相同，但这些要素是应用文学习由“听懂、看懂”到“会写”的重要的共同基础。我们把内部要素分为主题、材料、结构、表达方式和语言五个方面。
助学建议	通过片断写作练习，掌握多种表达方式。
自学建议	理解主题、材料、结构和语言的要求，熟悉并掌握常用表达方式。

第一节 主 题

一、主题的概念

写文章，下笔之前是想，即构思。这个构思包括了通常所说的立意、选材、布局等等。其中，首要的是立意。所谓立意，就是确立文章的主题。主题是一篇文章的中心思想、基本观点，是写作者写作意图最鲜明、集中的体现，是文章写作展开的依据、中心，并贯穿于文章的始末。应用文的主题要求，相比于文学作品的主题讲究新颖、深刻，要求对人、事有独特的见解和感受理解的深度而言，是有所不同的。

二、主题的要求

应用文对主题的要求是：正确、鲜明、集中。

（一）正确

主题的正确包含有如下几层意思：

一，思想的正确。

各类应用文，都是党和国家制定的方针、政策、法规的具体化，是各行政机构开展各项工作的依据。因此，在写作上首先要在文章的观点和内容上与中央政府保持政治上与政策上的绝对一致，不能有任何违背的观点。需要说明的是，正确不等同于准确，由于观念、水平、方法等不同的限制，对于同一件事、同一问题的理解，有可能存有截然不同的观点。有些看法、观点不符合科学，不够准确，但在政治上、政策上并没有错误，所以不能说它是不正确的。因理解的不准确而导致不正确的例子也是有的。比如，多年前曾发生过这样一件事：各单位组织干部观看电影《七品芝麻官》，其教育意图、目的明确，要求领导干部为民服务，为民做主。但有人就对这一意图表示质疑，认为正确的主题应是"以民为主"，而不是"为民做主"。"为"与"做"的一字之差，反映的是对党的方针政策理解得不够准确。封建时代的老百姓才要求为其做主，新中国的老百姓本来就是主人，领导干部是人民的公仆，所以，应该是"以民为主"，而不是"为民做主"。思想正确的应用文对于维护正常的社会秩序、保障人民的合法权益有极其重要的作用。正确的主题，除了与中央政府保持政治上与政策上的一致性，还应用科学发展观予以指导，要符合科学规律和客观世界的真实情况，一切从实际出发，就是从客观存在的事实出发，决定我们的方针政策、计划方案等主观性的东西，同时也应该符合人们日常生活的常情常理，符合为人处世的基本准则。

二，要与领导的意图相吻合。

大多数的应用文，尤其是公文，都是机关、组织进行日常工作管理的工具，具有领导和指导作用。执笔人是代领导者立文、立言。这种代言人的身份，具体说起来还有一些身份的不同。有的代言人是被代言人的助手，譬如，秘书代领导写作；有的代言人是被代言人的下属机构，例如省政府关于税务税收的有关公文，很可能是省政府下属的税务部门起草；有的是由政府领导签发，以政府的名义发布的；还有的作者本身就是主管领导本人，这时他是否属于代言呢？应该说他还是一个代言者，因为他笔下产生的文章，仍然是以党和国家的方针政策为依据，反映出一个领导机关或业务部门的思想、政策水平和工作作风，包括领导能力。所以，必须体现、传达领导者的意图，个人的任何意见、倾向、风格是必须隐去的。当然，领会领导的意图也有一个正确和实事求是的问题。脱离实际、虚报、谎报的文章始终是应该摒弃的，这是一个原则性的问题。

（二）鲜明

主题的鲜明要求应用文的主题突出。所谓突出是指观点、态度、立场明确，同意与否、反对与否，一目了然。例如某校团委为组织春游活动向工会申请活动经费所写的一份《关于组织春游活动的请示》，文中详细地说明了组织该项活动的目的、时间、地点、活动的具体内容、经费开支情况等，却没有明确提出"拨款多少"的要求，而标题又没有明确反映出申请经费的意思，这就使收文者看不出发文者是在申请经费、要求拨款，而理解为发文者已有这笔经费，只是行文请求批准他们组织活动。像这样的应用文，其主旨就是不明确的。因为应用文是为“用”的写作，如果是“指示”性强的文章，主题不够明确，含糊、模棱两可、似是而非的态度就会让人无所适从，受文者无法照“此”执行，写作目的自然也就落空。文学类作品的主题“含蓄、象征、暗示、隐晦”的表现手法，是完全不适用于应用文的。比如，贾平凹的《丑石》，写家门口不起眼的丑石，偶被天文学家发现是陨石后成了珍宝，其主题就是：丑中有美，丑也可变美。赋予了美丑的辩证关系并揭示了“丑石”不屈服于被误解、甘于寂寞的伟大的人格意义。这种主题寓意的含蓄、丰富，在文学类作品中是比比皆是的，但在应用文中则是应该避免的。

（三）集中

文学作品中，常常有着多主题的现象，这种多主题，有些是作者本身就想要表达的复杂意图，而有些多主题，也许并不是作者有意要加以表现的，只是读者对作品的理解不同，才产生了仁者见仁、智者见智的结果。前者如《红楼梦》中关于爱情、家族的不同主题之交织，后者如拉封丹著名的寓言诗《乌鸦和狐狸》，虽然作者的意图是要告诫读者警惕阿谀奉承的不善之徒，但是许多儿童读了此文，会误以为教给他们的是怎样通过说好话的方式骗到别人的美味佳肴。一般来说，应用文的主题只能有一个，是唯一的，即使是在一些篇幅较长的应用文中，也不允许有多个主题的存在。不但作者主观上不应有写出多主题作品的想法，客观上也不应该给受文者有多角度理解的可能。如果一篇应用文可以这样理解，也可以那样理解，就必然会给工作带来很大的麻烦，如一篇交通管制的通告，对管制的执行与否可以存在不同理解，必然会造成很大的混乱。

第二节　材　　料

一、材料的概念

材料是一切文章写作的基础，是用以体现主题的事件、数据和观念。正确的观点是要通过恰当的材料表现出来的。材料的选用舍弃、详写略用都要根据主题的需要来做决定。这一点，是所有文章写作在材料运用上的基本原则。

二、材料的要求

对应用文而言，材料的基本要求是真实、确凿、典型和新鲜。其中，真实是最根本的标准。

（一）真实

真实是材料的生命，指的是生活的真实、事实的真实。应用文无论写人、写事，不容许有虚构、掺假的成分。特别是在叙述发生的事件时，必须是生活中实际存在、实际发生过的事情，不能创造或局部添加事实。虚假编造的材料，不仅毫无价值可言，而且对社会有相当大的危害性。

（二）确凿

确凿是指材料的清晰性。特别是涉及量化的数据、引用到的观点时，要做到准确无误。数据的真实是指数据的具体、精确。比如："上海金茂大厦于 1992 年 12 月 17 日被批准立项，1994 年 5 月 10 日动工，1997 年 8 月 28 日结构封顶，至 1999 年 3 月 18 日开张营业，当年 8 月 28 日全面营业。金茂大厦占地 2.3 公顷，塔楼高 420.5 米，总建筑面积 29 万平方米。"确凿的数字，可以明确地表示出所要说明的事物的状态，加深人们的认识。如写申请经费的"请示"或经济类、报告类文章等，涉及的经费、收入、预算等都是以数字作材料的，如果其中的数字模糊，那么整篇文章的价值就会大大降低，既不能反映问题也不能解决问题。

引语有直接和间接之分。直接引述别人的原话，叫直接引语；用自己的话转述别人的话，叫间接引语。引语的真实是指文章中任何地方引用任何人的话语时必须是完整的，不能断章取义，更不能无中生有。比如"新闻报道"、"通讯"中常通篇采用引语来报道某某领导人的重要讲话、重大会议以及外事会见活动，利于增强新闻的真实性、人情味。路透社曾有篇报道前南斯拉夫总统斯洛鲍丹·米洛舍维奇在海牙国际法庭受审的新闻，其中有一部分是这样写的：米洛舍维奇说："就请您按照您接到的指示宣读判词吧，您不必让我把一份用七岁孩子的智力写成的判决从头听到尾。"这位六十岁的前南斯拉夫被黜总统还说："请允许我自我纠正一下：那个七岁孩子是个七岁弱智孩子。"上述报道的直接引语集中并淋漓尽致地刻画出米氏傲然法庭、誓不妥协、语言犀利的性格特点。再比如，"批复"的开头通常要引述来文作为批复的依据，有结合"请示"的日期引述的，如"×年××月××日来文收悉"；有结合来文的日期和文号引述的，如"×年××月××日×号文收悉"；还有引来文日期和来文名称的，如"×年××月××日《关于……的请示》收悉"等，都必须准确、真实。

引语可以弥补陈述事实的不足，增加文章的真实性、客观性，是文章增强说服力、强化吸引读者的有效手段，但如果引语不完整、不准确，其效果就会适得其反。

（三）典型

典型材料是指既有共性特征又有个性特点，有着广泛代表性和强大说服力的事件和材料。典型材料最能表现主题。典型材料并不都是指大事情，即便是属于个别、个案的事情，也能体现普遍意义，有以一当十的功效，能够反映事物的本质和规律。就"典型"的意义来说，所有文章的要求是一样的。比如，俄国大作家列夫·托尔斯泰的长篇小说《安娜·卡列尼娜》中的女主人公安娜，是一个年轻美丽、精力充沛，感情丰富真挚、复杂的悲剧形象，又是勇敢追求资产阶级女性解放的俄国贵族上层进步妇女的典型。

（四）新鲜

材料新鲜是指在真实、确凿、典型的基础上尽可能选用新颖、生动、充满时代气息的新鲜材料，包括最新的数据等。追求时间上的新，是因为时效性本来就是应用文的价值标准之一。同时，材料的新鲜还强调在材料的挖掘上有新的发现、新的观点、新的意义。尤其是新闻性的文体，材料的及时能反映社会新情况、新问题、新动态，是至关重要的。有关材料挖掘的新，有一个很好的例子。2007 年，江苏一位考生在作文中写到农民工。该文主要写星期一早晨，学生们参加升国旗仪式。当学生们把庄重的"仪式"看作是"形式"而打不起精神时，操场旁工地上的农民工听到国歌声却一下子进入了"状态"。文章写道："'下面升国旗奏国

歌。'忽然,挖土机的噪声一下子消失了。只见农民工们停下了手中的活,笔直地站在原地,目光有神地盯着国旗。一个高个子农民工不知怎么进入了我的眼帘。大概是来不及找个相对平坦些的地方吧,他的双脚竟站在高低不平之处,一脚悬空,可丝毫没有摇晃,仅凭一只脚死死地扣住地面,其费力程度可想而知。他的脸上写满了'辛苦',可是嘴角却带着笑容。面对这位青松般的高个子,我被震撼了……如果说,刚才一幕只是对我的一次震撼,那么,接下来的一幕则是对我心灵的一次洗涤。国歌乐响起,校园内依然是一片沉寂,可校园外却响起了农民工们嘹亮的国歌声。伴随着这一声声纯洁的国歌声,我心灵的污垢在一层层褪去。我犹如清晨闻钟,又如挨了当头一棒。我和同学们挺直了自己的身体,唱起了国歌……人人头顶有一方天。农民工并没有因为社会上的某些歧视而丧失自己的天空。他们凭着满腔的爱国热情,撑起了属于他们的那片天空,明净,辽阔,深远!"这篇作文就是以材料挖掘的"新"获得了高分。

再比如《新的消费热点:出门旅游过年》一文,就采用了大量的事实(数据)材料:"根据国家旅游局对江苏、广东、云南、海南、北京、福建、广西、四川、黑龙江、湖南、山东、山西等12个省、自治区、直辖市的调查……今年春节期间,这些地区直接由旅行社接待的国内旅游人次比往年至少有15%的增长……以上12个省、区、市的旅行社,春节期间共接待旅游者124万人次,旅行社营业收入14亿元。"文中采用的材料都是新近现实发生的。

材料的基本要求是真实、确凿、典型和新鲜,前提是真实,必须以真实材料作基础。真实是最根本的标准,是应用文的生命。这个"立言"之本必须牢牢把握。

第三节　结　　构

一、结构的概念

所谓结构,是根据主题把材料组合成一个有机整体的方式,一般也称之为谋篇布局。确立好主题、选好相关材料后,再就是设计整篇的框架结构,把散放的材料一一归位,使文章有序。结构是文章内容的重要表现形式,是文章的"骨架",是作者思路在文章中的具体体现。结构组织的好坏,对于文章内容的表述、读者接受文章信息的传递和作者观点的表达有很大的影响,因为合理的结构安排符合客观事物的构成、发展和人们的认知规律。一篇文章的结构主要包括文章整体与局部,局部与局部两种关系。应用文的结构,涉及两个层面。第一个就是格式层面,从标题开头,包括像公文的发文字号、主送机关、正文、落款、附件等等每一个方面,都要予以注意,不能无故残缺。另一个是正文层面,通常分为开头、主体、结尾三大部分。正文各部分内容根据表达的需要又会划分一定的段落与层次,各段落与层次有过渡与照应,从而形成一个严密、完整的结构体系。这里仅就应用文正文部分的结构,对总体与局部两方面的布局方式作一介绍。

二、结构的总体布局方式

结构的总体布局一般分为横式、纵式、纵横式(合式)。

（一）横式布局方式

横式布局方式也称为并列式布局方式，即把一组属于不同类别的材料，用“板块”并列的方法来组织结构。各部分材料之间是空间转移的平行关系，以此表达一个共同主题。如“工作总结”或“情况介绍”，一般介绍概况后，对成绩或经验、问题或教训、改进措施与办法等分门别类地论述，这个“门”“类”的方方面面写作就是横式的展开。比如“公约”，其中每一条基本就是横式展开的布局。

（二）纵式布局方式

纵式布局方式是按照时间的发展顺序或思维的逻辑顺序来组织材料的一种构思方法。按时间顺序，就是按过去——现在——未来的方式考虑问题，表明观点。比如，“简报”、“通讯”，一般就是按照“开端——发展——结果”的时间顺序来写；按逻辑顺序，就是按照现象——本质——后果——解决办法这样的方式来考虑问题，表明观点。如写问题，按“发现问题——分析问题——解决问题”的顺序安排结构。比如“调查报告”，其结构模式相当典型，在开头的“调查前言”一般先简要说明是在什么背景下的调查，即为什么调查，调查的手段方法是什么，然后说明调查的内容是什么，从“现状”、“问题”、“建议”几方面进行阐述，最后得出结论。这种纵式的结构，适应了人们心理和思维的习惯，避免了作者的主观论述，具有一定的说服力。

（三）纵横式布局方式

纵横式布局方式就是纵横结构相结合综合运用，以某一种结构方式为主，再辅之以另一种结构方式。比如，关于某品牌的护肤品的消费调查，在调查的内容——现状部分的结构如何涉及方方面面，现状部分从“消费者年龄、职业、购买能力、使用效果”等展开，就是横式结构的。事实上，在实际生活中，行政机关里面的很多文章，在写作时都采用纵横结合式结构，充分发挥两种结构的优势而尽可能避免其不足。比如“章程”，首尾往往是纵式的，而内部的展开则是横式的。

应用文都有相对规范、稳定的结构样式，如“合同”就需要将合同的条款按标的、数量、质量、价款等内容分条列项地写清楚；写“通知”要按目的依据、事项、执行要求的顺序安排结构。其中也需要一些灵活的运用，比如根据材料的性质，材料比较形象的，可以用横式空间组合结构的方法，比较抽象的材料一般来说就采用逻辑的纵式组合。这也不是绝对的。材料虽然抽象，但如果是并列关系，就采用横向的结构，如“工作安排”。如果是因果关系，以采用逻辑的纵式结构居多，如“广告”、“学术论文”。

三、结构的局部布局方式

（一）开头与结尾

1. 开头

不同的应用文种因内容的差异其开头当然也不尽相同，但总的来说，应用文写作的开头要开门见山，起笔入题。应尽量避免文学类作品那样的“曲径通幽”法。归纳起来，应用文写作的开头包括以下几种。

目的式：开头即表明行文目的、背景、意义。常用“为了”、“为”等词语领起。经常使用

这种方式的有“计划”、“通知”、“规章制度”、“合同”等文种。如农业部2007年“关于切实做好今年油菜秋冬田间管理工作的紧急通知”的开头：“由于油菜籽价格上涨和国家油菜良种补贴等惠农政策的实施，有力地调动了农民发展油菜生产的积极性，今年冬油菜播种面积有望稳定增加。但播栽期间，长江上游地区连续阴雨、长江中游大部分地区长时间干旱，影响了油菜育苗和正常播栽，造成播栽期推迟，苗情长势较差……为切实抓好油菜的秋冬田间管理，确保生产迅速发展，保证食用植物油的有效供给，特紧急通知如下……”其中的“为切实抓好油菜的秋冬田间管理，确保生产迅速发展，保证食用植物油的有效供给”句就是通知的目的。

引述式：开头援引有关法律法规、上级指示精神或有关单位来文。常用“根据”、“按照”等词语。比如，“批复”的开头常引来文日期和来文名称：如“×年××月××日《关于……的请示》收悉”等。一般使用这种方式的有“批复”、“函”、“通告”、“转发通知”等文种。

概述式：开头先写出基本情况、基本问题或工作的大致进程及结论，为正文的展开打下基础。如“唐场小学安全工作总结”一文的开头：“唐场小学位于大邑县安仁镇，距县城约18公里。全校在职教职工47人、学生1 083人。近几年，唐场小学针对农村小学离县城较远，学生、家长安全意识不强的现状，把‘安全无小事，时刻保安全’作为各项工作的出发点和落脚点，形成了由校长负总责、分管副校长具体抓、其他领导配合抓、落实人员专门抓、突出问题重点抓、全体教师共同抓的安全工作格局”。就是用了这一开头方式。“纪要”、“调查报告”等文种也常用此开头方式。

应用文写作中，开头的写作方式是灵活多样的，不一定局限于以上某一种。常用的还有“缘由式”的开头方式。使用最多的是既写明写作目的，又指出写作根据的复合式开头方式。有的还可以以提出问题的方式作为开头，如一份《中国富裕群体的五种消费心态》的调查的开头：“流动资产超过30万美元的中国富裕群有多少？中国富裕群体目前普遍存在的5种消费心态是什么？”就是采用了提问式开头。“学术论文”的写作也常用这种开头。

2. 结尾

结尾是全文的归结和收束。大多数应用文的结尾有固定的格式。应用文结尾的要求是干脆利落，句完意足，尽量避免“耐人寻味”。一般来说，主要有以下几种。

总结式：概括全文，点明主题，以加深印象。如：“国务院办公厅关于××省××市××县擅自停课组织中小学生参加迎送活动的通报”的结尾：“中小学生是祖国的未来，他们的学习和活动安排，要有利于他们的学习和身心健康。今后各地区、各部门都必须严格执行国家的有关法规和规定，不得擅自停课或随意组织中小学生参加各种迎送或‘礼仪’活动，如确有必要组织的，须报经省级教育行政部门批准。”除了“通报”，“调查报告”和“总结”等也常用这种方式结尾。

号召式：发出号召，表达祝愿，表示信心，以唤起热情。如一篇小学校长在开学典礼上的讲话稿的结尾：“我们相信成功一定属于勤奋的人们！同学们，让我们在新的学期里发扬互帮互助、积极主动、探索创新的精神，取得各自满意的成绩。共同畅想我们大宁小学美好的明天！”号召式结尾多用于“总结”、“决定”、“讲话稿”、“慰问信”、“倡议书”等。

请求式：一般用固定的请求格式用语结束全文。如“请批复”、“当否，请指示”、“请予接洽”、“请函复”等。常用于上行文，如“请示”、“报告”，也见于联系、商洽工作的函件等。

要求式：用固定的期望格式用语结束全文。如“希遵照执行”、“希参照执行”、“望认真执行”等。常用于下行文，如“批复”、“指示”、“纪要”、“通报”、“通告”等。

（二）段落和层次

所谓段落即文章构成的基本单位，也称之为“自然段”，以换行空两格的形式为标志。

一篇文章的段落要求是意义单一、完整，即每一段只表达一个意思；同一个意义的内容无论长短都应在一个段落里完整表达，不能分割成几个段落。

层次是指意义相对独立完整的段落，即意义段。所以一般来说，层次大于自然段，有时一个段落正好是一个层次。层次常用的表现方式有以下两种：

单段式

正文内容用一个自然段来表达。用于内容少而单一、无须分开的应用文，往往采用一段文字来表达。如公文中的“函”、“通知”、“请示”、“批复”。

多段式

正文内容用两个以上的自然段来表达。比如，两段式的“请示”即行文的缘由和行文事项为一段，希望、要求等结语为一段。“转发通知”将转发的文件名和发文意见列为一段，执行要求另为一段等。三段式，这是短篇应用文比较规范的常用模式。正文把写作目的缘由、写作事项、结尾分为三段来写。多段式用于内容较多、篇幅较长的应用文书，总共有四个以上自然段。大多是在三段式的基础上，分段增加中间部分的内容，如“计划”、“合同”等。

（三）过渡与照应

过渡是指文章相邻段落、层次之间的连接和转换。主要形式有过渡词语、过渡句、过渡段。过渡主要的作用是承上启下，使文章连贯。应用文的许多文种在过渡的格式上都有约定俗成的规范，比如常用的过渡词有：为此、据此、故此、鉴此、综上所述、总而言之、总之等等。

照应是指文章各部分内容上的互相照顾、呼应。主要作用是使文章主题集中、内容完整。常见的照应有三种方式：其一是文章和标题的照应，如“通告”，在正文中就会出现同样的词语，与标题呼应，而“通知”也会在正文中明确提出通知一词，以引起注意；其二是首尾的照应，如开头的“特通告如下”，结尾的“特此通告”；其三是文章内部的前后照应，可以用相同的词语，也可以采用重复提及的一些事实、细节或者观点来加以照应。

关于应用文写作结构的总体要求有如下几点：其一是完整性，也就是说，文章的各部分应该齐全，不能有残缺，而且各部分内容，应该与整体是协调、统一的；其二是连贯性，是指前后各部分内容应该保持脉络贯通，不能出现脱节甚至矛盾的现象；其三是规范性。

第四节　表　　达

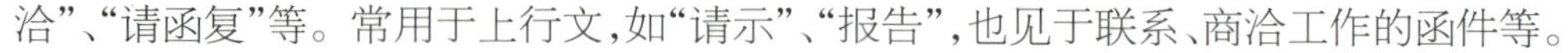

表达是指作者在反映客观事物和表达感情或观点时所使用的语言文字的组合手段。一般分为五种，即叙述、描写、抒情、议论和说明。由于应用文表现的对象、内容、目的不同于一

般的文学类文章，大部分应用文文种涉及的主要有叙述、议论和说明。描写和抒情则在极少数几种应用文文种中使用到，例如抒情仅限于部分书信和演讲、广告等，而描写则限于书信和通讯等。因此，在这里主要讨论的是叙述、议论和说明。

一、叙述

（一）叙述的概念

叙述就是对事物的发展、人物的经历以及环境的变迁所作的交代。是偏重于对人物、事件的动态反映。

应用文写作反映现实，解决问题，基本以记事为主。有的以叙述事实作立论的依据，如"通报"、"经济活动分析报告"和"市场调查"等；有的以叙述事实为依据进行决策和预测，如"经济预测报告"、"可行性论证"等；有的对事实作如实反映和记载，如"纪要"、"合同"、诉讼公文等。

（二）叙述的要求

应用文叙述的要求，根据文体的不同而各有差异，但最基本的要求是大致相同的。首先，是交代明白。所谓明白，主要指叙述涉及的基本要素，比如最基本的三要素：时间、地点和事件，应该清楚完整而不遗漏。应用文注重实用，叙事时只要交代清楚即可，不需要委婉、曲折、生动。其次，是线索贯通。叙述若主要是交代人、事的变化，在叙述这一变化时，其基本的线索应该贯通，事情的原因——发展——结果，过程顺序要交代清楚，使读者对其来龙去脉有清晰的了解。不能出现中断甚至前后颠倒的状况，一般不主张采用逆时序叙述的方法。常用的是顺时序叙述，简称顺叙，又称平叙或者直叙。如果偶尔在类似"简报"的文体中用到倒叙等，在转接处都要用过渡性文字加以衔接，使叙述的线索得以畅通。再次，是详略得当。要根据写作意图、文章主题的需要，来处理详叙和略叙的差异问题，从而使叙述做到既突出主题，也简洁恰当。一般的应用文写作是通过叙述为文章得出正确结论作依据。如"通报"中的叙述是为后面阐述事实的性质，达到对这一事件学习、鉴戒或引起注意的目的而服务的。叙述本身不是全文的核心（主题）所在，因而应用文写作的叙述大多采用简明扼要的概括性叙述。

二、议论

（一）议论的概念

议论就是针对某种现象、某个话题发表观点和看法。作为一种表达方式，议论在生活中有着广泛的运用。议论可以正面提出自己的看法和判断，也可以反驳已有的观点。前者被称为立论，后者被称为驳论。议论的主要目的是通过理论、事实的材料来证明、推理，最终表明自己的观点和态度。有明显的证明性。议论性文章，当然以议论的表达方式为主，而叙述、说明等性质的文章中，也会用到议论的表达方式。

（二）议论的三要素

议论表达，往往由三部分组成，即议论的三个要素：论点、论据、论证。

1. 论点

论点是写作者的观点和主张，是议论可以被称为议论的关键。论点是全文的统帅，作为材料的论据的组织，要以论点为指挥棒。写文章，第一步就是确定中心论点，有时题目本身就是中心论点。二是确定分论点，这是比较重要的步骤，也是一项有难度的工作，一般围绕中心论点，可再分出两至三个分论点，每个分论点可自成一段。一般来说，短小的应用文只有一个中心论点，没有分论点。篇幅较长、内容较多的报告、论证等，常常会设分论点来分层论述，以支撑总论点。就应用文来说，关于议论的基本要求是鲜明和正确。所谓鲜明，不但指提出的论点要明确、不含糊，而且要尽可能杜绝歧义的多方面理解的可能。而所谓正确，不但是指自己对现实生活的正确理解，也同时意味着对政府法律、法规、政策的透彻理解，或者对领导意图的准确把握。在做到这两点的前提下，在涉及部分文体时，我们才可以提进一步的要求，比如新颖、深刻等等。

2. 论据

论据就是使论点得以成立的依据性材料。论点的正确、有力要依赖于论据来证明。证明论点的论据，包括事实论据和理论论据。事实论据分为历史事实和现今的事实(包括数据)。在证明过程中，一般举两个事实论据，可以安排一个历史事例、一个现今事例；或者一个正面的事例、一个反面的事例，这样说服力更强。在写法上可采用一详一略的方法。而理论论据可以是国家颁布的法律、法规，政府发布的政策、规定，科学原理、定理、公理、定律、名人名言，也可以是谚语、俗语。理论根据可以使文章具有深度，提高文章质量。对于事实论据的要求是真实、典型、确凿、概括。所谓真实，是指论据必须是现实生活中发生过的事件，而不能凭空想象乃至捏造。典型是指有代表性，以一当十，以少胜多。确凿主要指数据不能有误差，而概括则指议论中的事实论据，基本是以概述的方式呈现出来的。理论论据的引用必须符合原意，不能断章取义。这可以从两方面来说明，一是不能割裂原话的完整性，另一是要注意原话的语言环境。当然，论据不仅要考虑写什么，还要考虑不写什么，与中心论点无关的东西，一个字也不能写，再精彩的论据也要舍得去除。

3. 论证

论证是把论据和论点联系起来的方法，是使用论据证明论点的过程。相对独立存在的论点和论据靠论证的“媒介”才组合成一篇完整的议论文。无论是立论还是驳论的文章，论证的方法主要有归纳论证和演绎论证。

归纳论证又称举例论证，即选取典型事实作为论据举例，由个别到普遍，通过归纳推理来证明论点。应用文强调事实，归纳论证法使用事实论证居多。

演绎论证即引用公认的原理做论据来推论出自己观点的证明方法。

此外，还有一些辅助性的论证方法，比如对比论证、类比论证、比喻论证等等，这些辅助论证，往往是为了增加论证的鲜明性和形象性，并不具有本质的意义。

需要说明的是，应用文的议论常与说明、叙述等方式结合使用，夹叙夹议、说议结合，是应用文中的议论特点。应用文写作的特点是强调实际的“用”，所以，文章往往不单独进行完整的议论，议论依赖于所叙述的事实和说明的现象，是在事实和现象的基础上进行议论。在一篇《手机市场调查报告》中，文章是这样写的：“该次调查在北京、深圳两地展开，历时月余。

报告数据显示，未来购买手机第一选择为欧美手机占 54.9%，超过样本使用欧美手机42.8%的比例，预计未来欧美手机仍是手机市场的主角。诺基亚的表现突出，有 31.3%的消费者将其列为未来购机第一选择。未来购买手机第一选择为日韩台手机的则占 31.9%，超过样本使用日韩台手机 22.9%的比例。日韩台手机在中国大陆正处于稳步发展中。三星的表现一枝独秀，有 26.5%的消费者将其列为未来购机的第一选择。据此，业内人士指出，消费者从购买国外手机的消费习惯中走出来购买国产手机是国产手机的一大胜利，但是如果国产手机忽视质量，消费者将转而再去购买国外品牌，这时企业要将消费者重新拉回来将付出更多的成本。因此，目前国产手机企业处于发展的关键时刻。"这段文字采用夹叙夹议方法，材料具体，剖析深入。

三、说明

（一）说明的概念

说明就是用简洁准确的文字对事物、事件等的性质、特点、原理、作用等等进行介绍和解说。其主要目的是给人以知、教人以用。说明在应用文的大部分文种中都有着比较充分的运用。"说明书"则通篇使用说明的方法。

（二）说明的方法

说明的方法主要有定义说明、诠释说明、举例说明、比较说明、数字说明、图表说明、分类说明、引用说明等等。

1. 定义说明

所谓定义说明，就是用下定义的方法，对事物的范围、界限和本质特征加以说明。其基本方法是先把这一事物归到所属的一个类别，然后再把该事物与同一类别中其他事物的性质加以区分。比如，我们要对"平板电脑"下一个定义的话，首先把它归到所属的电脑这一类别中，然后再把它与其他电脑加以区分，我们就可以得到"平板电脑"的一个定义：平板电脑就是下一代移动商务 PC 的代表。从微软提出的平板电脑概念产品上看，平板电脑就是一款无须翻盖、没有键盘、小到足以放入女士手袋，但却功能完整的 PC。定义说明是一种比较严密、科学的说明方法。但在实际生活中，我们有时并不需要对任何事物都用下定义的方式来加以说明，这既过于复杂和困难，也并不总是必要的。这样，诠释的方法在许多场合替代了下定义的方式。

2. 诠释说明

诠释说明就是根据某种需要对事物进行解释，从而揭示事物的某方面属性或者作用的说明方法，它并不需要把该事物与其他事物作严格的区分。比如有人误把玻璃当镜子照时，我们会作这样的解释：这是玻璃，不可以照的，镜子是可以照的。但我们肯定不会说，镜子是在玻璃上镀上铝的薄膜构成，常采用真空镀膜工艺；玻璃主要是由砂子（化学成分是二氧化硅）、纯碱（化学成分是碳酸钠）、石灰石（化学成分是碳酸钙）等原料熔融而来的。诠释说明可以看作是定义说明的具体化、形象化，当然也是简便化。

3. 举例说明

举例说明是通过举出生活中的具体事例来说明某种比较抽象、复杂的现象或者原理的说明方法。举例说明往往具有直接、生动、形象的特点，从而给写作对象具体、清晰的印象。比如，一个故事说：一群大学生说说笑笑跑来问爱因斯坦，什么叫相对论。爱因斯坦回答说："你坐在一个漂亮姑娘旁边，坐了两个小时，觉得只过了一分钟；如果你挨着一个火炉，只坐了一分钟，却觉得过了两个小时。这就是相对论。"举例说明常常作为其他说明的补充。运用这一方法需要注意所举事例与被解释对象之间的相似点，否则，不但说不清楚，还可能越说越糊涂。

4. 比较说明

比较说明是选择两个或多个有外在或内在联系的事物进行比较，来说明事物的本质、特征的方法。有时是一个事物的先后发展变化相比较，有时则是同类两个事物的一种横向的平行比较。比较包括类比和对比，同类事物的类比是为了说明相同点；不同类事物的对比，是为了突出不同之处。对比的作用是化深奥为浅显、变复杂为简明，可以更清晰、更鲜明地说明事物。比如新中国成立以后到现在，大约经过了六十年时间，学术界一般以 1978 年为界限，把这六十年分为前三十年和后三十年，对前三十年的政治、经济和文化建设与后三十年建设相比，加以说明，这就是纵向的比较。而在同一时期内，把沿海地区和西部地区的发展加以比较，就是横向比较，一般这类比较侧重于其不同点。但是，如果用印度的国民教育来比较中国国民教育的共通性，这就是类似比较了。

5. 数字说明

数字说明是用确凿的数字对事物特征进行说明的方法。其作用是使说明对象更准确，比文字说明更具体、更有说服力。如《2007 年搜索引擎市场调查报告》："9 月 17 日下午，北京正望咨询(China Intelli Consulting Corporation)发布了 2007 年 CIC 中国搜索引擎市场调查报告。在不是为了搜索的情况下，在京沪穗三地网民经常访问的网站中，新浪以 36.2%的提及率位居第一，相比半年前增加了 1.7 个百分点，进一步扩大了领先优势。而搜狐(包括搜狐矩阵内的 17173.com、ChinaRen 与焦点网)和网易分别以 23.4%和 17.7%的提及率位居第二和第三。"说明了新浪稳居京沪穗三地网民首选网站(见表 2)。

表 1　2007 年搜索引擎市场调查报告

(以首选搜索引擎定义的市场份额)

首选搜索引擎	2006 年 9 月	2007 年 3 月	2007 年 9 月	相对于一年前	相对于半年前
百　度	61.9%	69.0%	69.5%	▲7.6%	▲0.5%
Google/谷歌	24.1%	21.6%	23.0%	▼1.1%	▲1.4%
雅　虎*	5.2%	3.2%	2.3%	▼2.9%	▼0.9%
搜　狗	3.2%	2.0%	1.8%	▼1.4%	▼0.2%
其　他	5.6%	4.2%	3.4%	▼2.2%	▼0.8%
合　计	100.0%	100.0%	100.0%		

注：*雅虎包括 3721 的用户数据。

表 2　不以搜索为目的，京沪穗网民经常访问的网站

名　次	网　站	2007 年 3 月	2007 年 9 月	和半年前相比
1	新　浪	34.5%	36.2%	▲1.7
2	搜　狐*	26.1%	23.4%	▼2.7
3	网　易	20.1%	17.7%	▼2.4
4	雅虎中国	10.8%	8.8%	▼2.0
5	QQ.com	7.2%	7.5%	▲0.3

注：表中搜狐是搜狐(20.0%)、17173.com(2.3%)、ChinaRen(1.8%)和焦点网(0.1%)去重后汇总的数据；百度是百度(4.3%)和 Hao123(1.5%)去重后汇总的数据。

6. 图表说明

用图片或者表格来说明对象的性质、特点、功能等，就是图表说明。图片说明直观形象，经常应用于产品说明书等一些文种，而表格则便于将一些数据予以汇总，以少的篇幅显示大的信息量(见表 1)。图表说明在许多应用文中被作为文字的补充，弥补了单用文字表达的缺欠，增强了直观性。比如，快讯：嫦娥一号停止旋转准备实施第一次近月制动(来源：新华网，见图 1)。

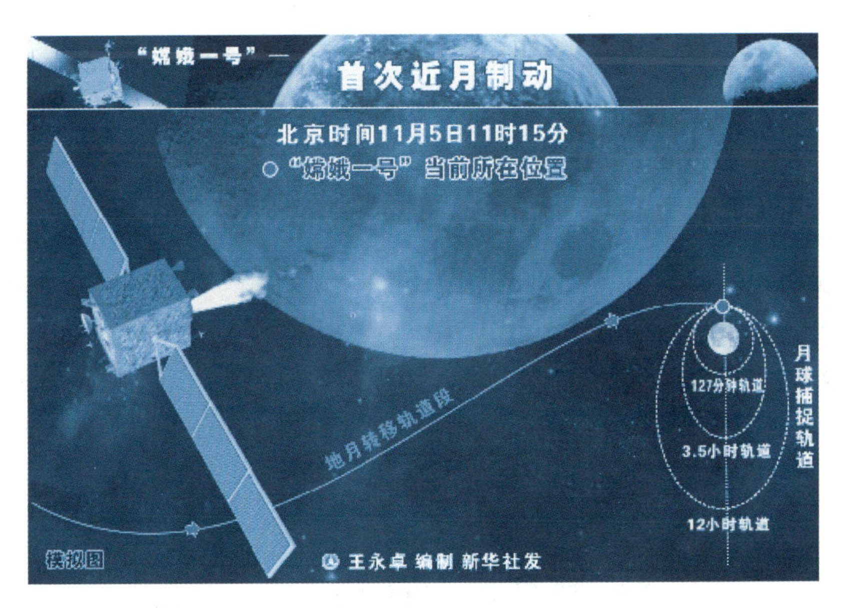

图 1

又比如：启动应用程序分两个步骤，首先将鼠标移到您想要打开的桌面图标上。每个桌面图标代表了一个应用程序。如果我们要打开“我的电脑”这个应用程序，要先把鼠标移到“我的电脑”这个桌面图标上，然后用鼠标左键双击“我的电脑”。

用文字与图表相对比来说明，或用效果文字与图片相对比来说明，一目了然(见图 2)。

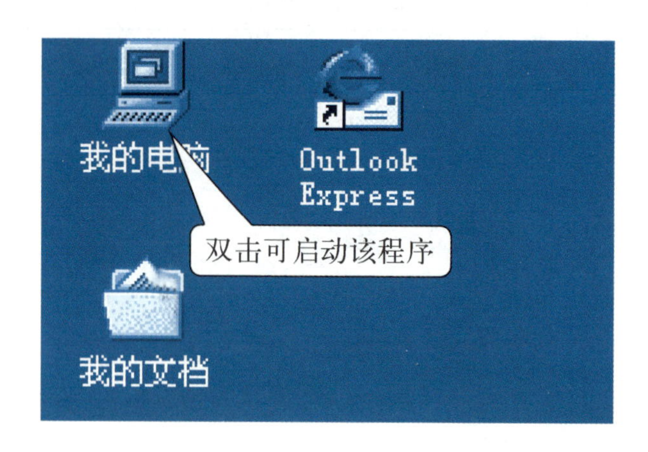

图 2

7. 分类说明

分类说明是按照一定的标准，把事物分成若干类别加以说明的方法。比如“图书馆的藏书，按国别分，有中国的、外国的；按时代分，有古典的、现代的；按性质分，有科技的、文学的以及政治经济方面的”等。分类别的作用是为了更有条理、更清楚地说明事物。但要注意的是：给事物分类别要有一定的标准，要避免产生重复交叉的现象。

8. 引用说明

引用相关的典籍等资料来对对象加以说明，就是引用说明。引用说明往往是为了使说明的内容更充实、具体，增加说明的丰富性或者权威性。引用资料的范围很广，可以是经典著作、名家名言、公式定律、典故谚语等。

总之，作为一种客观的表达方式，说明这一表达方式在应用文中是与叙述相结合的。在说明方法使用的过程中，常常是多种方法同时综合运用的。如数字说明和比较说明、定义说明和分类说明等，这样可以把事物说得更具体、准确。任何方法的说明都要求客观、科学，强调的是文字（包括数字）的准确性，否则就起不到帮助读者对写作对象有准确认知的作用，起不到对客观事物真实介绍与说明的作用。

第五节 语　言

一、语言的概念

语言是文章的载体，无论主题、结构、表达，都是通过语言来呈现的，所以语言对于文章的质量至关重要。应用文的语言有其相关的特点和要求。

二、语言的要求

（一）准确得体

准确得体是指应用文的用词造句必须贴切、恰当。具体来说，应注意的主要有以下几点：一是要能正确体现出收发双方之间一定的身份关系，符合作者在社会关系中的地位；二是要注意特定的场合与氛围，要做到和谐协调，使对方易于理解、乐于接受；三是符合应用文体的语体要求，体现所用语体的个性，还要符合特定的行文目的及内容性质的要求。如颁布政令的要庄重严肃；通报错误的要说理严正、义正词严；申请要求的要平和委婉；报喜祝捷的要热烈欢快，等等。同时，注意套用习惯用语，比如，开端用语有：根据，依照，由于，为了……；引叙用语有：已悉，收悉；称谓用语，如第一人称：我、我们、本，第二人称：你、你们、贵，第三人称：他、他们、该；经办用语：业经，责成，参照执行；过渡用语：据此，凡此，总之；结尾用语：为盼，此复，特此通知，特此通告，特此函达，特此函复，等等。

（二）简洁平易

简洁要求文字简单明了，平易即平实易懂。应用文写作应尽量选用书面语以及少量为大家熟悉的文言词语；避免用词拐弯抹角；反对用词的过于口语化；也不主张用词形象生动。在句式方面，尽量用陈述句，如非特殊需要，避免使用抒情的或疑问的句式。比如，像“你还不认识我吧，真是不好意思来打扰啊”这样口语化的表达，一般以“恕我冒昧”为好。

总之，写作应用文，语言的运用是否符合要求，直接会对文章处理事务、沟通关系、达到预期写作目的等各方面产生不同的效果。

学习重点

结构的组织方式；叙述、议论和说明的表达方式；语言的要求。

学习难点

非文学类作品叙述的特殊性。

本章小结

虽然主题、材料、结构、表达方式和语言是文章的五个内部要素，但在实际写作中，这五个要素是互相结合在一起的，不能把其中的一个作为独立的成分单独抽取出来，当一个要素被改变时，其他的要素也会相应做出变动。所以，从整体考虑这几个要素的相互关系，既体会外部要素与内部要素之间的关系，也领会各内部要素间的相互制约，是学习基础理论的一个最基本的立场。分解开来逐一讲解，只是一种权宜的学习策略，而不是表明可以放弃一种整体的观念和立场。

笔记区

中编　文体例说

第四章　法定公文·
第五章　日常事务应用文·
第六章　商务应用文·

应用文作为一种文体，古已有之。随着社会的发展和国家管理职能的强化，以及社会交往的频繁，应用文也得到了发展。其种类由于分类的角度和标准不同，划分的具体种类也各不相同。在众多的分类中，较多的是按应用文的使用功能，将其分为通用文书和专用文书两大类。

所谓通用文书，是指各类机关团体在处理公务时所普遍使用的文书种类。具体包括法定公文和事务文书（亦称常用文书）两类。

所谓专用文书，是指不同的社会行业或部门所各自形成和使用的专门性文书，有财经文书、商务文书、司法文书、科技文书、军事文书等等。每一大类专用文书还包含着若干专业文种，如：法制类的起诉状、答辩状、判决书等；科技类的学术论文、实验报告等；商务类的招投标书、营销策划书等；财经类的财务分析报告、审计报告等；传播类的消息、通讯等。

社会部门错综复杂，社会行业丰富多彩，不同的社会部门、社会行业对公务文书有着不同的需求。正因为如此，公务文书的种类极为繁多，甚至无法将其一一列举。

本编从学习对象的实用性出发，主要阐述几种常用的法定公文、日常事务应用文、商务应用文，旨在培养学习对象的学习兴趣和实际应用能力。

第四章　法定公文

导学	法定公文，指中共中央办公厅、国务院办公厅 2012 年 4 月 16 日发布的《党政机关公文处理工作条例》列出的十五类公文。法定公文具有法定效力和规范的体式。写作者应在准确运用语言文字表达能力的基础上，采纳比较法，辨析不同的文体，把握其特殊规律及要求，在“异中之同，同中之异”中，领会其各自的写作要领，重在多思、多练，从而提高综合运用能力，达到悟其明理，识技师法的目的。
助学要求	了解法定公文常用文体的一般分类，理解其基本含义和要领，掌握其文体格式。
自学建议	勤学习，提高政治理论水平与专业业务知识；多积累，“博观而约取，厚积而薄发”；苦笔耕，熟能生巧。

第一节　概　　说

一、法定公文的含义

公文有广义和狭义之分，广义的公文，泛指法定机关和组织在处理各种公务活动中形成的所有文书材料。狭义的公文专指国家有关部门正式规定的公文文种。

中共中央办公厅、国务院办公厅 2012 年 4 月 16 日发布的《党政机关公文处理工作条例》，将公文的种类分为：决议、决定、命令(令)、公报、公告、通告、意见、通知、通报、报告、请示、批复、议案、函、纪要。由于这 15 个公文种类是党和国家在公文管理法规中明确规定的，所以称其为法定公文。

法定公文是党政机关处理公务时，具有法定效力和规范体式的文书，是进行公务活动的重要工具。

二、法定公文的特征

法定性、政策性、实用性、时效性、规范性、特定性是法定公文具有的特征。

(一)法定性

公文不同于出版物上发表的文章,也不同于一般的图书或资料。法定公文是由法定机关或组织制发的,代表着法定机关或组织的意图。所以,在法定机关或组织的权限范围内,具有法定的权威性和约束力。

(二)政策性

政策性是公文独具的特性。公文是代表权力发言,需要准确地传递信息和意志,是处理公务问题的工具,其内容必须符合党和国家的各项方针、政策,不允许任何组织或个人拒不执行或敷衍塞责。唯有如此,才能借助于公文这一有力的工具,把党和国家的方针政策和精神实质切实贯彻、落实到具体工作之中。

(三)实用性

公文是解决公务活动中实际问题的手段之一,是为完成某项工作,或者针对公务活动中的某个问题而制发的。制发公文的目的就是要解决实际问题,推动工作的顺利进行。所以,每一份公文都有其具体的制发目的和公务职能。公文的针对性越强,内容越明确、具体,就越能得到受文机关的重视,实际作用也就越大。

(四)时效性

公文的时效性是与实用性联系在一起的。制发公文是为了处理公务活动中的实际问题,而公务问题的处理必须迅速、及时,所以,对公文的制发和实施通常有着严格的时间要求,其效用也常常是有时间限制的。当然,由于各类公文的内容和用途不同,其时效性的表现形式也不尽相同。主要有两种形式:一是明确宣布被新文件所替代;二是随着形势的变化,时效自然终止。

(五)规范性

在各类文种中,法定公文是“程式化”程度最高的文种之一。为了保证文件的正常运转和明确各个工作环节的职责,维护公文的权威性和严肃性,从文种名称到行文关系,从拟制程序到构成体式,国家有关部门都作过严格规定。这是因为,公文不规范,不仅会影响公文的正常运转和效用的切实发挥,也常常会给文书工作带来颇多的麻烦。

(六)特定性

特定性涉及作者和阅者。法定公文必须是法定作者,是能以自己的名义行使权力和担负义务的组织及其代表人。公文的阅者,从公文起草开始,便已明确对象。特定的作者和阅者,是其他文体所不具备的。

三、法定公文的分类

从不同的角度,依照不同的标准,法定公文有其不同的分类。

按其紧急程度,可分为紧急公文和普通公文,紧急公文还可分“特急件”和“急件”两类。

按其有无保密要求,可分为无保密要求的普通文件和有保密要求的文件两类。

按其机密等级，还可以将有保密要求的文件分为绝密文件、机密文件和秘密文件三种。

按其具体职能，可将公文分为法规性公文、指挥性公文、报请性公文、知照性公文、联系性公文和实录性公文等。

比较常见的分类方法则是按其行文关系和行文方向的不同，将公文分为上行文、平行文和下行文三种。

上行文是指下级机关向所属上级机关呈送的公文，主要有报告、请示等；平行文是指向同级机关或不相隶属机关送交的公文，主要有函等；下行文是指上级机关向下级机关发送的公文，主要有命令(令)、决定、批复等。

四、法定公文的构成要素

中华人民共和国国家标准(GB/T9704—2012)《党政机关公文格式》将组成公文的各要素编排为版头、主体、版记、页码四个部分。

(一) 版头部分

版头部分通常是由份号、密级和保密期限、紧急程度、发文机关标志、发文字号、签发人、版头中的分隔线诸要素构成。

1. 份号

份号是将同一文稿印制若干份时，每份公文的顺序编号。并不是所有的公文都需要编制份号，涉密公文应当标注份号。如需标注份号，一般用 6 位 3 号阿拉伯数字，即，第一份公文份号可以编为“001”“0001”“00001”“000001”，不应编为“1”“01”。顶格编排在版心左上角第一行。

2. 密级和保密期限

密级和保密期限是指公文的秘密等级和保密的期限。

秘密等级是标识公文保密程度的标志。秘密文件要注明密级，密级标识有“绝密”、“机密”、“秘密”三种。不涉及保密内容的普通文件，则没有这个项目。如需标注密级和保密期限，一般用 3 号黑体字，顶格编排在版心左上角第二行；保密期限中的数字用阿拉伯数字标注。

3. 紧急程度

紧急程度是对公文送达和办理的时限要求。在紧急公文的版头部分，要根据紧急程度分别标注“特急”或“急件”的字样。对有紧急程度标识的公文，要作紧急处理；没有紧急程度标识的公文，则可按一般程序和方式处理。紧急电报应当分别标明“特提”、“特急”、“加急”和“平急”。如需标注紧急程度，一般用 3 号黑体字，顶格编排在版心左上角；如需同时标注份号、密级和保密期限、紧急程度，则应按照份号、密级和保密期限、紧急程度的顺序自上而下分行排列。

4. 发文机关标志

发文机关标志，是人们通常所说的“红头”。由发文机关全称或规范化简称后加“文件”二字组成，如“上海市人民政府文件”、“上海开放大学文件”等；也可以只使用发文机关全称或者规范化简称，如“中共上海市委员会”。“中共”是“中国共产党”规范化后的简称。

编排时，发文机关标志居中排布，上边缘至版心上边缘为 35 mm，推荐使用小标宋体字，

颜色为红色，以醒目、美观、庄重为原则。

联合行文时，如需同时标注联署发文机关名称，一般应当将主办机关名称排列在前；如有“文件”二字，则应当置于发文机关名称右侧，以联署发文机关名称为准上下居中排布。如联合行文机关过多，则必须保证公文首页显示正文。

5. 发文字号

发文字号由发文机关代字、年份、发文顺序号组成。发文字号是公文的“身份标识”。

发文机关代字是由发文机关文秘部门为本机关所有部门统一编制的规范化缩写加“发”“函”等组成。年份、发文顺序号用阿拉伯数字标注；年份应标全称，用六角括号“〔 〕”括入；发文顺序号不加“第”字，不编虚位(即 1 不编为 01)，在阿拉伯数字后加“号”字。如上海市人民政府文件“市府〔××××〕9 号”，“市府”是发文机关代字，“〔××××〕”是发文年份，“9 号”为文件序号，表明这份文件是上海市人民政府在××××年度制发的第 9 号文件。如果一个机关的文件数量较多，还可以在发文字号中加上一个类别标志，反映文件的业务内容的类别或归属。几个机关联合行文，应使用主办机关的发文字号。

上行文的发文字号居左空一字编排，与最后一个签发人姓名处在同一行。

6. 签发人

签发人指发文机关的主要负责人。标注签发人姓名，目的在于为上级机关在处理下级机关公文时，上级机关领导人了解下级机关谁对上报的事项负责。任何一份公文都有签发人，一般性公文由主管领导就可以签发，而上行文必须由机关主要负责人签发。主要负责人指各级机关的正职或主持工作的负责人。

为清晰醒目，签发人由“签发人”三字加全角冒号和签发人姓名组成，居右空一字，编排在发文机关标志下空两行位置。“签发人”三字用 3 号仿宋体字，签发人姓名用 3 号楷体字。

如有多个签发人，签发人姓名按照发文机关的排列顺序从左到右、自上而下依次均匀编排，一般每行排两个姓名，回行时与上一行第一个签发人姓名对齐。

7. 版头中的分隔线

指发文字号之下 4 mm 处，居中印制的一条与版心等宽的红色分隔线。这条红色分隔线也是印制空白红头文件纸时所必需的。

(二) 主体部分

主体部分通常由标题、主送机关、正文、附件说明、发文机关署名、成文日期、印章、附注、附件等要素构成。

1. 标题

标题由发文机关名称、事由和文种组成。标题是对公文主要内容的概括和揭示，其作用在于向阅读者传达公文的基本内容。公文的标题主要有四种形式：

第一种是由发文机关名称、发文事由和公文种类三个要素全部具备的公文标题，如《上海市远程教育集团关于解决××××××问题的通知》，“上海市远程教育集团”是发文机关，“解决××××××问题”是发文事由，是对公文内容的高度概括，在事由之前一般加介词“关于”，“通知”是文种；

第二种是由事由和公文种类两个要素构成的公文标题，如《关于印发××××—×××

×学年第二学期期末考试安排表的通知》;

第三种是由发文机关名称和公文种类两个要素构成的公文标题,如《上海市公安局公告》;

第四种是只标明文种的公文标题,这类标题主要用于公开发布的公文,用得不是很多。

公文标题中除法规、规章名称等可加书名号外,一般不用标点符号。若在事由部分出现多个机关、人名等并列时,每个机关名称、人名之间可用顿号分开,不使用空格。

此外,偶尔也有标题是由发文机关、事由、文种和主送机关四种要素构成的,这一般只用于批复或者复函中。

标题一般用2号小标宋体字,编排于红色分隔线下空两行位置,分一行或多行居中排布;回行时,要做到"词意完整,排列对称,长短适宜,间距恰当,标题排列应当使用梯形或菱形"。

2. 主送机关

主送机关是指公文的主要受理机关,应当使用机关全称、规范化简称或者同类型机关统称。上行文一般只写一个主送机关,如果还有其他机关需要掌握有关情况,应以抄报的形式发送。下行文有专发性和普发性两种,专发性的公文是专门向某一个机关下发的公文,这种公文的主送机关只能有一个;普发性的公文是指内容涉及面较广,需向多个机关下发的公文,这种公文的主送机关可以不止一个,但在排列主送机关名称时,要确定合理的顺序。可编排于标题下空一行位置,居左顶格,回行时仍顶格,最后一个机关名称后标全角冒号。如主送机关名称过多而导致公文首页不能显示正文时,应当将主送机关名称移至版记,置于抄送机关的上一行,与抄送机关之间不加分隔线。

公开发布的普发性公文通常不写主送机关。

3. 正文

正文是公文的主体,用来表述公文的内容。在一份比较复杂的公文中,正文一般包括开头、主体、结尾三个部分。

(1) 开头

正文的开头方式较多,常见的有:

目的式: 即在写明具体事项之前,先写明发文目的,以引起受文者的注意。这是一种最为常见的开头方式,其他开头方式也常常是同目的式混合使用的。目的式开头,常用表示目的的介词"为"、"为了"等领起下文。

根据式: 在公文正文的开头,写明作为行文依据的方针、政策、法规、规定及上级指示精神或其他事项,以增加公文的权威性、严肃性和说服力。根据式开头,常用介词"根据"、"遵照"、"按照"、"依照"等领起下文。

在实际写作中,根据式同目的式混合使用的公文开头方式用得较多。

缘由式: 缘由式也叫原因式,即通过情况的介绍、问题的提出或意义的明确,使受文者了解行文的缘由,从而引起受文者对文件内容的重视。

概述式: 即先写出基本情况、基本问题,或先写出工作的大致进程及结论,给阅读者以总体介绍或印象。

究竟怎样撰写公文开头,要视实际需要确定。但不论采用哪种形式开头,都应遵循开门

见山、简明扼要的原则。

(2) 主体

正文的主体部分可以说是核心中的核心。内容充实、中心突出、表意明确、条理清楚，是对所有公文主体部分的写作要求。主体部分的写法多种多样，同样应视具体的公文文种，采纳相应的写作方法。

(3) 结尾

公文正文结尾的写法不尽相同，常见的有归结式，即：在写明主要事项之后，对全文的内容作一个简单的总结；说明式：对与正文内容有关的事项作一个交代，如“本通告自公布之日起生效”；申明式：进一步指明发文的意义，或者重申发文机关对有关事项的看法、意见，以起到明确和强调某些内容的作用；祈请式：在上行文中，常用“妥否，请审查批示”等带有祈请意思的语句作正文的结束语；期望式：指在正文的结尾处提出要求和希望，以敦促受文者采取相应的行动的结尾方式，这是下行文、特别是各种公开发布的下行文常用的结尾方式，如“以上规定，望遵照执行”。

许多公文不设结尾部分，而是把可写入结尾部分的事项作为一个条目放在主体部分的最后。也有许多公文在写完主体部分之后，便自然而然地结束全文，没有任何需作附带交代的事项。行文简洁，收束有力，是对所有公文正文结尾的要求。

公文首页必须显示正文。一般用 3 号仿宋体字，编排于主送机关名称下一行，每个自然段左空两字，回行顶格。文中结构层次序数依次可以用“一、”“(一)”“1.”“(1)”标注；一般第一层用黑体字，第二层用楷体字，第三层和第四层用仿宋体字标注。

4. 附件说明

附件说明是公文附件的顺序号和名称。公文如有附件，在正文下空一行左空两字编排“附件”两字，后标全角冒号和附件名称。如有多个附件，则使用阿拉伯数字标注附件顺序号(如“附件：1. ××××××”)；附件名称后不加标点符号。附件名称较长需回行时，应当与上一行附件名称的首字对齐。

5. 发文机关署名

发文机关署名应当用发文机关全称或规范化简称。公文一般以发文机关名义署名，特殊情况(如议案、命令(令)等文种)需要由签发人署名的，应当写明签发人职务并加盖签发人签名章。发文机关署名应与发文机关标志、标题中发文机关名称相一致。联合行文时，若发文机关标志并用联合发文机关名称，则发文机关署名的顺序应与发文机关标志的排列顺序一致。

(1) 加盖印章的公文

单一机关行文时，一般在成文日期之上、以成文日期为准，居中编排发文机关署名。印章端正，用红色，居中下压发文机关署名和成文日期，使发文机关署名和成文日期居印章中心偏下位置，印章顶端应当上距正文(或附件说明)一行之内。

联合行文时，一般将各发文机关署名按照发文机关顺序整齐排列在相应位置，并将印章一一对应、端正、居中下压发文机关署名，最后一个印章端正、居中下压发文机关署名和成文日期，印章之间排列整齐、互不相交或相切，每排印章两端不得超出版心，首排印章顶端应当上距正文(或附件说明)一行之内。

(2) 不加盖印章的公文

单一机关行文时，在正文(或附件说明)下空一行右空两字编排发文机关署名，在发文机关署名下一行编排成文日期，首字比发文机关署名首字右移两字，如成文日期长于发文机关署名，应当使成文日期右空二字编排，并相应增加发文机关署名右空字数。

联合行文时，应当先编排主办机关署名，其余发文机关署名依次向下编排。

(3) 加盖签发人签名章的公文

单一机关制发的公文加盖签发人签名章时，在正文(或附件说明)下空两行右空四字加盖签发人签名章，签名章左空两字标注签发人职务，以签名章为准上下居中排布。在签发人签名章下空一行右空四字编排成文日期。

联合行文时，应当先编排主办机关签发人职务、签名章，其余机关签发人职务、签名章依次向下编排，与主办机关签发人职务、签名章上下对齐；每行只编排一个机关的签发人职务、签名章；签发人职务应当标注全称。

签名章一般用红色。

6. 成文日期

成文日期是公文的生效时间，是党政机关公文生效的重要标志。成文日期署会议通过或者发文机关负责人签发的日期。联合行文时，署最后签发机关负责人签发的日期。用阿拉伯数字将年、月、日标全，年份应标全称，月、日不编虚位(即 1 不编为 01)。

7. 印章

公文中有发文机关署名的，应当加盖发文机关印章，并与署名机关相符。有特定发文机关标志的普发性公文和电报可以不加盖印章。公文加盖印章是体现公文效力的表现形式，是公文生效的标志，是鉴定公文真伪的最重要的依据。

签发人签名章也属于印章的一种特殊形式。

当公文排版后所剩空白处不能容下印章或签发人签名章、成文日期时，可以采取调整行距、字距的措施来解决。

8. 附注

附注是公文印发传达范围等需要说明的事项，对公文件的发放范围、使用时需注意的事项加以说明。

如有附注，居左空二字加圆括号编排在成文日期下一行。

9. 附件

附件是对公文正文的说明、补充或者参考资料。是附属于公文正文的其他文字、图表、图形等资料，是公文正文的有机组成部分，同正文具有同等效力。

附件应当另面编排，并在版记之前，与公文正文一起装订。“附件”两字及附件顺序号用 3 号黑体字顶格编排在版心左上角第一行。附件标题居中编排在版心第三行。附件顺序号和附件标题应当与附件说明的表述一致。附件格式要求同正文。

如附件与正文不能一起装订，应当在附件左上角第一行顶格编排公文的发文字号并在其后标注“附件”两字及附件顺序号。

（三）版记部分

版记部分通常由版记中的分隔线、抄送机关、印发机关和印发日期诸要素构成。

1. 版记中的分隔线

版记中的分隔线与版心等宽，首条分隔线和末条分隔线用粗线（推荐高度为 0.35 mm），中间的分隔线用细线（推荐高度为 0.25 mm）。首条分隔线位于版记中第一个要素之上，末条分隔线与公文最后一面的版心下边缘重合。

2. 抄送机关

抄送机关是指除主送机关外需要执行或知晓公文内容的其他机关。标注抄送机关，应当使用该机关全称、规范化简称或者同类型机关统称。

如有抄送机关，一般用 4 号仿宋体字，在印发机关和印发日期之上一行、左右各空一字编排。“抄送”两字后加全角冒号和抄送机关名称，回行时与冒号后的首字对齐，最后一个抄送机关名称后标句号。

如需把主送机关移至版记，除将“抄送”两字改为“主送”外，编排方法同抄送机关。既有主送机关又有抄送机关时，应当将主送机关置于抄送机关之上一行，之间不加分隔线。

3. 印发机关和印发日期

印发机关和印发日期指公文的送印机关和送印日期。公文的印制工作一般由发文机关的具体办公部门承担。印发时间不同于发文时间，这是指公文开印的具体时间。

印发机关和印发日期一般用 4 号仿宋体字，编排在末条分隔线之上，印发机关左空一字，印发日期右空一字，用阿拉伯数字将年、月、日标全，年份应标全称，月、日不编虚位（即 1 不编为 01），后加“印发”二字。

版记中如有其他要素，应当将其与印发机关和印发日期用一条细分隔线隔开。

（四）页码部分

页码是公文的一项重要组成部分，是保证公文有效性和完整性的标志。一般用 4 号半角宋体阿拉伯数字，编排在公文版心下边缘之下，数字左右各放一条一字线；一字线上距版心下边缘 7 mm。单页码居右空一字，双页码居左空一字。公文的版记页前有空白页的，空白页和版记页均不编排页码。公文的附件与正文一起装订时，页码应当连续编排。

五、法定公文的写作要求

公文的写作是一项非常严肃的工作，要写出一份合格的公文，撰写中必须依循以下各项要求。

（一）一切从实际出发，熟悉党和国家的方针政策及有关法规、规定

拟制公文是为了反映并解决实际工作中出现的问题，政策性又是公文的特征之一。这就要求撰写者必须要熟悉党和国家的方针政策及有关法规、规定的内容。为确保公文内容的客观和处理意见的正确，必须深入实际，调查研究，全面了解情况，充分进行论证，广泛听取意见，实事求是地分析问题，所提政策措施和办法切实可行。避免盲目行文、错误决策。

（二）遵循行文规则，选用合适文种

行文应当确有必要，讲求实效，注重针对性和可操作性。公文的规范化要求极高，撰写公

文必须严格遵循各项行文规则。其中，有些规则是国家有关部门以规定的形式正式颁行的，有些则是在公文的长期应用中约定俗成的。撰写者不能标新立异、自创一格。具体的要求是：

1. 文种选用要正确

不同种类的公文有着不同的功能特点和适用范围，撰写公文时，文种的选用是非常严格的，误用、混用文种，会使公文的质量和效用受到严重影响。

2. 行文关系要清晰

公文的行文关系有上行、下行和平行三种，公文也相应地分为上行文、下行文和平行文三类。行文关系根据隶属关系和职权范围确定。一般不得越级行文，特殊情况需要越级行文的，应当同时抄送被越过的机关。行文关系是否清晰，直接关系到文中所反映的公务问题能否得到顺利解决，发文目的能否得以实现。行文关系混乱，会影响工作效率，甚至会贻误工作。

3. 拟制程序要规范

公文的拟制过程包括起草、审核、签发等程序。各程序应严格遵循《党政机关公文处理工作条例》之规定。

起草要符合国家法律、法规和党的路线方针政策，完整、准确体现发文机关意图，并同现行有关公文相衔接。力求内容简洁，主题突出，观点鲜明，结构严谨，表述准确，文字精练。

审核的重点是：

(1) 行文理由是否充分，行文依据是否准确。

(2) 内容是否符合国家法律法规和党的路线方针政策；是否完整、准确体现发文机关意图；是否同现行有关公文相衔接；所提政策措施和办法是否切实可行。

(3) 涉及有关地区或者部门职权范围内的事项是否经过充分协商并达成一致意见。

(4) 文种是否正确，格式是否规范；人名、地名、时间、数字、段落顺序、引文等是否准确；文字、数字、计量单位和标点符号等用法是否规范。

(5) 其他内容是否符合公文起草的有关要求。

公文应当经本机关负责人审批签发。重要公文和上行文由机关主要负责人签发。党委、政府的办公厅(室)根据党委、政府授权制发的公文，由授权机关主要负责人签发或者按照有关规定签发。签发人签发公文，应当签署意见、姓名和完整日期；圈阅或者签名的，视为同意。联合发文由所有联署机关的负责人会签。

第二节 通知、通报、通告

一、通知、通报、通告

(一) 通知

1. 通知的含义

通知是公务活动中最常用的一种文体。适用于发布、传达要求下级机关执行和有关单位周知或者执行的事项，批转、转发公文。

2. 通知的特征

通知的使用频率和范围极广，具有多功能的特征，具体表现如下：

(1) 广泛性

通知不受发文机关级别高低的限制，不论机关级别高低都可以采用；党政机关可以用，人民团体、企事业单位也可以用。主要用于上级机关对下级机关、组织对所属成员公布相关事项，平行机关之间、不相隶属的机关之间，有时也可使用通知知照有关事项。

(2) 指导性

上级机关在向下级机关发布规章、布置安排工作、批转和转发文件时，均需明确阐述处理问题的原则方法和具体措施，说明需要做什么，怎样做，达到什么要求等，以此来指导下级机关工作的开展。观其功用，具有明显的指导性。

(3) 时效性

通知是在受文对象对某件事情应知而未知、应办而未办的情况下下达的，事项一般是要求立即办理、执行或知晓的，不容拖延，否则会失效或误事。有的通知如会议通知，只在指定的一段时间内有效，故行文要及时，同时也说明通知具有较强的时效性。

3. 通知的格式

通知一般由标题、主送机关、正文和落款四部分组成。

标题：标题通常有三种形式，一是由发文机关名称、事由和文种构成；二是由事由和文种构成；三是由文种“通知”作标题。

主送机关：大部分通知都有主送机关，但普发性的通知则往往会省略这一部分。

正文：由开头、主体和结尾三部分组成。开头主要交代通知缘由、根据；主体说明通知事项；结尾提出执行要求。在写正文之前，要在标题之下、正文之上顶格写出被通知对象的名称，在名称后加冒号，或将名称以“抄送”形式写于最后一页的最下方。

落款：落款要写出发文机关名称和发文时间。如果已在标题中写了机关名称和时间，此处可省略。

4. 通知的分类

按其内容和功用的不同，可将通知分为指示性通知、颁布、批转或转发性通知、告知性通知。

(1) 指示性通知。用于直接发布行政法规和对下级某项工作的指示、要求。带有强制性、指挥性和决策性。这类通知又称规定性通知或布置性通知，用以传达要求下级机关办理和需要有关单位周知或者执行的事项。

(2) 颁布、批转或转发性通知。领导机关用批转、转发的方式发布某些法规，要求下级贯彻执行。批转下级机关送来的工作报告、建议、计划等，以及沟通情况，指导工作。主要有三种：一为“颁发”、“发布”或“印发”型通知，二为“转发”型通知，三为“批转”型通知。

(3) 告知性通知。多用于上级机关向下级机关宣布某些应知事项，不具有强制性。这类通知是机关日常工作经常会用到的公文文种。如召开会议、任免人员、设立或撤销机构、迁移办公地点、启用或更换印章、修改行政规章、修正或补充文件内容、调整办公时间等各种事项。

5. 案例简析

(1) 指示性通知

案例一

国务院关于进一步精简会议和文件的通知

国发〔××××〕×号

国务院各部委、各直属机构：

近年来，党中央、国务院三令五申，要求精简会议和文件，并采取一些措施，取得了一定成效。但是各类会议和文件仍然偏多，特别是部门内设机构召开的会议过多过滥，一些会议随意召集地方政府厅局负责人参加，给地方增加了负担；部门内设机构越权发文现象十分突出，成为文件过多的主要原因……(略)

进一步精简会议和文件(以下主要谈了三条总的原则要求，文字略)……为做好精简会议和文件的工作，现将有关事项通知如下：

一、切实加强管理，精简各类会议

(一) 继续大力压缩会议，能不开的会议坚决不开……(略)

(二) 严格限制邀请地方政府及其厅局负责人和中央管理的企业的负责人参加会议……(略)

(三) 尽量压缩会期，提高会议质量……(略)

(四) 大兴勤俭之风，反对奢侈浪费……(略)

(五) 改进会议方式，提高会议效率……(略)

(六) 应由各部门召开的会议，不得要求以国务院或国务院办公厅的名义召开……(略)

二、采取有效措施，大力精简文件

(一) 各部门要在进一步转变管理职能和减少审批事项上多下功夫……(略)

(二) 各部门要严格控制向地方政府发文……(略)

(三) 严格控制部门内设机构发文……(略)

(四) 各部门要各司其职，各负其责……(略)

(五) 要认真做好各种简报的清理、整顿工作……(略)

三、加强监督检查，促进工作落实

各部门主要负责人要高度重视精简会议和文件的工作，严格把关，从源头上控制和解决“文山会海”问题……（文字略）

国务院（章）
××××年××月××日

简　析

案例一是一篇较为典范的指示性通知。标题是由发文机关（国务院）、事由（进一步精简会议和文件）、文种名称（通知）三个要素组成。案例点明主送机关（国务院各部委、各直属机构）后，先是采用欲抑先扬的写作手法和高度概括的语言，说明“通知缘由”，即肯定近年来在精简会议和文件方面所取得的成效，紧接着笔锋一转，用转折词“但是”引出所存在的问题，并进而过渡到对精简会议和文件的原则要求的叙写，从而使受文机关能够充分认识和领会行文的必要性和重要性。

主体“通知事项”部分，紧紧围绕“精简会议和文件”这一主旨，并列讲述了三大方面的内容事项，其中前两个方面（切实加强管理，精简各类会议；采取有效措施，大力精简文件）分别就如何精简会议以及如何精简文件问题做出了指示，最后一个方面（加强监督检查，促进工作落实）就如何贯彻落实提出了具体要求。在写法上，案例主要采用了撮要标目的方式，即先用序号标明层次，后列出段旨句，使案例显得条理清晰，眉目清楚，阅者便于领会、理解和执行。同时，案例对每项规定要求的阐述都很明确、具体，在实际的工作中具有很强的针对性和可操作性。

由于是指示性通知，因而案例大量地使用了“不得”、“要”、“不要”、“必须”等模态词语，表意明确，语气坚定，令人不容置疑。这对于确保通知内容的贯彻执行，是极为必要的。

案例二

关于开展国家公务员普通话培训的通知

人发〔××××〕××号

各省、自治区、直辖市、人事（人事劳动）厅（局），教委（教育厅），语委（语言文字工作机构），国务院各部委、各直属机构人事（干部）部门、新疆生产建设兵团人事局：

根据《中华人民共和国宪法》关于“国家推广全国通用的普通话”的规定，为进一步贯彻中央领导同志关于“推广普通话，公务员要带头”的指示精神，提高公务员的普通话水平，人事部、教育部、国家语委决定，在全国公务员中开展普通话培训工作。现将有关事项通知如下：

一、各级人事部门要通过多种渠道、多种方式加大公务员带头推广普通话的宣传力度，要进一步提高国家公务员对推广普通话重要意义的认识，充分调动公务员学习、推广、使用普通话的积极性和自觉性。

二、各地各部门要采取措施，加强对公务员普通话的培训，同时，要正确处理好工作与培训的关系。通过培训，原则要求××××年××月××日以后出生的公务员达到普通话三级甲等以上水平；对××××年××月××日以前出生的公务员不作达标的硬性要求，但鼓励努力提高普通话水平。

三、对方言地区或使用方言以及普通话不熟练的公务员，要在认真调查研究的情况下，实施针对性培训，要结合公务员的业务实际，制定普通话培训的长期规划、达到的标准以及测试的办法。对普通话培训，可以先试点，然后再以点带面，逐步推广。

四、公务员普通话培训工作按分级分类的原则组织实施。

人事部负责国务院各部委、各直属机构公务员的普通话培训工作，各省、自治区、直辖市政府人事部门负责本辖区公务员的普通话培训工作。各级教育部门、语言文字工作部门协助配合。

五、开展公务员普通话培训，各地可根据实际情况，采取灵活多样的方式进行，具备条件的地方，可以进行普通话水平测试。各级教育行政部门、语言文字工作部门应在普通话培训、测试方面给予支持协助。

六、各地、各部门要高度重视公务员普通话培训工作，要把推广普通话作为一项经常性工作来抓，作为提高公务员素质的内容列入工作日程。要从各地、各部门实际出发，激励公务员积极参加普通话培训，发挥公务员推广普通话的表率作用。

七、国家公务员在公务活动中应当自觉使用普通话。各地、各部门要逐步将普通话作为考核公务员能力水平的内容之一。

附件：普通话水平测试等级标准(试行)

人事部　教育部
国家语言文字工作委员会
××××年××月××日

简　析

格式规范是案例二的一大特征。案例的标题是由事由(开展国家公务员普通话培训)和文种名称(通知)两个要素组成的，发文机关、事由加文种或只写文种名称“通知”及“紧急通知”、“重要通知”等，也是“通知”标题常见的形式。

案例的主送机关是各省、自治区、直辖市、人事(人事劳动)厅(局)，教委(教育厅)，语委(语言文字工作机构)，国务院各部委、各直属机构人事(干部)部门、新疆生产建设兵团人事局。正文包括两个部分，开头部分(第一自然段)写明发文根据和目的，概述通知事项。“现将有关事项通知如下”是指示性通知开头和主体部分之间惯用的过渡语句。主体部分是写明通知事项的部分，案例采用了分条列项的写法，将开展国家公务员普通话培训工作的要求、方法、步骤及措施一一写明，内容具体，条理清楚。

除了开头和主体部分，许多指示性通知还有一个结尾部分，用以收束全文，提出希望或要求。“特此通知，望认真执行”、“本通知自下发之日起施行”等语，是此类通知惯用的结语。

因案例标题中没有发文机关，落款处写明了附件(普通话水平测试等级标准)和发文机关(人事部、教育部、国家语言文字工作委员会)。

(2) 颁布、批转和转发性通知

案例一

关于发布实施《旅游发展规划管理暂行办法》的通知

旅计财发〔××××〕×号

各省、自治区、直辖市、计划单列市旅游局，新疆生产建设兵团旅游局：

为加强旅游规划管理，充分发挥旅游规划在旅游开发建设方面的指导作用，促进旅游业健康持续发展，我局制定了《旅游发展规划管理暂行办法》，现下发给你们，请遵照执行。

附件：《旅游发展规划管理暂行办法》

国家旅游局

××××年××月××日

简　析

案例一的标题由事由(发布实施《旅游发展规划管理暂行办法》)和文种(通知)两个要素构成。从公文写作实践来看，在事由一项中，公布比较重要的行政法规和规章一般用“颁发”或“发布”，公布一般的规章或其他文件一般用“印发”。案例的正文只有一个段落，首先说明制定所发布的规章的目的(加强旅游规划管理，充分发挥旅游规划在旅游开发建设方面的指导作用,促进旅游业健康持续发展),然后写明发布事项(制定了《旅游发展规划管理暂行办法》),最后提出执行要求(请遵照执行),行文既简洁又明了。落款是国家旅游局。

案例二

国务院办公厅转发农业部等部门《关于稳定基层农业技术推广体系的意见》的通知

国办发〔××××〕××号

各省、自治区、直辖市人民政府,国务院各部委、各直属机构:

农业部、中编办、人事部、财政部《关于稳定基层农业技术推广体系的意见》已经国务院同意,现转发给你们,请认真贯彻执行。

基层农业技术推广体系是实施科教兴农战略的基础,也是提高农民科学文化素质的依靠力量。农业技术推广机构要通过改革得到稳定和发展,各级人民政府对农业技术推广工作要予以重视并给予必要的支持,鼓励农业科技人员采取多种形式到农业生产第一线,直接为农民服务,进一步推进农业技术推广事业的发展。对目前一些地方出现的非法拍卖、转租、侵占、平调乡镇农业技术推广机构财产,随意向基层农业技术推广机构安排非专业人员等做法,要立即予以纠正,以保持基层农业技术推广体系的稳定。

附件:《关于稳定基层农业技术推广体系的意见》

国务院办公厅

××××年××月××日

简　析

如果认为上级机关、同级机关和不相隶属机关的公文,对本机关所属下级机关的工作具有指示、指导或参考作用,则可将其随"转发"型通知下发,案例二就是这样。正文包括两个部分。开头部分写明转发的文件的名称(农业部、中编办、人事部、财政部《关于稳定基层农业技术推广体系的意见》),表明态度(已经国务院同意),提出原则要求(请认真贯彻执行)。"现转发给你们,请认真贯彻执行"、"请结合具体情况,参照执行"、"请按此执行"是颁布、批转和转发性通知惯用的语句;主体部分申明工作意义(基层农业技术推广体系是实施科教兴

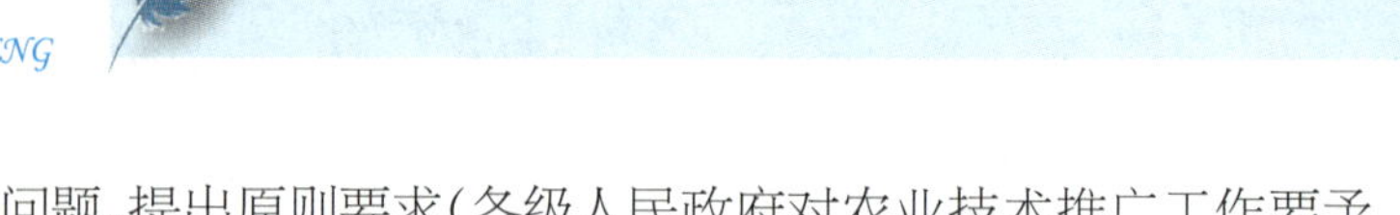

农战略的基础……)，指明现存问题，提出原则要求(各级人民政府对农业技术推广工作要予以重视并给予必要的支持……)。

案例三

国务院批转财政部《关于加强国有企业财务监督的意见》的通知

国发〔××××〕×号

各省、自治区、直辖市人民政府，国务院各部委、各直属机构：

国务院同意财政部《关于加强国有企业财务监督的意见》，现转发给你们，请认真贯彻执行。

加强国有企业财务监督，完善企业财务约束机制，是落实和规范企业财务自主权，促进企业依法理财，维护国有权益，提高企业财务管理水平的一项重要工作。近几年来，随着财务管理权限的逐步下放，出现了一些企业国有权益被侵蚀，国家收入大量流失等不容忽视的问题，严重妨碍了经济发展和企业改革的顺利进行。各地区、各部门对此必须予以高度重视，要通过不断深化改革，建立健全企业外部财务监督与企业内部财务约束相结合的监督机制，把国有企业各项财务活动纳入法制化轨道。各级财政、审计、监察、税务等部门要在当地政府的领导下，按照既各行其责，又避免重复监督的要求，通过切实有效的财务监督工作，把企业财务管理提高到一个新水平。

附件：《关于加强国有企业财务监督的意见》

(章)

××××年××月××日

简　析

案例三的标题包括发文机关(国务院)、事由(批转财政部《关于加强国有企业财务监督的意见》)和文种(通知)三个要素。正文的第一个部分非常简短，却包含了“批转”型通知通常所具有的几项内容，措辞极为果断、简练；第二个部分概述工作意义，指明问题及其危害，提出工作要求。

随“批转”型通知下发的公文应是反映带有普遍性的问题或具有普遍指导意义的公文。下级机关所制定的政策和拟采取的行政措施，如已超出本机关职权范围，或在实施时要得到同级机关的支持和帮助，就要报请上级机关批准。上级机关在批准的同时，可将其随“批转”

型通知下发。

表明态度，宣布转发，指明意义，提出要求，是“批转”型通知的主要几项内容，案例三可谓完全吻合。

(3) 告知性通知

案例一

关于成立国务院××工程建设委员会的通知

国发〔××××〕×号

各省、自治区、直辖市人民政府，国务院各部委、各直属机构：

为了确保××工程建设的顺利进行，国务院决定成立国务院××工程建设委员会(以下简称“委员会”)。现就有关问题通知如下：

一、委员会是××工程高层次的决策机构，由×××任主任委员，×××、×××及×××、×××、×××同志任副主任委员，×××担任顾问。委员会成员由国家××委、国务院××办、××部、××部、××部……(文字略)中国人民银行及国家××局的负责同志组成。考虑到工作需要，请×××、×××同志任委员会成员。××工程建设和××××的日常工作由×××同志负责。

二、委员会下设办公室，具体负责××工程建设的日常工作……(文字略)

三、成立××工程开发总公司……(文字略)

四、自本通知下发之日起，过去国务院有关××工程方面的非常设机构予以撤销。

附件：国务院××工程建设委员会组成人员名单

(章)

××××年××月××日

简　析

案例一的标题包括事由和文种两个要素。正文开头部分直接写明发文机关的决定事项及做出该项决定的目的，“现就有关问题通知如下”是通知常用的过渡性语句；案例主体部分写明有关事宜的安排，主要包括对“委员会”的性质和组成、下设机构等有关问题的明确，其委员会组成人员以附件告知。案例一没有独立的结尾部分，落款以印章注明发文机关。

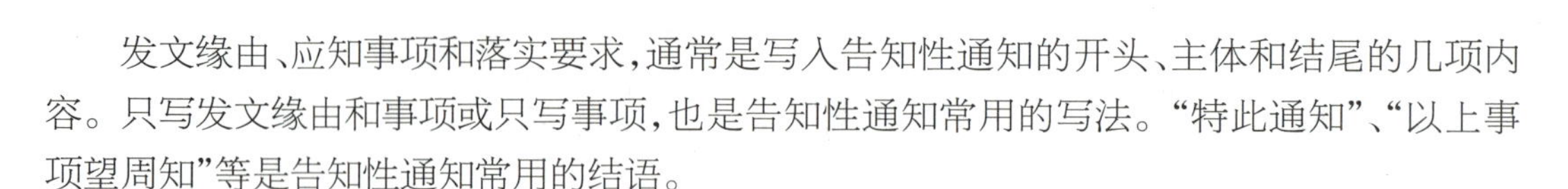

发文缘由、应知事项和落实要求，通常是写入告知性通知的开头、主体和结尾的几项内容。只写发文缘由和事项或只写事项，也是告知性通知常用的写法。“特此通知”、“以上事项望周知”等是告知性通知常用的结语。

案例二

关于上海市浦东××新城管理委员会(筹)更名的通知

新区各部、委、办、局，各区级机关，各人民团体，各直属机构，各开发区，各直属公司，各社区(街道)、镇，××新镇、××镇：

经研究，决定上海市浦东××新城管理委员会(筹)更名为上海市××新城管理委员会。其余不变。

特此通知。

上海市浦东新区机构编制委员会
××××年××月××日

简　析

案例二是一则更名通知。标题如同案例二，包括事由和文种两个要素。正文直接写明通知事由。因标题没有包括发文机关，落款予以注明。此写法在“迁址”、“更名”等通知中用得比较普遍。案例告知的只是“更名”，所以用“其余不变”收束。倘有变化，写明即可。

案例三

关于召开全国××××××工作会议的通知

有关省、自治区、直辖市、计划单列市政府；国务院有关厅、局、办；有关部委、新闻单位：

为贯彻和落实国务院国发〔××××〕××号文件精神，认真总结我国××××××

建设的经验，进一步推动××××××发展，经国务院批准，国家××委决定在北京召开全国××××××工作会议。

一、会议时间：××××年××月××日到××日

报到时间：××××年××月××日

二、会议地点：北京××宾馆

三、会议主要内容：

1. 贯彻和落实国发〔××××〕××号文件精神，研究并审核××××××……规划××××……请各地区按规定格式（见附件四）填写清楚。

2. 总结和交流××××××工作的经验。

3. 讨论《××××××管理条例》（草稿）和《××××××发展纲要》（草案）。

4. 研究并提出进一步推动我国××××××发展的各项措施。

四、参加会议人员……（文字略）

五、会议书面交流材料……（文字略）

六、为了开好这次会议，请各地区与会代表认真按本通知内容做好准备，并将会议回执于××月××日前送会议秘书组。会议秘书组设在国家××××办公室。

联系人：×××、××

电话：×××××××××、×××××××××—××××

传真：×××××××××

为了妥善安排与会代表的食宿、接站工作，凡是需要接站的与会代表请将到京日期、车次（航班）电告（或传送）国家××值班室。会务组将根据与会代表提供的信息安排接站。

接站时间：××月 ××日

接站地点：首都机场，北京火车站出站口

联系电话：×××××××××、×××××××××—××××

传真：×××××××××

附件：

1. 会议名额分配表

2. 会议书面交流材料封面格式

3. 会议回执

4. ××××××表

国家××委

××××年××月××日

简　析

案例三的标题由事由(召开全国××××××工作会议)和文种(通知)构成,正文包括召开会议的目的和须知事项两部分内容。其中须知事项包括会议时间(开会时间和报到时间)、地点(北京××宾馆)、内容(1—4)、人员及材料的准备、联系的方式等等,这些都是会议通知常写的事项。准确、齐全、具体,是对会议通知所写事项的基本要求,案例正是如此。

案例四

××市人民政府文件

×政发〔××××〕××号

××市人民政府关于公布××等工作人员职务的通知

各区县人民政府、市政府各部门:

××××年××月××日,经××市第×届人民代表大会常务委员会第×次会议决定,任命:

×××为××市人民政府秘书长;

×××为××市教育委员会主任;

×××为××市经济委员会主任;

×××为××市科学技术委员会主任;

×××为××市商业委员会主任。

(印章)

××××年××月××日

简　析

案例四系一份任免性通知。总的写法是先讲明决定的依据(如什么时间、什么会议做出任免的决定),再写任免的内容。在同一人有任有免或同一职位有任有免时,要先写免,再写任,保持逻辑上的严密。另外,此类通知的标题要写明任免的主要内容,不可简化为"任免通知"四个字。

(二) 通报

1. 通报的含义

通报属知照性公文。是党政机关、社会团体、企事业单位用于表彰先进、批评错误、传达重要精神和告知重要情况的公文。通报可用于表扬好人好事、新的风尚;也可用于批评错误,总结教训,告诫人们警惕类似问题的发生;还可用来互通情况,传达重要精神,沟通交流信息,指导、推动工作。

2. 通报的特征

通报在表达手法上是以事明理,在发布形式上主要有"直述"和"转述"两种。其特征具体体现如下:

(1) 真实性

真实是通报的生命。通报的任何情况、事实都必须是真实的,不能有差错,更不能编造情况。故写通报,对正反两方面的事实都要认真核实,确保通报内容准确无误。

(2) 教育性

无论是表彰性通报,还是批评性通报,都具有一定的教育意义。表彰性通报,旨在鼓舞、激励;批评性通报,旨在认识错误,吸取教训,改正错误,引以为戒。

(3) 典型性

一般而言,通报所选的事例,都具有典型意义,是近期发生的事情,对当前的工作具有指导和促进作用,而非一般性的先进事迹或错误事实。

(4) 知照性

通报能及时传递信息,所通报的事项都有一定的影响,故具有知照性。

3. 通报的格式

通报一般分标题、主送机关、正文、署名和日期几部分。

标题:大致有三种类型,一是由"发文机关+关于+被表彰单位(或个人)+主要先进事迹+通报"组成;二是由"发文机关+关于+被批评单位(或个人)+主要错误事实+通报"组成;三是由"发文机关+关于+情况+通报"组成。

主送机关:通报一般会写上主送机关,但如同通知一样,在用于普发时,有时会省略主送机关。

正文:是通报的主体部分。因通报种类不同,写法也就不同。一般是首先讲述事实,说明情况;其次是分析事实,或表彰先进,或批评错误,或通报情况;最后做出处理,表明态度。

署名和日期:是指在正文右下方签署发文机关名称和日期,并加盖发文机关公章。

4. 通报的分类

根据内容的性质,通报可分为表彰性通报、批评性通报和情况性通报三种。

(1) 表彰性通报。指用来表彰先进单位和个人,介绍先进经验或事迹,树立典型,号召大家学习的通报。

(2) 批评性通报。指用来批评、处分犯错误者,以示警诫,要求被通报者和大家吸取教训的通报。

(3) 情况性通报。指在一定范围内传达重要情况和动向,以指导面上工作为目的的通报。

5. 案例简析

(1) 表彰性通报

××省人民政府关于表彰全省矿业秩序治理整顿工作先进单位的通报

近年来，各级政府认真贯彻实施《矿产资源法》等国土资源法律法规，按照国务院和省政府的部署和要求，依法整顿矿业秩序，取得了显著成效。到××××年底，全省××个市矿业秩序均达到了国家和省规定的根本好转的八条标准，顺利通过了省政府和国土资源部的检查验收。通过治理整顿矿业秩序，广大干部群众的国土资源法制观念和矿产资源国家所有观念大大增强，促进了社会稳定和矿业经济的持续健康发展。为表彰先进，进一步推动工作，省政府决定，对在实现矿业秩序根本好转工作中做出突出贡献的××等××个市人民政府和××等××个县(市、区)人民政府予以通报表彰。

希望受到表彰的市、县(市、区)人民政府珍惜荣誉，再接再厉，进一步维护和巩固好矿业秩序治理整顿成果。各级人民政府要深入贯彻实施《矿产资源法》等国土资源法律法规，坚持“在保护中开发，在开发中保护”的总原则，依法严格管理矿产等国土资源，促进其合理开发与有效保护，提高国土资源综合利用水平，为我省经济、社会的持续健康发展做出更大的贡献。

附：全省矿业秩序整顿工作先进单位名单(略)

××××年××月××日

简　析

综观案例，其特色在于，标题规范，正文部分开头采用总括的手法，概括各级政府在依法整顿矿业秩序方面所取得的成效，以此作为行文的依据；接下去笔锋一转，具体陈述了全省××个市治理整顿矿业秩序的情况及其效果。在此基础上，做出表彰决定，并提出了明确具体的希望和要求。

案例层次清晰，逻辑缜密，其结构首先是概述事实，继而做出表彰，然后提出希望与要求，这样环环相扣，给人一种水到渠成之感，不容置疑。

案例所表彰的对象为单位，而且是群体，故在叙述事实时偏重于概括。倘是具体的人物，则对其先进事迹行为的叙写就要相对详尽一些，而且要予以分析与评价，强调事件的意义，挖掘原因，这是写作表彰性通报应特别注意之处。

案例二

关于表彰××县商业局××××年商业工作成绩显著的通报

各县商业局、局直属各公司：

××××年××县商业局认真落实经营责任制，强化企业管理，在市场竞争激烈、商业工作难度较大的情况下，团结广大干部职工，鼓足干劲，扎扎实实做好各项工作，取得了显著的成绩。

一、购销利税全面增长。去年，××县商业系统商品总购销实绩××××万元，比上年增长×%，其中总购进××××万元，比上年增长×%，总销售实绩××××万元，比上年增长×%，其中纯销售××××万元，比上年增长×%；实现利润×××万元(不包括批发税)，比上年增长×%；上交国家税收×××万元，比上年增长×倍，实现了购、销、利润、税收同步增长。

二、亏损大户食品行业扭亏为盈。××县商业系统按省政府规定，加强生猪购销管理，端正业务指导思想，落实生猪经营和扭亏责任制。全年收购生猪××万担，比上年增×倍，占全县生猪总上市量的×%，完成商品总销售××××万元，比上年增长×倍，实现利润××万元，比上年亏损××万元，增盈××万元，××个食品核算单位中，有××个盈利，亏损单位从上年的×个减为×个。

三、加强网点建设，更好地发挥国营商业主导作用。近几年来，××县以少花钱多办事的精神，加强商业网点建设，去年扩建了×间门店，到目前为止，营业面积××平方米，比改造前的××平方米，增加××平方米，改造后的门店，美观大方，既增加了服务项目，扩大了经营范围，方便了群众购买，又占领了市场阵地，在市场竞争中，发挥了国营商业的主导作用。

鉴于××县××××年商业工作成绩显著，市商业局决定予以通报表扬，希望我市各级产业部门在新的一年中，要学习××县商业局的先进经验，深入改革，开拓经营，繁荣市场，把商业工作提高到一个新的水平，为发展××市的经济建设做出应有的贡献。

(章)

××××年××月××日

抄报：省×××、×××

抄送：×××、×××

简　析

案例二的标题一目了然。正文分三个层次：一是概括介绍××县商业局的先进事迹，简洁明了地交代了时间、人物（单位）、事件（事迹）。二是介绍具体的先进事迹材料，即购、销、利全面增长；亏损大户食品行业扭亏为盈；加强了网点建设，更好地发挥了国营商业的主导作用。三是写表彰决定，并发出号召。文章使用绝对数、百分数、对比数等各种不同的数字，便于精确地说明成绩显著的程度，给人以深刻印象。落款也颇规范。

（2）批评性通报

案例一

国务院办公厅关于××省××县“3·11”特大爆炸事故情况的通报

各省、自治区、直辖市人民政府，国务院各部委、各直属机构：

今年3月11日，××省××市××县××乡××厂发生特大爆炸事故（以下简称“3·11”事故），死亡××人，其中在校中小学生××人，未在校的未成年人××人，受伤××人。这是一起重大责任事故。为认真吸取事故教训，进一步加强安全生产工作，防止同类事故的发生，现将“3·11”事故情况通报如下：

一、××省××市××县××乡××厂是不具备安全生产条件的企业……（以下论述事故的直接原因，文字略）

××市××县政府对安全生产工作领导不力……（以下阐述事故发生的深层次原因，具体列出×个方面，文字略）

二、对有关责任人员的处理情况。

……（文字略）

三、认真吸取教训，进一步加强安全生产工作。

各地区、各部门要认真学习、贯彻落实×××和×××对安全生产工作的重要指示，认真吸取“3·11”事故教训，不能允许只要有钱赚，就可以危及人民生命安全，要以对国家和人民高度负责的精神，切实加强安全生产工作。

（一）充分认识安全生产工作的重要性……（文字略）

（二）完善和落实各项安全生产责任制……（文字略）

（三）加大事故隐患整改工作力度，防止重大事故的发生……（文字略）

（四）大力开展安全生产宣传教育工作……（文字略）

（五）依法行政，严肃事故处理工作……（文字略）

国务院办公厅
××××年××月××日

简　析

案例一是一篇内容规范、结构完整的批评性通报。标题直接点明了通报的单位。

开头部分在概括交代了“3·11”事故的基本情况及后果后，便用一目的句作为过渡，自然进入主体部分。

主体部分主要讲述了三个方面的问题，分别对造成事故的原因和处理情况进行阐述。文中对事故原因的分析可谓既具体又深入，一针见血地切中了问题的要害，这是批评性通报写作的重点和难点所在，也是写好此类通报的关键所在。在此基础上，案例最后提出了五个方面的具体要求，具有很强的针对性和指导性。

从结构布局上讲，案例由完整的“提出问题”（开头部分）——“分析问题”（主体部分第一大问题）——“解决问题”（主体部分第二、第三个大问题）三大块组成，通篇行文主旨清楚，逻辑严密，令人一目了然。

案例二

关于××××年××件旅游案例的通报

各省、自治区、直辖市旅游局（委）：

××××年是“××五”开局之年，各级旅游行政管理部门认真履行市场监管职责，进一步规范旅游市场秩序，不断提升旅游服务质量。国家旅游局建立重大违法违规案件督办台账制度，全年共挂账督办重点案件××宗。各地围绕××××年旅游市场秩序“三项重点”工作，开展旅游合同、广告、价格、购物等专项检查×××××次，全年共处罚旅游从业人员×××人；旅行社××××家，其中吊销×××家、罚款××××家、停业整顿××家，罚款总额××××万元；各级星评委共取消星级饭店×××家，其中五星××家。现从各地查处的案件中，选取××件比较典型、影响较大的案例予以通报，并提出如下要求：

一、举一反三，全面排查。各级旅游行政管理部门要结合贯彻××××年全国旅游工作会议、全国旅游监管工作会议精神和《关于印发旅游行业“讲诚信、促发展”主题活动实施方案的通知》（旅办发〔××××〕××号）的要求，举一反三，吸取教训，认真研究××件旅游案例反映出来的问题，开展旅游市场秩序突出问题专项检查，对旅游

市场重点领域、关键环节进行排查，加大对旅游违法违规行为的打击力度。

二、完善制度机制，狠抓案件查处。各级旅游行政管理部门要充分发挥案件查处的宣传引导和监督检查作用，研究建立和完善重大旅游违法违规案件督办转办制度，挂账督办查处一批损害游客合法权益和扰乱旅游市场秩序的案件，并及时披露曝光案件查处情况，形成规范旅游市场秩序的良好氛围。

三、开展讲诚信活动，促进旅游业发展。各级旅游行政管理部门要深入开展“讲诚信，促发展”主题活动，积极主动发挥法律标准之“剑”、舆论监督之“剑”、宣传引导之“剑”和诚信自律之“剑”的作用，深入开展旅游诚信检查行动、旅游诚信警示行动、旅游诚信宣传行动和旅游诚信自律行动，严格履行在规范旅游市场秩序工作中的责任。各旅游企业及从业人员要严格遵守法律法规，自觉规范旅游经营和服务行为，共同营造“规范经营、理性消费”、“诚信光荣、失信可耻”的旅游消费环境。

附件：××××年××件旅游案例

国家旅游局
××××年××月××日

简　析

如果说案例一是针对个体的批评性通报，案例二则是针对群体的批评性通报。标题如同案例一，直接点明通报事由(××××年××件旅游案例)。

类似通报，开首往往是在说明、概括、小结的基础上，提取比较典型、影响较大的案例予以通报，以示警诫，由此转入主体。

主体部分主要阐述了三点，既是要求，也是通报的目的。因正文没有阐述和分析××件旅游案例的问题，所以案例采用附件形式对×××年××件旅游案例进行逐一分析与概述。类似针对群体性的通报，大多采用附件形式加以说明。

(3) 情况性通报

案例一

关于××大学处理学生侮辱教师的通报

××、××、××：

最近××大学对××学生在实验课中不遵守学习纪律和侮辱教师的问题，给予处分，并将处分决定在××大学正式公布，这样处理是对的。学校要提高教学质量，一方面，教师必须根据党的教育方针和学校的培养目标，认真地教好课程，关心和爱护学生，对学生提出严格的要求；另一方面，学生必须按照教学计划的要求，尊重教师的指导，遵守学习纪律，认真地学好功课。现将××大学对××学生的处分决定全文印给你们。希望引起注意，避免类似事件的发生。

附：××大学对××学生的处分决定1份。

（印章）

××××年××月××日

简　析

观其内容，案例一类似一则按语。除标题直接点明通报事由后，第一部分从开头至“这样处理是对的”，进一步说明通报的事由并肯定和同意××大学的处理决定；第二部分从“学校要提高教学质量”至“认真地学好功课”，是对学校和老师提出正面要求，对学生进行正面教育；第三部分即最后一句话，提出印发通报及其目的，即：避免类似事件的发生。落款处既有附件，还有单位(印章)及年、月、日。

案例二

关于××月以来接连发生特大火灾事故的通报

各省、各自治区、直辖市公安厅、局：

今年入秋以来，××、××、××等地相继发生多起特大火灾，造成了重大人员伤亡和财产损失。现将有关情况通报如下：

××月××日，××省××市××镇××厂，因员工装配打火机试火引燃堆放在工作台上的打火机爆燃成灾，造成××人死亡，××人受伤，烧毁塑料打火机××万支，厂房面积×××平方米，直接财产损失××万元。

（以下按时间顺序叙述了××起火灾事故的情况，均包括时间、地点、结果等要素，文字略。）

近期大火增多，反映出消防工作还存在着许多薄弱环节，火险隐患仍很严重。当前天气渐冷，用火用电增多，即将进入火灾多发季节，各地务必吸取火灾教训（以下是具体要求，文字略）。

（章）
××××年××月××日

简　析

案例二是公安部所发的一份情况通报。标题扼要地点明了通报的事由。正文按照时间顺序，采用概括叙述的方法，分别列举了××××年××月份以来全国各地发生的多起火灾事故。对每起火灾事故的叙述，都完整地载明其发生的时间、地点、起因及后果等诸项要素。对后果的叙写，包括人员伤亡、财产损失等，均通过一系列数字加以准确地反映。由此表明，撰写情况性通报，要尽量运用概括的手法和数字化方式进行阐述，以增强其准确性和说服力。

案例叙述完××起火灾事故之后，又采用由点及面、由个别到一般的写法，向各地消防部门提出了具体要求，从而使其结构完整，逻辑谨严。

情况性通报的写法与批评性通报有所不同，即它往往采用“白描”的手法客观地叙述事实，讲究“直陈其事”，一般不去过多地分析事件的起因，也很少进行议论。

（三）通告

1. 通告的含义

通告是党和国家机关、人民团体、企事业单位在一定范围内公布应当遵守或者周知的事项时使用的告知性文种，属于下行公文。

2. 通告的特征

通告具有公开性、广泛性等特征。其使用不限于政府机关，一般单位或有一定指挥权的临时机构也可以使用，但必须依法发布，发文范围不能超过发文机关的权限。具体特征表现为：

（1）周知性

通告是要求特定范围的人或特定的人群普遍知晓其内容，便于了解有关政策法令，遵守某些规定事项，共同维护社会秩序。

（2）法规性

通告常用来颁布地方性的法规，这些法规一经颁布，特定范围内的部门、单位和民众都必须遵守、执行，故具有一定的法规性。

（3）务实性

通告是一种直接指向某项事务的文种，其内容一般属于业务方面的问题，且多为局部的、具体的问题，使用频率比较高。故务实性比较突出。

3. 通告的格式

通告主要由标题、正文和落款三部分组成。

标题有以下四种构成形式：

第一种是由发文机关名称、事由和文种构成。

第二种是由发文机关和文种构成。

第三种是由事由加文种构成。

第四种是只用文种“通告”作标题。

通告的正文包括开头、主体和结束语三部分。开头主要交代通告的缘由、根据和目的。主体要求明确且具体地写出通告的内容、通告事项的要求和实施措施。结束语一般单独设段，用“特此通告”、“此布”等习惯用语作结。

通告的落款应写明发文机关名称和发文时间。在标题中有发文机关名称的，落款处可以省略，只写年、月、日，或将发文时间写在标题下方、正文上方。

4. 通告的分类

依据通告内容，通告可以分为法规性通告和知照性通告两种。

(1) 法规性通告。具有政策性和法律性，用在一定范围内公布应当遵守的事项。是法规性文件中有关规定的具体化，大多由地方政府发布。

(2) 知照性通告。用在一定范围内公布应当周知的事项。不具有约束力，旨在让有关单位、有关人员知道有关事项。

5. 案例简析

(1) 法规性通告

案例一

中华人民共和国公安部通告

为确保国际民航班机的运输安全，决定从××××年××月××日起，在中华人民共和国境内各民用机场，对乘坐国际班机中的中外籍旅客及其携带的行李物品，实行安全技术检查。

一、严禁将武器、凶器、弹药和易爆、剧毒、放射性物品以及其他危害飞行安全的危险品带上飞机或夹在行李、货物中托运。

二、除经特别准许者外，所有旅客及其行李物品一律进行安全检查，必要时可进行人身检查。拒绝检查者，不准登机，损失自负。

三、检查中发现旅客携带上述危险品者，由机场安全检查部门进行处理；对有劫持飞机和其他危害飞行安全嫌疑者，交公安机关审查处理。

特此通告。

××××年××月××日

简　析

案例一是一篇法规性的通告，标题由发文机关和文种构成。案例第一段主要介绍通告的目的，即确保国际民航班机的运输安全。第二至第四段明确通告的事项，体现了法规性通告的权威性和强制性。因为通告具有公开性，所以不必写明受文机关。

案例二

××市通信管理局、公安局、文化局、工商行政管理局关于对本市互联网上网服务营业场所进行清理整顿并加强管理的通告

为加强对××市互联网上网服务营业场所的管理，根据《国务院办公厅关于进一步加强互联网上网服务营业场所管理的通知》(国办发〔××××〕×号)和《××市人民政府办公厅关于对本市互联网上网服务营业场所进行清理整顿并加强管理的通知》(×政办发〔××××〕××号)要求，依照信息产业部等国家四部局发布的《互联网上网服务营业场所管理办法》(以下简称《办法》)，××市通信管理局、××市公安局、××市文化局、××市工商行政管理局于即日起对本市互联网上网服务营业场所进行为期×个月的清理整顿，并加强管理。现就有关事项通告如下：

一、互联网上网服务营业场所是指通过计算机与互联网联网向公众提供互联网上网服务的营业性场所(包括“网吧”提供的上网服务)。

二、开办互联网上网服务营业场所按下列程序办理审批登记：开办互联网上网服务营业场所的经营者向区县公安、文化部门提出申请，并取得市公安、文化部门的批准文件；持批准文件到××市通信管理局办理经营许可证；持批准文件及经营许可证到工商行政管理部门登记注册(该经营项目核定为“提供互联网上网服务场所”)。手续齐全后方可营业。

三、在清理整顿期间，对已经获得有关管理部门同意的互联网上网服务营业场所进行重新审核登记。已获得有关部门同意经营互联网上网服务营业场所的经营者，应持证明文件或材料按本通告规定程序于××××年××月××日前到有关部门办理重新申报手续。逾期未重新申报的视为放弃经营权。未获有关管理部门同意的互联网上网服务营业场所应立即关闭。否则，依法予以取缔。清理整顿期间停止受理审批新的互联网上网服务营业场所。

四、申请开办互联网上网服务营业场所除具备《办法》规定的条件外，还应具备下列条件：

1. 符合××市公安、文化、通信、工商等相关主管部门对开办互联网上网服务营业场所制定的具体规定。

2. 计算机终端数量不得少于××台(星级宾馆、饭店及××平方米以上的商场、写字楼的商务中心不得少于×台)，单机面积不少于×平方米。

五、下列地区不得设立互联网上网服务营业场所：

1. ×××街及×××路；

2. 党、政、军等主要机关周边××米内；

3. 中小学周边××米以内；

4. 居民楼内；

5. 星级宾馆、饭店及××平方米以上的商场、写字楼的商务中心不受上述规定限制。

六、开办互联网上网服务营业场所的经营者应制定严格的管理制度；对上网人员的有效证件进行登记；在经营场所显著位置张贴醒目的顾客依法上网公约、未成年人限时进入警示标志、当地主管部门举报电话。

七、获得有关部门批准设立的互联网上网服务营业场所应持批准文件、经营许可证和营业执照，与持有计算机信息网络国际联网业务经营许可证的 ISP 签订信息安全责任书，办理互联网接入手续。不得通过无经营许可证的 ISP 接入互联网；计算机信息网络国际联网业务经营单位不得为未获得相关部门批准的互联网上网服务营业场所提供接入服务。

××××年××月××日

简　析

案例二同样是一则法规性通告，与案例一不同的地方在于，它是由地方政府依据《国务院办公厅关于进一步加强互联网上网服务营业场所管理的通知》(国办发〔××××〕×号)和《××市人民政府办公厅关于对本市互联网上网服务营业场所进行清理整顿并加强管理的通知》(×政办发〔××××〕××号)要求，依照信息产业部等国家四部局发布的《互联网上网服务营业场所管理办法》精神而发布，是法规性文件中有关规定的具体化。

标题是由发文机关名称、事由和文种构成。正文开头交代了通告的缘由、根据和目的，并分七点加以阐述。标题中有发文机关名称，故落款处省略了发文机关名称。

(2) 知照性通告

案例一

××市供电局通告

为方便群众监督、抵制以电权谋私的不正之风，××市供电局规定，凡从事营业、工程安装设计以及一切与用户有工作联系的职工均应佩戴员工证。员工证件有本人的照片、姓名、工作部门、编号。凡有不佩戴员工证而从事供电业务者，市民可视为非供电局人员。如发现供电局员工有侵犯用户利益的行为，欢迎直接向××市供电局举报。监督举报电话：××××××××

××××年××月××日

简　析

案例一是一篇知照性的通告，标题由发文机关名称和文种构成。正文主要介绍了通告的缘由，明确了通告的事项以及要求。最后写明了电话，目的是欢迎大家监督。因标题中已有发文机关名称，所以落款处省略了发文机关名称。

案例二

关于严禁燃放烟花爆竹的通告

烟花爆竹是国家明令严格监管的民用爆炸物品，烟花爆竹的使用必须符合安全规定。近年来，个别居民和单位燃放烟花爆竹时因使用方法不当、燃放时间地点不适，不仅造成社会治安和消防安全隐患，而且污染环境，干扰正常工作生活秩序，严重影响广大人民群众身心健康。为了保持市区良好的社会环境，维护广大市民的正当权益，塑造文明的城市形象，特通告如下：

一、禁止在市区××路至××路口段，××路、××西路、××路至××路口段，××路、××路、××路等主要街道燃放烟花爆竹。

二、禁止在公共楼梯、走廊、橱窗内燃放烟花爆竹。

三、禁止在晚上12:00至次日6:30和中午12:30至2:30的时间段内燃放烟花爆竹。

四、凡违反上述规定的，一律责令立即清除遗物遗迹，并按有关规定严厉处罚。

五、各单位、宾馆酒家和其他经营户要教育好本单位的干部职工及其家属子女自觉遵守上述规定，不得在规定的时间和地点内燃放烟花爆竹。

六、广大市民要进一步提高觉悟，转变观念，移风易俗，倡导文明生活方式，共同创造和维护良好的工作生活环境。

七、本《通告》由市公安局和市城监管理大队负责监督实施。市公安局和市城监管理大队要认真履行职责，严格执法。

××市公安局

××××年××月××日

简　析

案例二同样是一则知照性通告。通篇体现了知照性通告在一定范围内公布应当周知的事项的特点。从其层次看，标题是由事由加文种构成，主体部分明确、具体地写出了通告的内容、事项、要求和实施措施。落款写明了发文机关名称和发文时间。

第三节　请示和报告

一、请示

（一）请示的含义

请示是下级机关向上级机关请求决断、指示、批示或批准事项所使用的呈批性公文。《党政机关公文处理工作条例》规定：请示适用于向上级机关请求指示、批准。下级机关遇到各种无权处理或无力解决的问题，都可以通过向上级机关呈送请示的形式，请求上级机关予以批准或者给予指示。

（二）请示的特征

回复性、单一性、针对性、超前性、可行性是请示的具体特征。

1. 回复性

在法定公文中，请示是为数不多的双向对应的文体，具有较强的期复性。下级机关行文后，上级机关必须在一定时间内给予明确的答复，不管是同意，还是不同意。因为写请示最直接的目的就是得到回复。

2. 单一性

请示应当一文一事。一份请示，只能就一项工作或一种情况、一个问题做出请示，不得

在一份请示中就若干事项请求指示和批准。确有若干事项急需向同一上级机关同时请示，也应写出若干份请示。

3. 针对性

请示的行文，针对性颇强。确实超出了本机关职权、能力、认识范围之外的事情，方能运用请示。动辄请示，表面似尊重上级，实际是把矛盾上缴。

4. 超前性

超前性是指行文必须在事前行文，等上级机关作出答复后才能付诸实施。无论是事中行文还是事后行文，均是不妥的。

5. 可行性

可行性是指要求上级机关予以批准的请示内容，应该是切实可行的，不能超出上级机关的审批权限，更不应该提出不合理的要求。

（三）请示的格式

请示由标题、主送机关、正文和落款四部分组成。

请示的标题一般有两种构成形式：一种是由发文机关名称、事由和文种构成；另一种是由事由和文种构成。

请示的主送机关是指负责受理和答复该文件的机关。每份请示只能写一个主送机关，不能多头请示。

正文一般由开头、主体和结语等部分组成。

开头主要交代请示的缘由。是请示事项能否成立的前提条件，也是上级机关批复的根据。

主体主要说明请求事项。是向上级机关提出的具体请求，也是陈述缘由的目的所在。

结语习惯用语一般有"当否，请批示"，"妥否，请批复"，"以上请示，请予审批"或"以上请示如无不妥，请批转各地区、各部门研究执行"等。

落款一般包括署名和成文时间两项内容。标题写明发文机关的，可不再署名，但需加盖单位公章及成文时间。

（四）请示的分类

按照请示内容和请示目的的不同，可将请示分为直请性请示和批转性请示两类。

1. 直请性请示

是指针对工作中出现的具体问题，直接向上级机关申明情况，请求予以答复批准或表明态度并下达处理意见的请示。写此类请示，重点应放在情况的陈述和问题的强调上及意见、办法的说明上。

2. 批转性请示

即把有关某一方面的工作意见，以"请示"的形式上报给上级机关，要求批转给相关单位予以办理。

（五）案例简析

1. 直请性请示

案例一

关于社区文化活动室建设资金的请示

××区人民政府：

为丰富社区居民的日常生活，依据××市《×××××××××》（×发〔××××〕××号）文件精神及社区广大居民的要求，××街道决定增设社区文化活动室，所需建设资金共××万元（详见附件）。由于××××年度××街道预算未设此项，特恳请政府财政拨款！

妥否，请审核！

附件：××街道社区文化活动室建设工程预算表

××区××街道办事处

××××年××月××日

简　析

案例一是一份直请性请示。从其结构形式分析，标题由事由和文种构成。正文语言简洁，条理清晰，结构合理。其中包括：

请示的目的——“丰富社区居民的日常生活”；

请示的依据——“××市《×××××××××》（×发〔××××〕××号）文件精神”；

请示的缘由——“由于××××年度预算未设此项目”。

因要求拨款，案例用“妥否，请审核”作结，并添加了附件。此写法便于上级了解请示的具体事项内容。

落款包括了署名和成文时间。

格式规范，一事一请，是其一大特点。

案例二

关于撤销××社区居民委员会拟筹建××社区居民委员会的请示

××××：

因××建设需要，××街道××社区的居民住宅和企业已全部拆迁，新建了××花园、××家园和××苑等住宅小区，致使××社区居委会的管理对象、管辖范围发生了根本性变化，原撤村建居后的社区管理模式已不适应现状。目前，××花园、××家园和××苑住宅小区社区用房已落实到位，居民入住××%左右，各种行政事务亟待解决。鉴于上述情况，筹建社区居委会已具备条件，经街道办事处研究，拟撤销××社区居民委员会，新建××社区居民委员会。

新建××社区区域范围为：东至××路，西至××路，南临××路，北依××路。

新建社区办公用房地址：××苑××号。

新建社区涉及××个住宅小区，居住户××××户，其中××花园小区共建住宅×××户，××家园小区共建住宅×××户，××苑小区共建住宅××××户，居住人口较多，管理工作量较大，建议定编××人。工作人员以原××社区人员为主，不足人员向社会公开招聘。

以上请示当否，请批复。

××街道办事处
××××年××月××日

简　析

案例二主旨明确，条理分明是其特点。标题由事由和文种构成。正文用事实和数据材料既说清了缘由，又简明扼要地说明了请示要求的合理性、必要性与紧迫性。由于是请求上级机关予以批准或者给予指示，故使用“以上请示当否，请批复”一句结尾。

2. 批转性请示

案例一

关于加强全市商业网点管理的请示

××市人民政府：

近年来，全市流通部门在各级人民政府的重视与支持下，商业网点的硬件建设和管理水平得到了加强，对推动全市的经济建设发挥了一定的积极作用，可是，城市商业网点的建设管理工作涉及面广、政策性强、难度大，与人民群众的要求相比，与经济社会发展的要求相比，仍有许多问题需要解决。为了进一步做大、做强全市商业网点，满足人民群众的生产生活需要，推进城市商业发展，现请示如下：

1. 请各级政府结合“××五”发展规划，把商业网点布局纳入其中，并明确责任人，推进商业网点建设。

2. 请各级政府的规划、国土等部门对新批的生活小区，按一定的人口比例，配置相应的商业网点。

3. 请政府出面，协调改造原有的破、旧、险的商业网点，并落实整理责任人。

4. 请地方财政、金融部门支持商业网点建设，召开各区网点建设专题会议，研究解决商业网点建设的资金问题。

5. ……（文字略）

6. ……（文字略）

以上请示如无不妥，请批转各相关部门。

××市贸易促进会

××××年××月××日

简　析

案例一是一则批转性请示，请示的问题属于工作中难以处理的，加上行文者无权要求各级政府或同级部门执行这些建议，所以需要请示上级政府批转，请上级政府要求各地政府或相关部门执行请示中的几条建议。

案例二

关于进一步加强期货市场监管工作的请示

国务院：

按照国务院的部署，国务院证券委员会和中国证券监督管理委员会(以下简称证监会)加强了对期货市场的规范整顿工作。经过两年多的努力，我国期货市场盲目发展的势头得到了一定的遏制，市场行为逐步规范，监管能力进一步加强，试点工作步入正轨。但是，目前期货市场仍存在一些不容忽视的问题，最为突出的是少数大户凭借资金实力，联手操纵市场，牟取暴利；少数人挪用公款进行期货投机，损公肥私，或利用银行贷款、拆入资金以及变相集资进行炒作；个别客户在交易中蓄意违规，甚至进行金融犯罪活动。这些行为不仅干扰了企业从事套期保值合法的经营活动，而且严重破坏了期货市场的正常秩序，妨碍了期货市场的健康发展。为进一步遏制过度投机活动，加强对期货市场的监管工作，现提出以下意见：

一、国有或者国有资产占控股地位的企业、事业单位(以下简称国有企事业单位)只能从事与其生产、经营有关商品期货品种的套期保值交易，不得进行投机交易，更不允许进行恶性炒作。国有企事业单位从事套期保值交易应当向期货交易所或期货经纪机构出具主管部门或者董事会的批准文件。对未能出示批准文件的，期货交易所不得接受其为会员，期货经纪机构不得接受其为客户。对违反上述规定的期货交易所和期货经纪机构，证监会将根据情节轻重对其做出责令改正、罚款、停业整顿、取消试点交易所资格或取消期货经纪业务资格的处罚，并追究主要负责人的责任。国有企事业单位未经主管部门或董事会批准，擅自进行期货交易或者因从事期货投机交易发生亏损的，要追究主要负责人的责任。

二、各类金融机构一律不得从事商品期货的自营和代理业务……(文字略)

三、期货经纪公司一律不得从事期货自营业务……(文字略)

四、为了加大对期货市场的监管力度，有效地防止和查处操纵市场行为，证监会可以按程序对期货交易所、期货经纪机构和客户在商业银行和其他金融机构开立的账户进行查询。

五、各期货交易所要结合各自的具体情况建立“市场禁止进入制度”……(文字略)

六、为了充分发挥期货市场套期保值和发现价格的功能，避免大量资金恶炒小品种，使期货市场摆脱品种越来越少、投机越来越盛的恶性循环，在适当时机选择一些在国际上比较成熟、最具套期保值功能的大宗商品品种,在少数规范化程度较高的期货交易所上市交易,在严格监管的条件下进行试点。

以上意见如无不妥,请批转各地区、各部门贯彻执行。

国务院证券委员会
中国证券监督管理委员会
××××年××月××日

简析

案例二的标题是由事由(进一步加强期货市场监管工作)加文种(请示)构成,这种写法同三个要素俱全的标题写法一样,在请示中都很常见。请示的标题一般不能省去事由一项,而且这一项往往写得比较具体。案例正文包括三个部分:开头部分(第一自然段),介绍情况,指明问题,说明发文目的,以“现提出以下意见”引出下文;主体部分写了六条意见,均为具体规定及实施规定的要求和措施;由于这份请示所处理的是一项涉及面较广的重要问题,所以最后提出了批转请求,即以请求批转的语句“以上意见如无不妥,请批转各地区、各部门贯彻执行”作结束语。因标题没有发文机关名称,故落款写明了国务院证券委员会、中国证券监督管理委员会。

二、报告

(一) 报告的含义

报告适用于向上级机关汇报工作,反映情况,提出建议,回复上级机关的询问。报告是常用的上行文,在机关、企事业单位中被广泛地运用,作用十分突出。

(二) 报告的特征

单向性、汇报性、事后性是报告的具体特征。

1. 单向性

单向性是指下级机关向上级机关汇报工作、反映情况、提出建议时使用的单方向上行文,无须上级机关给予回复。

2. 汇报性

汇报性是指下级向上级报告遵照指示开展了什么工作,怎样做的,取得了哪些成绩,存在哪些不足;即便是提出建议的报告,也应在汇报情况的基础上,才能进一步提出建议。

3. 事后性

事后性是指大多数报告,均是在某项工作开展了一段时间或完成之后,或在某种情况发生之后,向上级做出的汇报。

(三) 报告的格式

报告一般由标题和主送机关、正文和落款四部分组成。

标题和主送机关。常见的标题有两种形式：一种是由事由和文种组成；一种是由发文机关、事由、文种组成。主送机关要顶格写上受文单位的全称。

正文包括三部分内容。开头部分简要说明报告的缘由、目的、意义。中间部分是报告的核心部分。结尾部分是报告的结束语，一般都是程式性用语。常用“特此报告”；答复报告多用“专此报告”；递送报告则用“请审阅”、“请收阅”等。

落款包括署名和时间两项内容。标题有发文单位，可不再署名。否则要在正文右下方署上单位名称和年、月、日，并加盖单位公章或主要负责人印章。

（四）报告的分类

报告不是单一的文种，是由若干具体文种构成的一个组合体。按行文的目的与作用不同，可将报告分为工作报告、情况报告、呈请性报告、检讨（检查）报告、例行报告、回复性报告、送文送物报告。常用的是工作报告、情况报告和呈请性报告。

1. 工作报告

即用于向上级汇报工作活动情况的报告。侧重于陈述工作的开展情况及主要做法，有时也夹有成功的经验和失败的教训。

工作报告又可分为综合工作报告和专题工作报告两种。综合工作报告涉及面较宽，主要工作范围之内的方方面面都要涉及，并有主次之分。如各级人民政府向同级人民代表大会做的政府工作报告。向上级提供的年度、季度、月份工作报告。专题工作报告的涉及面较窄，往往围绕一个主题进行工作汇报。

2. 情况报告

即用于向上级汇报、反映各种社会情况及动态的报告。与工作报告相比，其突出的特点是使用面广、反应迅速、方式灵活，具有较强的信息性，往往成为上级决策的依据；而工作报告的作用侧重于决策的信息反馈性、服务于决策的连续性。

3. 呈请性报告

即呈报上级要求加以批转或批示的报告，基本上都是向上级提出工作意见与建议，故亦称“建议性报告”。

（五）案例简析

1. 工作报告

案例一

××××年政府工作报告

×××

各位代表：

现在，我代表国务院，向大会作政府工作报告，请予审议，并请全国政协各位委员提出意见。

一、××××年工作回顾

过去一年是本届政府依法履职的第一年，任务艰巨而繁重。面对世界经济复苏艰难、国内经济下行压力加大、自然灾害频发、多重矛盾交织的复杂形势，全国各族人民在以习近平同志为总书记的党中央领导下，从容应对挑战，奋力攻坚克难，圆满实现全年经济社会发展主要预期目标，改革开放和社会主义现代化建设取得令人瞩目的重大成就。

——经济运行稳中向好……（文字略）

——居民收入和经济效益持续提高……（文字略）

——结构调整取得积极成效……（文字略）

——社会事业蓬勃发展……（文字略）

过去一年，困难比预料的多，结果比预想的好。经济社会发展既有量的扩大，又有质的提升，为今后奠定了基础。这将鼓舞我们砥砺前行，不断创造新的辉煌。

一年来，我们坚持稳中求进工作总基调，统筹稳增长、调结构、促改革，坚持宏观政策要稳、微观政策要活、社会政策要托底，创新宏观调控思路和方式，采取一系列既利当前、更惠长远的举措，稳中有为，稳中提质，稳中有进，各项工作实现了良好开局。

一是着力深化改革开放，激发市场活力和内生动力……（文字略）

二是创新宏观调控思路和方式，确保经济运行处于合理区间……（文字略）

……

各位代表：

过去一年的成就来之不易……（文字略）

过去一年政府工作中行之有效的思路和做法，要在今后的实践中继续坚持、不断探索与完善。同时，我们清醒地认识到，前进道路上还有不少困难和问题……（文字略）

这些问题，有的是发展过程中产生的，有的是工作不到位造成的。对存在的问题，政府要先从自身找原因、想办法。民之所望是我们施政所向。要牢记责任使命，增强忧患意识，敢于担当，毫不懈怠，扎实有效地解决问题，决不辜负人民的厚望。

二、××××年工作总体部署

××××年，我国面临的形势依然错综复杂，有利条件和不利因素并存……（文字略）

今年政府工作的总体要求是……（文字略）

今年经济社会发展的主要预期目标是……（文字略）

实现今年经济社会发展的目标任务，要把握好以下原则和政策取向。

第一，向深化改革要动力。改革是最大的红利……（文字略）

第二，保持经济运行处在合理区间……（文字略）

第三,着力提质增效升级、持续改善民生……(文字略)

三、××××年重点工作

做好今年政府工作,要以深化改革为强大动力,以调整结构为主攻方向,以改善民生为根本目的,统筹兼顾,突出重点,务求实效。

(一) 推动重要领域改革取得新突破。

……(文字略)

(二) 开创高水平对外开放新局面。

……(文字略)

(三) 增强内需拉动经济的主引擎作用。

……(文字略)

……

各位代表:

人民赋予重托,奋斗创造未来。让我们紧密团结在以习近平同志为总书记的党中央周围,高举中国特色社会主义伟大旗帜,齐心协力,开拓进取,扎实工作,为全面建成小康社会、建成富强民主文明和谐的社会主义现代化国家、实现中华民族伟大复兴的中国梦而努力奋斗!

简　析

案例一是一份综合性的工作报告。标题由事由和文种组成,正文包括三大部分,第一部分,侧重在回顾总结所做的工作基础上,肯定成绩,找出差距。第二部分,在回顾总结的基础上,提出了新的工作总体思路和部署。第三部分,在新的总体工作思路的基础上,明确和强调了重点工作。案例涉及面既宽且广,凡工作范围之内的,几乎都涉及,但有主次之分。

写类似报告,通常要求格式规范,结构严谨,层次分明。尤其强调用词规范、表达准确。本案例即是。

案例二

××公司关于从落实责任制入手加强企业管理基础工作的报告

××××年,我们公司建立了工人岗位责任制和干部职务责任制。×年来,对于克服职责不清和无人负责的现象，起到了较好的作用。但是，没有明确每项工作要干到什么程度，达到什么标准，结果衡量没有尺度，考核没有依据，往往是责任制写在纸上贴在墙上，执行不执行一个样。工人们反映，这样的责任制好像“橡皮尺子”，可长可短，不好衡量，容易流于形式。事实说明，生产水平越高，越要落实责任制，把基础工作搞扎实。

制定岗位考核标准

我们对全公司劳动管理和岗位责任制的现状进行调查，摸清情况，然后根据各厂赶超国内先进水平的目标和多快好省的要求，制定了工人的岗位考核标准和干部的办事细则，要求做到“全、细、严”。

严格按照标准进行考核

制定出岗位考核标准以后，我们坚持从严考核，用一整套的定额、计量、原始记录和统计，精确地计算每个岗位和生产效果，科学地分析每项技术操作，使各项经济活动和生产技术操作规格化、标准化、最佳化……（文字略）

根据考核结果实行奖惩

在严格考核的基础上，我们把考核同奖惩紧密结合起来，根据考核结果，做到赏罚分明。

实践说明，制定岗位考核标准，严格按标准进行考核和根据考核结果实行奖惩三位一体，是落实岗位责任制、把企业各项管理基础工作进一步扎根基层的行之有效的办法。

××××年××月××日

简　析

案例二是一份介绍经验的专题性工作报告。标题由发文机关、事由、文种组成。写类似报告，最容易出现的弊病是，开头有时难免要写上一大串空话、套话。本案例却避免了这种弊病。开首直接用×年来的事实变化，实实在在地告诉人们，没有严格考核标准的责任制是一把“橡皮尺子”。生产水平越高，越要落实责任制，从而阐明观点，揭示主题。

结构上，案例采用的是“递进式”。此结构运用得当，既可以紧扣读者心理，使其一口气读完，又可使读者的认识循序渐进，思想步步升华，阅罢，一个完整的认识也随即产生。案例所讲的三点做法，是一环紧扣一环的：先讲考核标准，再讲怎样考核，最后讲考核与奖惩挂钩，步步递进，层层深入；结尾又与开头相呼应，把认识加以升华，以结论的形式回答了开头提出的问题，即“三位一体”是落实责任制、加强企业管理工作的有效办法。阅罢，给人一种自然、水到渠成的感觉。

2. 情况报告

案例

关于棉花质量和市场管理检查情况的报告

按照《国务院办公厅关于开展棉花质量和市场管理检查的紧急通知》(国办发〔××××〕×号,以下简称《通知》)要求,国家计委、国家经贸委、原工商行政管理局、原质量技术监督局、供销总社、农业发展银行组成×个检查组,于××月××日至××日,对××、××、××、××等×个棉花生产省(自治区)的棉花质量和市场管理自查自纠工作情况进行了检查。现将有关情况报告如下:

各省(有关自治区)按《通知》精神,对本地区开展棉花质量和市场管理检查工作都十分重视,立即进行了具体部署,组织省级政府各有关单位和各有关市、县开展自查自纠,一些省(自治区)政府的领导同志亲自带队赴棉花生产县(市)进行督促检查。各地工商管理、质量监督、供销社、农业发展银行等部门密切配合,保证了这次检查工作的顺利进行……(文字略)

从抽查的情况看……(文字略)

这次检查,也暴露出一些涉及棉花管理体制方面的问题……(文字略)

一是……(文字略)

二是……(文字略)

为进一步加强棉花质量和市场管理,不断提高棉花质量和规范棉花市场管理,现提出以下建议:

一、提高认识,巩固成果……(文字略)

二、管住加工,规范收购……(文字略)

三、深化改革,标本兼治……(文字略)

国家计委

××××年××月××日

简　析

案例是一篇以反映棉花质量和市场管理检查情况为内容的报告。标题是由事由和文种组成。开头交代了开展棉花质量和市场管理检查的依据(即"按照……要求……"的一段文字）、人员组成、时间、地点等。此开端干脆利落，内容具体。主体部分由三大层次构成。先是肯定了有关省（自治区）按照国务院办公厅通知的精神，开展自查自纠工作所取得的成绩。这是写工作情况报告时值得注意的，写报告不要一讲经验就一切皆好，也不要说起问题就一无是处，因为成绩与问题、主流与支流往往是并存的，因此，要坚持“两分法”。案例用了较长一大段文字，对×省（自治区）开展棉花质量和市场管理检查工作取得的成绩予以充分肯定。然后用了两大段文字，说明在取得一定成绩的同时，还存在不少问题。随即转入第三大层次，提出三点建议。

案例主体部分写作的层次安排表现为“成绩”——“问题”——“建议”的“三段式”。这是以反映情况为主要内容的报告的基本写作模式，故案例在这方面的写作经验值得借鉴。“三段式”虽然是情况报告在写作上的通用规则，但不是一成不变的，只是就多数情况而言。而有的情况报告主体恰恰是“问题——建议”的“两段式”，此须视实际情况而定。

3. 呈请性报告

案例

关于依法清收拖欠银行利息的报告（摘要）

国务院：

当前，企业拖欠银行利息问题十分突出，严重危害了银行业的正常经营活动。进一步采取有效措施，集中力量抓紧依法清收拖欠利息，已成为化解金融风险、缓解财政收支压力的一项重要任务。现将有关情况报告如下：

一、企业欠息基本情况

近年来，企业拖欠银行利息问题日益严重，收息率逐年下降。企业欠息增加，一方面是企业效益不好，经营困难；另一方面是企业恶意欠息现象日益严重，一些具备还本付息能力、效益较好的企业有意逃避付息。

据人民银行的典型调查，目前恶意欠息约占欠息总额的20%左右。企业大量拖欠银行利息，后果十分严重。一是违反了《中华人民共和国商业银行法》，扰乱了社会信用秩序，破坏了银行同企业之间正常的信用关系，影响了国民经济的正常运转。二是占压了大量的信贷资金，影响银行财务状况，削弱了银行筹集资金支持企业生产经营活动的能力。三是减少了财政收入，影响财政预算平衡。四是加剧了银行业的金融风险。

二、采取有效措施，依法收回企业欠息

为了维护正常的社会信用秩序，防范金融风险，维护金融业的稳健经营，必须采取

果断措施,依法收回企业拖欠的银行利息,严厉打击各种逃废银行债务的行为,各地区、各部门和各单位要统一认识,齐心协力,切实做好清收欠息工作。

(一)落实清收利息目标责任制,加大收息力度……(文字略)

(二)建立企业欠息档案和账户查询中心,实行企业欠息大户披露制度……(文字略)

(三)改进金融服务,建立新型银企关系……(文字略)

(四)加强企业信用观念,规范企业转制行为,严禁违反规定减息免息……(文字略)

(五)依靠各方面的力量,切实改善信用环境……(文字略)

(六)加大对违规欠息案件的查处力度……(文字略)

以上报告如无不妥,建议国务院办公厅转发各地区、各部门贯彻执行。

人民银行
国家经贸委
××××年××月××日

简　析

案例是一份提出建议的呈请性报告。标题也是由事由和文种组成。报告的正文包括开头、主体和结尾三个部分。开头部分简述情况,指明问题及解决问题的迫切性,最后用“现将有关情况报告如下”这一过渡性语句领起下文。主体部分包括两项内容:一是介绍“企业欠息基本情况”,指明企业欠息的危害,这部分写得比较简单、概括;二是提出解决问题的要求和措施,共写了六条建议,这部分是整个报告的重点,写得比较详尽、具体。结尾部分提出转发请求。“以上报告如无不妥,建议××转发各地区、各部门贯彻执行”、“以上报告如无不妥,请批转各地执行”之类的语句,是呈请性报告惯用的结语。简单介绍情况,着重写明建议,申明批转请求,也是呈请性报告常见的写法。

第四节　函

一、函的含义

在党政公文主要文种中,“函”是唯一的一种平行文。它是不相隶属机关之间相互商洽工作、询问和答复问题,以及向有关主管部门请求批准事项时或答复审批事项时所使用的公文。

二、函的特征

(1) 行文广泛

行文广泛表现为其适用的范围相当广泛。在行文关系上，不仅可以在平行机关之间行文，而且可以在不相隶属的机关之间行文。

(2) 内容多样

函，在适用的内容方面，除了主要用于不相隶属机关相互洽谈工作、询问和答复问题外，也可以向有关主管部门请求批准事项，向上级机关询问具体事项，还可以用于上级机关答复下级机关的询问或请求批准事项，以及上级机关催办下级机关有关事宜，如要求下级机关函报报表、材料、统计数字等。有时还可用于上级机关对某件原发文件做较小的补充或更正。不过这种情况并不多见。

(3) 灵活简便

函的篇幅都比较短小，内容单一。尤其是便函，格式上无严格的要求，写法灵活，使用方便。

三、函的格式

函由标题、主送机关、正文和尾部四部分组成。

(一) 标题

公函的标题一般有两种形式。一是由发文机关名称、事由和文种构成；二是由事由和文种构成。

(二) 主送机关

主送机关是指受文并办理来函事项的机关单位。

(三) 正文

一般由开头、主体、结尾、结语等部分组成。

开头主要是说明发函的缘由。一般要求概括交代发函的目的、根据、原因等内容。

主体是函的核心内容部分，主要说明致函事项。函的事项部分内容单一，一函一事，行文要直陈其事。无论是商洽工作，询问和答复问题，还是向有关主管部门请求批准事项等，都要用简洁得体的语言把需要告诉对方的问题、意见叙写清楚。如果属于复函，还要注意答复事项的针对性和明确性。

结尾一般是用礼貌性语言向对方提出希望。或请对方协助解决某一问题，或请对方及时复函，或请对方提出意见，或请主管部门批准等。

结语通常应根据函询、函告、函商或函复的事项，选择运用不同的结束语。如“特此函询(商)”、“请即复函”、“特此函告”、“特此函复”等。有的函也可以不用结束语，如属便函，可以像普通信件一样，使用“此致敬礼”。

(四) 尾部

尾部一般包括署名和成文时间两项内容。

四、函的分类

按其行文关系，可将函分为去函和复函。去函，是指本机关为询问事项或请求批准而主动制发的函；复函，是指为答复受文机关所提出的问题或回复批准事项而被动制发的函。

按其内容和作用，可将函分为知照函、催办函、邀请函等等。日常工作中，经常使用的函主要有三种，即：商洽性函、问答性函、请批性函。

（一）商洽性函。即用于不同机关之间，请求协助，商洽解决，办理某一问题时所使用的函。

（二）问答性函。不同的机关之间，相互询问、答复事项、问题时所使用的函。

（三）请批性函。即向无隶属关系的有关主管部门请求批准事项，不同的机关之间请求帮助或配合工作时所使用的函。

五、案例简析

（一）商洽性函

案例一

关于商请列席飞行改革后勤保障现场会的函

××军区空军后勤部：

据悉，你们将召开飞行改革后勤保障现场会，我们也在摸索这方面的路子，为吸取你们的成功经验，把飞行后勤保障工作做好，我们拟派人员前往列席见学。如可行，请酌情安排并函告现场会的具体时间、地点及要求为盼。

空军第××军后勤部

××××年××月××日

简　析

案例一是一份商洽列席对方飞行改革后勤保障现场会的函。标题由事由和文种构成，用“据悉”两字作开头，交代发函的缘由；进而以谦虚的用语，再向对方提出诚恳的列席要求。

案例主送机关和尾部署名、成文时间的书写也颇规范。

案例二

××省人民政府办公厅关于商请办理直通香港运输车辆有关牌证的函

××省人民政府办公厅：

××省人民政府同意×××农场与香港××陆运公司合作经营××直通运输公司，经营××往返香港的进出口物资运输业务。为有利于开展正常的业务活动，请协助办理该公司直通香港的××部各类运输车辆在贵省境内行驶的有关牌证。

妥否，请函复。

××省人民政府办公厅

××××年××月××日

简　析

案例二是××省人民政府办公厅发给另一个省人民政府办公厅的函，是两个互不隶属的同级机关之间，用以商谈业务、接洽工作的函。标题包括发文机关、事由和文种三个要素，"关于商请……"是这类商洽性函标题常用的说明事由的形式。案例正文包括两个部分，主体部分写明商洽的事项；含有协商、祈请语气的结束语"妥否，请函复"，也是商洽性函惯用的结束语。

(二) 问答性函

案例一

国务院办公厅关于青海西宁经济技术开发区的复函

青海省人民政府：

你省《关于申报西宁高新技术产业开发区为国家级经济技术开发区的请示》(青政发〔××××〕×号)收悉。经国务院领导同意，现函复如下：

一、同意在西宁高新技术产业开发区基础上建立的西宁经济技术开发区为国家级经济技术开发区，实行现行的国家经济技术开发区的政策。

二、西宁高新技术产业开发区分东、西两片，东片北至果洛路，南至南山路、凤凰山路，西至湟中路、享堂路，东至民和路；西片北至海晏路，南至解放渠，西至海湖路，东至新宁路。东、西两片规划范围总用地××平方公里(其中东片用地×平方公里，西片用地×平方公里)。

三、西宁高新技术产业开发区的建设和发展，纳入西宁经济技术发展的总体规划，建设发展资金由你省自筹解决。

四、西宁高新技术产业开发区要坚持以工业项目为主、吸收外资为主、出口为主和致力于发展高新技术方针，积极改善投资环境，逐步完善综合服务功能。

五、要加强领导和管理，促进西宁高新技术产业开发区各项工作的健康发展。

国务院办公厅
××××年××月××日

简　析

案例一是一份答复下级写给上级“请示”的函。标题由发文机关、事由和文种三个要素组成。主送机关是青海省人民政府。要注意的是，来文并不是“请求性函”，而是一份“请示”。对待来自下级“请示”批复的问题，在实际工作中往往有两种情形：一是由上级用“批复”作答；二是由上级单位的办公部门来回复，由于办公部门与这些请示单位往往是平级的，所以采用“函”这个平行文种进行批复，而不是使用用于答复下级请示的“批复”。案例正是如此。

案例首先引述对方来文的标题和文号，这是对发文缘由的提示；然后表明态度，并以“现函复如下”这一惯用的过渡性语句领起下文。主体部分写明答复事项，同时代表国务院提出指示意见。答复事项写完，全文也就结束，没有使用函常用的“特此函复”、“此复”之类的结束语。

案例二

上海市人民政府办公厅
关于同意××地区设立驻沪办事处的复函

××省人民政府办公厅：

贵省《关于××地区设立驻沪办事处的函》(×政办函〔××××〕×号)收悉。经

上海市人民政府研究，同意贵省××地区设立驻沪办事处，进市落集体户口×名。有关具体事宜，请与上海市××办公室联系。

××××年××月××日

简　析

答复函即通常所说的复函。它有两种情况：一是用于相互商洽事宜；二是用于对请求函的审批答复。案例二属于第一种情况。写复函首先要引来函的标题及发文字号，随后转入"回复"内容部分。过渡短句可以像案例"经上海市人民政府研究"这样写，也可以是"经研究，现函复如下"。案例答复的内容既具体又明确，行文符合答复函的基本要求。

（三）请批性函

案例一

关于××区××公司建立××购销站征用土地的函

市规土局：

我局所属××区××公司，担负着该地区××、××、××的购销任务。根据××部及市政府关于实行一条龙经营的方针，区供销社经营的收购业务移交给区××公司。但由于区供销社房屋紧张，只交了业务，未移交房屋，××、××、××收购无地方，为了支持生产，方便收购，拟在××、××和××各建购销站一处，每处征地×亩，共需征地×亩，拟请贵局协助选址和办理征地手续。

可否，请批示。

××市××局

××××年××月××日

简　析

××市××局与规土局由于不存在隶属关系，而且两局又是平级，所以××局使用“函”向市规土局提请用地审批。

案例一的标题是由事由和文种构成。正文内容包括：一是申请的依据和缘由，也就是“为什么要申请”，即文中的“我局所属……收购无地方”这三句话。二是申请的事项，也就是申请审批的具体问题及相关要求。在这个小层次之首，案例使用“为了”这个介词构成一个目的句，以表明申请的目的。目的句放在这里，而不像“通知 ”等下行文那样，通常把目的句放在文件的开端，此乃函这类公文写作的一大特殊表现。案例文字简明，理由充分，要求明确，层次分明，主送机关和尾部署名、成文时间均规范，具有一定的借鉴意义。

案例二

××省人民政府办公厅
关于申请拨款维修××办公室的函

省财政厅：

××办公室多是××、××年代修建的，不少门窗破烂，漏水严重，急需维修。为保证……（文字略），请拨给房屋修缮费××万元。

××省人民政府办公厅
××××年××月××日

简　析

案例二是××省政府办公厅向省财政主管部门财政厅提出拨款申请的函，是不相隶属机关之间用以请求批准的函。标题由发文机关、事由和文种构成。正文部分的第一句话概述情况，说明提出申请的理由；第二句话写明请求批准的事项。不相隶属的机关之间请求批准，不宜用请示，而一般要用函，案例正是这样。

第五节　纪　　要

一、纪要的含义

纪要适用于记载会议主要情况和议定事项，是一种记载、归纳、整理、传达会议情况及议定事项的纪实性公文。它能起到通报会议精神、反映情况、汇报工作、指导工作、交流信息、沟通情况、知照事项的作用。纪要主要用于党政机关、社会团体、企事业单位召开的工作会议、座谈会、研讨会等重要会议。

二、纪要的特征

纪要具有纪实性、概括性、指导性的特征。

（一）纪实性

纪要是根据会议的宗旨、议程、会议记录、会议活动情况等有关材料综合整理出来的公文。在纪要中不能随意篡改会议的基本精神，不能擅自增加或删减会议的内容，不能随便更动与会者议定的事项，不能对会议达成的共识进行修改，也不需要对会议或会议的某项内容进行分析、评论。它要求如实地记载会议的基本情况，对会议存在的分歧意见和问题等，也要真实、概括地予以反映。

（二）概括性

纪要是根据会议的中心议题、指导思想和议定事项，在会议记录所提供材料的基础上，经过概括、提炼、整理形成的。所以，纪要集中地反映了会议的精神实质，具有高度的概括性。

（三）指导性

纪要有两项功能，一项是“记载”主要内容，一项是“传达”议定事项，并且通过“记载”去“传达”。它所记载、传达的会议情况和议定事项，是与会者及其组织领导者共同意志的体现，是会议成果的结晶，集中反映了会议的精神实质，因而具有很强的指导性。

三、纪要的格式

纪要一般由标题、正文和尾部三部分组成。

（一）标题

纪要的标题通常是由会议名称和文种构成。如《上海市爱国卫生现场经验交流会纪要》、《关于改革××大学管理体制的会议纪要》等。也有的由发文机关、会议名称和文种构成，如《上海开放大学校长办公会议纪要》。

成文时间即会议通过的时间或领导人签发的时间。一般在标题下居中位置用括号注明年、月、日。也有把成文时间写在尾部的署名下面。

（二）正文

正文的结构由概述、主体和结尾三部分组成。

1. 概述

概括交代会议的名称、时间、地点、主持人、主要议程、参加人员、会议形式以及会议主要的成果，然后用“现将这次会议研究的几个问题纪要如下”或“现将会议主要精神纪要如下”等语句转入下文。

2. 主体

纪要的核心内容，主要记载会议情况和会议结果。写作时要注意紧紧围绕中心议题，把

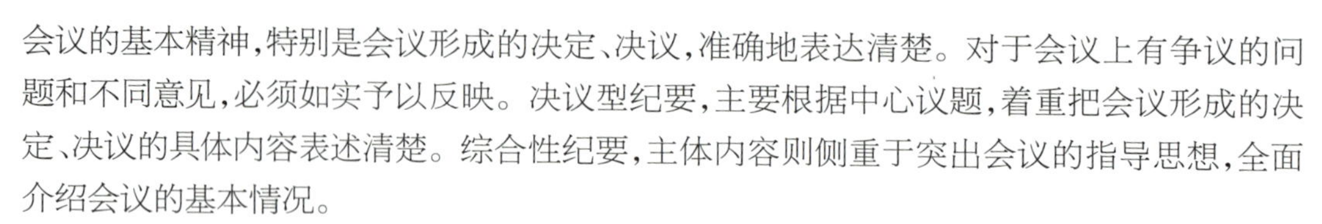

会议的基本精神，特别是会议形成的决定、决议，准确地表达清楚。对于会议上有争议的问题和不同意见，必须如实予以反映。决议型纪要，主要根据中心议题，着重把会议形成的决定、决议的具体内容表述清楚。综合性纪要，主体内容则侧重于突出会议的指导思想，全面介绍会议的基本情况。

3. 结尾

属于选择性项目。一般是向受文单位提出希望和要求。有的则没有这部分，主体内容写完，全文即告结束。

（三）尾部

包括署名和成文时间两项内容。署名只用于办公会议纪要，写明召开会议的机关单位名称。一般纪要则不需要署名，不加盖公章。至于成文时间，如果在首部已注明，可省略。

四、纪要的分类

（一）根据性质

可分为办公会议纪要和专项会议纪要。办公会议纪要是各级党政机关、企事业单位、社会团体召开的定期或不定期的工作会议形成的会议纪要。专项会议纪要是为研究专项问题而召开的会议所形成的纪要。

（二）根据内容

可分为专题型纪要和综合性纪要。专题型纪要主要反映与会者就会议主要议题，在统一认识的基础上所形成的决定、决议。这种纪要多用于党委会议和机关的行政会议或座谈会、研讨会等。综合性纪要则侧重于全面概述会议基本情况，包括会议的议题、讨论情况、讨论结果等。这种纪要多用于领导集体办公会议等。

五、案例简析

案例一

××市××区人民政府
办公会会议纪要

时间：×××年××月××日下午
地点：×××会议室
主持人：×××同志
出席者：（略）

列席者：（略）

会议研究决定事项如下：

一、×××同志传达了市加快发展奶牛、改善牛奶供应会议精神和我区集体发展奶牛的安排。会议同意××××年首先在×××、××、×××发展奶牛×××头，其他有条件的牧场可以逐步发展，各有关部门要积极支持，提供方便。粮食部门要落实好饲料供应问题。

二、×××同志汇报了我区××××××土地的详查结果。会议同意由规划办公室将详查结果报于市里。

三、×××同志传达了市人防工作会议的精神，汇报了我区××××年人防工作的情况和××××年的工作安排。会议同意人防办公室的工作安排，决定召开业务会议进行部署。会议强调，××××年我区人防工作要本着加强维护、平战结合的原则，在保证人防工事安全的前提下，充分加以利用，发挥其作用。

简　析

案例一是一篇决议性纪要。首先介绍了会议概况，包括时间、地点、主持人、出席人、列席人，接着分条列出议定的事项。会议单位在标题中列出。

案例二

灾后重建、整治江湖、兴修水利现场办公会纪要

为进一步贯彻落实《中共中央、国务院关于灾后重建、整治江湖、兴修水利的若干意见》（中发〔××××〕×号，以下简称中央×号文件）和全国江河堤防建设现场会会议精神，落实中央经济工作会议和全国计划会议对××××年水利工作的部署，经国务院批准，国家计委会同水利部、建设部对长江沿线安徽、江西、湖南、湖北四省的移民建镇、兴修水利情况进行了调研，并于××月××日至××日在武汉市召开了现场办公会。财政部、水利部、建设部、农业部、国土资源部、国家林业局和安徽、江西、湖南、湖北四省的领导同志出席了会议。会议听取了四省和农业部、国土资源部、国家林业局、水利部、建设部介绍开展灾后重建、兴修水利工作的情况，明确了今冬明春开展灾后重建、兴修水利工作的任务。会议纪要如下：

会议认为，中央×号文件深受各级政府和广大人民群众的拥护。按照中央的要求，一场气壮山河的灾后重建、兴修水利的热潮正在长江沿线兴起，群众热情之高、投入资金之多、机械化施工之广都是前所未有的。有关部门和地区认真领会江泽民总书记关于"搞好水利建设，是关系中华民族生存和发展的长远大计"的指示精神，以高度的历史责任感，雷厉风行、精心规划、相互配合、行动迅速，在短短两个月中取得的成绩是显著的。安徽等四省94万移民的安置规划已经落实，大规模的移民建镇工作正在展开，80%需移民安置的灾民可望在春节前住进新房，明年上半年可完成全部94万移民的安置工作。如此大规模移民，安置速度之快也是前所未有的。由于各级政府的努力，大灾之年没有出现荒年景象，社会安定，广大群众情绪稳定，灾民切身感受到党和政府的关心。中央×号文件的政策效应正在显现出来。

在充分肯定成绩的同时还必须看到，现在还只是贯彻中央×号文件的开始，今后的工作任务很重，要解决的问题还很多，当前工作也还存在不少问题需要认真解决。主要问题有：

第一，当前的大堤建设和分蓄洪区规划是按××××年长江流域规划进行的，由于受今年特大洪灾影响和三峡等控制性工程的建设，原有的规划建设标准、设计已不适应，需要调整和补充，分蓄洪区规划也要进行调整。在调整的规划未完成前，各省存在自行其是、盲目攀比堤顶高程的倾向和移民点选址不当的可能，必须加快规划调整工作的进度，避免因规划滞后给工程带来影响。

第二，项目组织管理和资金安排需要改进……（略）

第三，工程质量存在隐忧……（略）

第四，移民建镇质量总体上是好的，但也存在有的建材质量较差、灾民建房缺乏技术指导、户型设计不合理等问题。

针对当前工作和存在问题，会议议定以下事项：

一、加固干堤，确保××××年安全度汛

今冬到××××年汛前要按照×××在全国江河堤防建设现场会上提出的要求着力抓好四项工作：一是优先保证水毁工程修复，保证堤身堤基的重大险情处理，险工险段加固；二是加快堤基处理，重点搞好管涌易发段的堤脚内、外压渗平台的处理，填塘固基；三是对重要河段要采取多种有效措施预防崩岸；四是对今年汛期依靠子堤挡水的薄弱堤段按已批准的规划设计加高培厚。这些任务一定要在××××年汛前完成。中央×号文件提出大堤建设的其他要求，用两至三年时间逐步达到。

为了确保这些任务的完成，会议提出以下要求：

（一）水利部及各流域机构要加快堤防建设专项规划的编制和审批，尽快完善堤防建设的各项规范、规程和标准，抓紧组织对各地提出的堤防建设项目的审查，加强技术指导和工程质量监督检查，搞好省际堤防建设的协调。

水利部要在××××年××月中旬按原长江流域规划对长江干堤重点堤段和水毁工程修复加固，提高工程质量和技术要求，并对中央×号文件确定的长江荆江大堤、同马大堤、无为大堤、九江大堤、黄广大堤、洪湖监利大堤、岳阳长江干堤的基础和堤身提出具体设计要求，在××月底前将经过审定的长江干堤重点堤段建设内容送国家计委。对长江干堤中需要安排又未列入加固的建设内容，各地要在××月中旬前报水利部审查，水利部在××月底以前提出审查意见，送国家计委。

各级水利部门要对工程质量负全责。一类干堤加固工程的设计、施工、监理单位，要通过招标选择，工程监理单位需由水利部认定；二类堤防等其他水利工程的设计、施工、监理单位，通过招标选择，并由各省水利厅认定。

（二）国家计委在春节前批复堤防修复加固方案，并下达投资计划。计划部门要严格遵循基本建设程序，按照总体规划和确保重点的要求，认真审批堤防建设项目，统筹安排和及时下达项目投资计划，做好政策协调工作，并加强对国家投资的重点建设项目的稽查监督。

（三）财政部门根据投资计划及时足额拨付资金，严格资金管理，专款专用，并加强对资金使用情况的监督检查，防止挤占和挪用。

二、移民建镇，使大多数灾民春节前搬入新居……（略）

三、清淤疏浚，恢复和提高行洪能力……（略）

四、防止水土流失，改善生态环境……（略）

五、加强项目管理，确保工程质量……（略）

六、抓紧编制××××年水利建设专项计划……（略）

七、加强对灾后重建、整治江湖、兴修水利重大项目的稽查……（略）

简 析

案例二是一份综合性纪要。标题由会议名称和文种名称两个要素构成，这是纪要标题最常见的写法。

正文的开头部分（第一自然段）简单介绍会议召开的目的及会议的大致情况，包括召开会议的时间、地点、与会人员及会议的主要议题和内容等。“纪要如下”是纪要由开头部分进入主体部分惯用的过渡性语句。

主体部分所反映的是会议所形成的各种看法和意见，主要包括两项内容：一是会议对成绩的肯定和对问题的归纳，这项内容写得相对简单一些；二是“针对当前工作和存在问题”

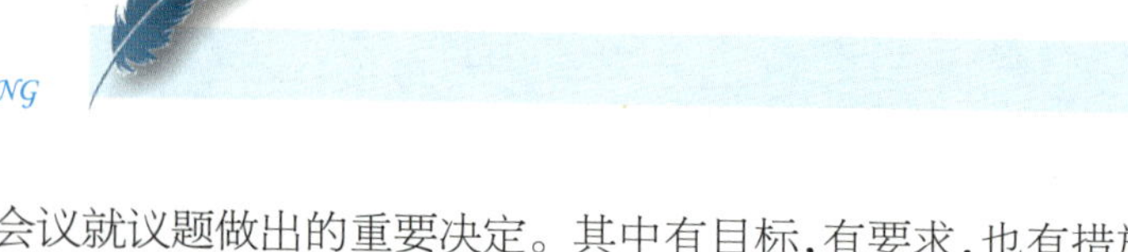

会议所议定的事项,或者说,是会议就议题做出的重要决定。其中有目标,有要求,也有措施和步骤,内容非常具体、明确,具有极强的权威性和约束力,可以作为有关部门安排工作的依据。

第六节　其他法定公文

一、命令(令)

命令(令),适用于公布行政法规和规章、宣布施行重大强制性措施、批准授予和晋升衔级、嘉奖有关单位和人员的一种公文。一般由国家行政领导机关或领导人使用。地方县以上行政领导机关和某些负有特殊使命、具有指挥权力的机构,遇有重大紧急事项,需要做出强制性的规定时,也可使用。党的领导机关或领导人不用,必要时,可与国家行政领导机关或领导人联名使用。

命令(令),具体分为:用于公布国家法律和行政法规的“公布令”;用于发布某些重大行政措施和活动的“行政令”;用于批准授予和晋升衔级、奖惩、特赦、戒严、部队宣布功过等事宜的“任免令”、“嘉奖令”、“特赦令”、“戒严令”和“通令”。

案例一

中华人民共和国主席令　第×号

《中华人民共和国××法》已由中华人民共和国第×届全国人民代表大会常务委员会第×次会议于××××年××月××日通过,现予公布。自××××年××月××日起施行。

中华人民共和国主席×××
××××年××月××日

简　析

案例一是一篇发布令,发布的法规名称是《中华人民共和国××法》,主要介绍了通过的会议名称和会议时间以及施行时间。令号第×号,是×××担任中华人民共和国主席职务以来发布的第×个命令。

案例二

国务院、中央军委
关于给武警水电三峡工程指挥部
记二等功的命令

国函〔××××〕×号

公安部、中国人民武装警察部队：

武警水电三峡工程指挥部承担着三峡工程永久船闸建设和坝区警卫消防任务。自××××年××月组建以来，该部全体官兵尊重科学，不畏艰难，顽强拼搏，迎难而上，坚持高标准、严要求，出色地完成了永久船闸建设、二期上游围堰拆除、三期导流明渠下游围堰施工等重大任务；开辟了世界规模最大、水头最高，全长××米的人工航道，开挖土石××多万立方米；成功解决了×多项世界级水利工程技术难题，取得了多项科研成果，获得了中国工程爆破协会科技进步一等奖×项、中国电力科学技术二等奖×项、国家实用新型专利×项，承担的开挖、锚固和混凝土浇筑等工程，质量合格率达100%，优良率达80%，为三峡工程建设做出了突出的贡献。

为表彰先进，国务院、中央军委决定，给武警水电三峡工程指挥部记二等功。

国务院总理：×××
中央军委主席：×××
××××年××月××日

简　析

案例二是一份嘉奖令，共由两部分内容组成。第一部分即第一段，是“受令的原因”，说明为什么要嘉奖；第二部分是第二段文字，阐明受令的内容，即“给武警水电三峡工程指挥部记二等功”。

二、议案

适用于各级人民政府按照法律程序向同级人民代表大会或者人民代表大会常务委员会提请审议事项时使用的公文。

案例一

国务院关于提请审议《中华人民共和国劳动法(草案)》的议案

全国人民代表大会常务委员会：

为了适应建立社会主义市场经济体制的需要，推动劳动制度改革，保护劳动者的合法权益，确立、维护和发展用人单位与劳动者之间稳定和谐的劳动关系，促进经济发展和社会进步，劳动部会同有关部门草拟了《中华人民共和国劳动法(草案)》。这个草案已经国务院常务会议讨论通过，现提请审议。

国务院总理：×××

××××年××月××日

简　析

案例一是一篇提请全国人大立法的议案，简要地介绍了制定《劳动法》的目的、草拟本议案的做法，最后点明了国务院对此议案的态度以及要求。

案例二

××市人民代表大会常务委员会主任会议关于提请审议决定××市代理市长的议案

××市人民代表大会常务委员会：

×××同志调任外市工作，不再担任××市市长职务。×××同志已向人大常委会提出了辞去××市市长职务的请求。按照《××市人民代表大会常务委员会任免国家机关工作人员条例》第五条第一款规定：“在市长因故不能担任职务的时候，根据市长或者市人大常委会主任会议的提名，从副市长中决定代理市长。”经主任会议研究，提请×××为××市代理市长。

请审议决定。

××××年××月××日

简　析

案例二是一份有关人事任免事项的议案，由三部分内容构成："缘由"，即"×××同志调任……的请求"一段话；"依据"，即"按照……代理市长"的一段话；"要求"，即"经……代理市长"的一段话。这是此类议案的通常结构模式。

三、决定

适用于对重要事项作出决策和部署、奖惩有关单位和人员、变更或者撤销下级机关不适当的决定事项时使用的公文。具体可分为知照性决定和指挥性决定。

案例一

国务院关于成立国务院西部地区开发领导小组的决定

国发〔××××〕×号

各省、自治区、直辖市人民政府，国务院各部委、各直属机构：

为实施西部大开发战略，加快中西部地区发展，决定成立国务院西部地区开发领导小组。

国务院西部地区开发领导小组的主要任务是：组织贯彻、落实中共中央、国务院关于西部地区开发的方针、政策和指示；审议西部地区的开发战略、发展规划、重大问题和有关法规；研究、审议西部地区开发的重大政策建议，协调西部地区经济开发和科教文化事业的全面发展，推进两个文明建设。

国务院西部地区开发领导小组组成人员如下。

组长：×××　　国务院总理

副组长：×××　国务院副总理

成员：×××……（略）

国务院西部地区开发领导小组下设办公室，在国家发展计划委员会单设机构，具体承担国务院西部地区开发领导小组的日常工作。×××同志兼任办公室主任，×××、×××同志兼任办公室副主任。

国务院西部地区开发领导小组办公室的主要职责是：研究提出地区的开发战略、发展规划、重大问题和有关政策、法规的建议，推进西部地区经济持续快速健康发展；研究提出西部地区农村经济发展、重点基础设施建设、生态环境保护和建设、结构调

整、资源开发以及重大项目布局的建议，组织和协调退耕还林(草)规划的实施和落实；研究提出西部地区深化改革、扩大开放和引进国内外资金、技术、人才的政策建议，协调经济开发和科教文化事业的全面发展；承办领导小组交办的其他事项。

国务院

××××年××月××日

简　析

案例一是一篇知照性的决定。开首介绍了成立机构的原因，主体即第二段至第四段明确了决定事项，包括领导小组的主要任务、组成人员，下设办公室的人员、主要职责。文件字号“国发〔××××〕×号”，表示国务院××××年×号文件。

案例二

中共中央、国务院关于保护森林发展林业若干问题的决定

(××××年××月××日)

林业是国民经济的重要组成部分。发达的林业，是国家富足、民族繁荣、社会文明的标志之一。在相当长期的历史上，我国林业基础极为薄弱，森林破坏却非常严重。因此，在社会主义现代化建设进程中，保护林木，发展林业，是一项十分紧迫的战略任务，必须引起全党和全国各族人民的高度重视。

建国以来，在党和人民政府的领导下，经过广大人民群众和林业职工的艰苦奋斗，林业建设取得了一定成绩……但是，由于历史上遗留下来的森林很少，我们对林业的重要性认识不足，工作指导上又有“左”的错误和影响，因此尽管做了大量工作，林业的落后面貌仍没有改变。

当前突出的问题是：森林破坏严重，砍的多，造的少，消耗过多，培育太少。这就使我国木材和林产品的供需矛盾更加尖锐，自然生态环境进一步恶化，这种局面如果任其发展下去，必将给农牧业生产和人民生活带来极其不利的后果，贻患子孙后代。

发生上述问题的原因是：长期以来，没有把林业放在与农牧业同等重要的地位……(略)

为了迅速扭转林业面临的严重局面，坚决制止乱砍滥伐，切实保护现有森林，严格控制采伐，降低资源消耗，进一步落实林业政策，充分调动各方面的积极性，大力开展造林育林，使林业建设逐步走上健康发展的轨道，特作如下决定。

稳定山权林权，落实林业生产责任制

（一）国家所有、集体的山林树木，或个人所有的林木和使用的林地，以及其他部门、单位的林木，凡是权属清楚的，都应予以承认，由县或者县以上人民政府颁发林权证。保障所有权不变……（略）

木材实行集中统一管理

（四）各省、市、自治区，要根据用材林的消耗量低于生长量的原则，严格控制采伐量……（略）

对林业的经济扶持

（七）有计划有步骤地调整集体林区和国有林区的木材价格……（略）

抓紧林区的恢复和建设

（十三）各省、市、自治区，要根据森林的不同效益，抓紧搞好主要林区的林种划分工作，确定不同林种的经营方针和经营措施……（略）

大力造林育林

（十九）至（二十二）……（略）

发展林业科学技术和教育

（二十三）和（二十四）……（略）

加强党和政府对林业的领导

（二十五）各级党委和政府要把林业摆到重要位置，列入议事日程，切实加强领导……（略）

发展林业是一项长远的社会主义建设事业和改造自然的百年大计。我国幅员辽阔，人口众多，树木品种丰富，发展林业的潜力很大。中央相信，只要全党和全国各族人民奋发图强，艰苦奋斗，发扬愚公移山的革命精神，并且善于总结历史的经验教训，彻底清除“左”的思想影响，继续贯彻执行党的十一届三中全会以来确定的路线、方针、政策，我国林业的落后面貌就一定能够得到逐步改变，我国林业的发展是大有可为的，大有希望的。

简　析

案例二是一份指挥性决定，开端共由五小段文字组成。在写作结构上采用的是“撮要小标题式”。即先用极简明的文字讲明制发本决定的背景、依据和目的，以显示主旨，故谓“撮

要”;然后,再分列小标题,逐一表述今后的意见与要求,此系“小标题”,合起来即“撮要小标题式”。此结构的特点是主旨明白显露、层次逻辑严密。

在“撮要”的提领下,讲了保护森林、发展林业的二十五个问题。对于这二十五个问题,按照内容相同的集中、不同的分开之原则,划作七个部分。在每一个部分的上面正中位置,都写有一个显示本部分内容中心的小标题。这种写法的优点是眉目清楚,主旨外露,使人一目了然。涉及重要事项且内容广泛的决定基本上都采用这种写法。

四、决议

决议适用于会议讨论通过的重大决策事项时所用的公文。

案例

第×届全国人民代表大会第×次会议关于政府工作报告的决议

(××××年××月××日第×届全国人民代表大会第×次会议通过)

第×届全国人民代表大会第×次会议听取和审议了国务院总理×××所作的《政府工作报告》。会议对国务院过去×年的工作表示满意,同意对今年经济社会发展任务和政府各项工作的总体部署,会议决定批准这个报告。

会议号召全国各族人民,在以×××同志为总书记的党中央领导下,高举邓小平理论和“三个代表”重要思想伟大旗帜,认真贯彻党的××大和××届×中、×中全会精神,全面落实科学发展观,同心同德,再接再厉,为推动社会主义物质文明、政治文明、精神文明建设与和谐社会建设,不断取得改革开放和现代化建设事业的新胜利而奋斗!

简　析

决议在内容结构上大多由三个部分组成:一是审议的对象(如工作报告、法律法规、机构组织、人员任免、财政预决算、国民经济和社会发展计划等等);二是表明态度;三是进而发出号召,提出要求。案例便是这种写法。

五、公告

公告主要是用于向国内外宣布重要事项或者法定事项时所使用的公文。因其告知的范围较为广泛，故发布者通常为党和国家、政策的高级机关及其授权的发言人等。其内容大多通过新闻与宣传媒体等方式公诸于众。根据内容的不同，可分为发布性公告和告知性公告。

案例一

中国人民银行关于国家货币出入境限额的公告

根据中华人民共和国国务院第××号令，现就中华人民共和国国家货币出入境限额公告如下：

一、中国公民出入境、外国人入出境，每人每次携带的人民币限额为×××元。

二、在开放边民互市和小额贸易的地点，中国公民出入境和外国人入出境携带人民币的限额可根据实际情况由人民银行省级分行会同海关确定，报人民银行总行和海关总署批准后实施。

三、本规定自××××年××月××日起施行。

特此公告

行长：×××

××××年××月××日

简　析

案例一是一篇发布性的公告。开首即第一段，主要介绍了公告的法规根据；主体即第二段到第四段，明确阐述了应当遵守和施行的规定；结尾用“特此公告”收束全文。

案例二

新华社授权公告我国将向太平洋发射运载火箭

新华社授权公告，中华人民共和国将于××××年××月××日至××月××日，由中国本土向太平洋南纬七度零分、东经一百七十一度三十三分为中心、半径七十海里圆形海域范围内的公海上，发射运载火箭。中国载船和飞机将在该海域进行作业。为了过往船只和飞机的安全，中国政府要求有关国家政府通知本国的船只和飞机，在试验期间不要进入上述海域和海域上空。

××××年××月××日

简　析

案例二是一篇告知性的公告。主旨是向国内外宣布我国发射运载火箭的时间、海域以及作业海域，明确对有关国家政府的要求。案例的标题为新华社发布公告提供了依据。

六、批复

批复是用于答复下级机关请示事项时使用的文种，是根据下级机关的请示而制发的，具有很强的针对性和目的性。与其他下行文一样，其答复和指示下级必须遵照执行。可分为请求指示的批复、请求批准的批复和转发性批复。

案例一

国务院关于××市城市总体规划的批复

××省人民政府：

你省《关于报请审批××市城市总体规划的请示》(×政发〔××××〕×号)收悉。

现批复如下：

一、原则同意修订后的……

（以下二至×条……文字略）

国务院

××××年××月××日

简　析

案例一是一份指示性批复。标题采用的是公文标题的通常写法，即由“制文机关”、“事由”和“文种”组成，在“事由”之前加入介词“关于”，在“文种”之前使用助词“的”，从而形成了以“文种”为中心的偏正词组结构。

正文的开头是批复的“引语”，点明请示的来文单位、标题及发文字号。然后通过一个过渡句转入批复的“中心内容”部分，即在明确表示同意××市城市总体规划之外，还就相关问题分条列项地提出了一系列要求。每个具体要求之首，均有一个显示段旨的小标题，同时加以序号标明，使人一目了然，易于把握。

案例二

××省商业厅关于同意拨款修建地下消火栓的批复

××〔××××〕×号

××市商业局：

你处《关于增设地下消火栓需要资金的请示》（××字〔××××〕×号）已悉，经研究批复如下：

同意你处在仓库库区范围内修建四处地下消火栓，有关手续请尽快与消防部门联系办理。

拨款×万元作为你处修建消火栓专项包干用款，要求专款专用，不得挪作他用，不足部分请自筹解决。

××省商业厅

××××年××月××日

简　析

案例二是一篇具有批准性质的批复，先引用请示的事项、字号和文种，尔后针对请示的问题表明态度，并提出具体要求，阅罢一目了然。

案例三

中共中央转发关于处理群众来信问题报告的批语

各中央局、分局、并转所属各大市委、省委、区党委：

兹将中央办公厅秘书室××月××日给×××关于处理群众来信问题的报告转给你们。我们同意报告中所提意见，请你们对群众来信认真负责，加以处理，满足群众的要求。对此问题采取忽视态度的机关和个人，应改正此种不正确的态度。望加检讨，并盼电复。

××××年××月××日

简　析

对下级机关的“报告”，当上级机关认为具有普遍意义时，就使用“批示”这个文种，加注批语，批转给下属各单位，案例三正是如此。

案例三在内容上包括三点：一是表明态度。即认为下级的来文对推动工作、解决问题等具有启迪、参考、借鉴、警戒的作用，故在批示的开头首先对下级来文表明上级机关的明确态度。二是强调问题。表明态度之后，往往随即对下级来文中所反映的经验、提出的问题等予以强调，进一步指出它们的必要性、重要性，有的需要补充上级机关的看法，以引起下级机关的重视。三是提出希望与要求。其中，“我们同意……”是“表明态度”，“请你们……满足群众的要求”属“强调问题”，最后两句话是提出的具体要求。

七、公报

公报适用于公布重要决定或者重大事项时使用的公文。

案例

上海合作组织成员国国防部长会议联合公报

上海合作组织成员国国防部长会议于××××年××月××日至×日在××举行。哈萨克斯坦共和国国防部长×·×·××××××、中华人民共和国国务委员兼国防部长×××上将、吉尔吉斯共和国国防部长×·×·×××××××少将、俄罗斯联邦国防部长×·×·×××××、塔吉克斯坦共和国国防部长×·×·×××××上将和乌兹别克斯坦共和国国防部副部长×·×·××××少将(以下称“部长们”)参加了会议。上海合作组织秘书处秘书长×·×·××××××中将、地区反恐怖机构执行委员会副主任×·×·××××××中将列席了会议。会议由中华人民共和国国务委员兼国防部长×××上将主持。

部长们指出,当前国际形势正经历巨大变化……(文字略)

部长们认为……(文字略)

部长们重申……(文字略)

部长们指出……(文字略)

部长们认为,“和平使命——××××”联合反恐军事演习的各项准备工作进展顺利,希望各参演方继续加强协调,密切合作……(文字略)

部长们强调,加强上海合作组织防务安全合作具有重要的战略意义……(文字略)

部长们指出,以“互信、互利、平等、协商,尊重多样文明,谋求共同发展”为核心内容的“上海精神”是成员国开展防务安全合作的最重要指南。进一步发展成员国防务安全部门之间的协作是防务安全合作的重要方面。

部长们高度评价……(文字略)

部长们商定,××××年××会议将在××举行。

简　析

案例是上海合作组织成员国国防部长会议发表的公报。全文内容完整,语言简练,层次清晰。标题直接点明公报的发布形式和文种名称;正文部分首先交代了发布公报的背景情况,紧接着用“指出、认为、重申、强调”,以及“评价、商定”等词语,对会议进行了明确、具体的阐述。

由于事关重大，案例在用语上极其讲究准确精练，恰当得体，这是写好公报的重要一环。

八、意见

意见适用于对重要问题提出见解和处理办法。作为上行文，向上级提出意见，应按请示性公文的程序和要求办理；作为下行文，向下级发出指示，应提出明确的要求或看法，下级应遵照执行；作为平行文，不相隶属机关之间交换意见，提出的意见仅供对方参考。可分指导性意见和建议性意见。

案例

国务院关于进一步加强和改进最低生活保障工作的意见

国发〔××××〕××号

各省、自治区、直辖市人民政府，国务院各部委、各直属机构：

最低生活保障事关困难群众衣食冷暖，事关社会和谐稳定和公平正义，是贯彻落实科学发展观的重要举措，是维护困难群众基本生活权益的基础性制度安排。近年来，随着各项相关配套政策的陆续出台，最低生活保障制度在惠民生、解民忧、保稳定、促和谐等方面做出了突出贡献，有效保障了困难群众的基本生活。但一些地区还不同程度存在对最低生活保障工作重视不够、责任不落实、管理不规范、监管不到位、工作保障不力、工作机制不健全等问题。为切实加强和改进最低生活保障工作，现提出如下意见：

一、总体要求和基本原则

（一）总体要求……（文字略）

（二）基本原则……（文字略）

二、加强和改进最低生活保障工作的政策措施

（一）完善最低生活保障对象认定条件……（文字略）

（二）规范最低生活保障审核审批程序……（文字略）

（三）建立救助申请家庭经济状况核对机制……（文字略）

（四）加强最低生活保障对象动态管理……（文字略）

（五）健全最低生活保障工作监管机制……（文字略）

（六）建立健全投诉举报核查制度……（文字略）

（七）加强最低生活保障与其他社会救助制度的有效衔接……（文字略）

三、强化工作保障，确保各项政策措施落到实处

（一）加强能力建设……（文字略）

（二）加强经费保障……（文字略）

（三）加强政策宣传……（文字略）

四、加强组织领导，进一步落实管理责任

（一）加强组织领导……（文字略）

（二）落实管理责任……（文字略）

（三）强化责任追究……（文字略）

国务院

××××年××月××日

简　析

案例是一篇指导性意见的公文。在简要说明了最低生活保障的重要性，在肯定惠民生、解民忧、保稳定、促和谐等方面做出贡献的同时，也指出了存在的问题。为切实加强和改进最低生活保障工作，案例从“总体要求和基本原则；加强和改进最低生活保障工作的政策措施；强化工作保障，确保各项政策措施落到实处；加强组织领导，进一步落实管理责任”四个方面提出了意见。主体内容对四个方面的意见又加以细分详解，既有对问题的认识和看法，也有解决问题的措施和办法。

学习重点

通知、通报、通告、请示、报告、函、纪要。

学习难点

在具体的实际工作中，运用法定公文基础理论知识，解析并撰写各类法定公文文体。

本章小结

法定公文是党和国家在公文管理法规中明确规定的公文。具有法定性、政策性、实用性、时效性、规范性、特定性的特征。由版头、主体、版记、页码诸要素构成。写作中，要求一切从实际出发，熟悉党和国家的方针政策及有关法规、规定，遵循行文规则，选用合适文种。

笔记区

第五章 日常事务应用文

导学	日常事务应用文，既有别于法定公文，亦有别于专用文书。是党政机关、社会团体、企事业单位或个人用以反映事实、沟通信息、处理事务而使用的文体。事务工作千头万绪，只有联系实际，贴近生活，方能运用翔实的材料，撰写出论证谨严、说理透彻的各类事务文书。
助学要求	了解日常事务应用文的一般分类，理解其内涵及要领，掌握其撰写格式。
自学建议	熟记日常事务应用文的通用格式，在实际工作中不断对照，直至完全掌握和运用。

第一节 概 说

一、事务文书的含义

事务文书是党政机关、社会团体、企事业单位及个人在处理日常事务时，用来沟通信息、总结得失、研究问题、指导工作、规范行为的常用性文体。以实用、办事为目的，强调日常性。事务文书虽不是《党政机关公文处理工作条例》中法定的公文，但在日常工作和生活中被广泛使用，属于广义的公务文书。与法定公文相比，事务文书仅在体式的规范、行文的规则和收发的处理上略有减弱，实用办事功能却更为普遍。

二、事务文书的特征

（一）对象的具体性

事务文书虽然不像法定公文那样，必须写明负有公文处理责任的主送机关，但其写作对象也是十分明确的。一份事务文书是为哪些人撰写的，要求哪些人了解并使用，都是很具体

的。所以事务文书的撰写者，首先必须对写作对象的范围和特点要有充分的了解。

（二）格式的固定性

事务文书的格式，虽然不像法定公文那样有着非常严格的规定，但在长期的应用中，各种事务文书也大多形成了比较固定的惯用格式。各种事务文书的构成要素和安排以及各构成要素的写法，通常是有一定的规则的。在写作中依循这些规则，才能写出合乎规范、便于使用的事务文书。

（三）撰写的实用性

各类事务文书都是为解决问题、处理事务而撰写的，撰写事务文书要以能够满足实际需要为原则。观点的确立、材料的使用既要切合实际，又要具体扎实；写作形式的运用，也要讲求实际效果，要有利于文书的处理和文书内容的落实。

（四）时限的紧迫性

同法定公文一样，事务文书也是非常讲求时效性的。一项工作的完成、一个问题的解决，大多有一定的时间要求，为完成工作或解决问题而撰写的事务文书，只有在限定的时间内及时完成，才能发挥应有的作用。比如，工作计划必须在工作开展之前写出，否则它就会失去意义；工作总结则必须在工作结束之后马上写出，否则它的价值就会大大降低。

三、事务文书的分类

事务文书按照不同的标准，可以划分为不同的类型。按其适用范围，大致可以划分为以下几类。

（一）计划安排类

计划安排类文书是单位或个人对将要进行的工作和活动所作的设计和部署，通常根据内容所涉及的时间长短、实施步骤的详略及成熟程度，将其写成书面材料。计划又有其不同的名称。常见的有规划、纲要、要点、方案、设想、安排、打算等。

（二）总结报告类

总结报告类文书是单位或个人用来对已经完成的工作或发生的事项进行回顾、分析、调查、研究，从中得出经验教训和具有普遍指导意义的结论性认识。此类文书包括总结、述职报告、调查报告等。

（三）简报信息类

简报信息类文书是单位内部使用的一种简要的工作报告或情况报道，主要用来反映情况、沟通信息、交流经验。常见的有工作简报、会议简报、内部参考、信息快报及大事记等。

（四）规章制度类

规章制度类文书是机关、团体、企事业单位为保障劳动、生产、学习等活动的正常开展，在不违背国家法律、法规的基础上，根据自己的职权范围而制定的具有约束性和规范性的文书。常有规则、章程、制度、条例、职责、办法、细则等。

（五）会议文书类

会议文书类是以记录、反映会议情况为主要内容的文书资料。除会议记录、会议议程外，还包括讲话稿、发言稿、开幕词、闭幕词等。

（六）日常生活类

日常生活类文书是人们在日常生活中用来处理个人事务的文书。此类文书种类较多，包括申请、书信、借条、收据、请柬、启事、海报、检讨、求职信、自荐书、个人简历、辞职信等。

作为机关、单位内部文件的事务文书，具有多样化的形式和类别。本章主要介绍最为常用的计划、总结、会议记录、简报、简历、求职信及常用的规章制度等。

四、事务文书的写作要求

如同法定公文的写作，事务文书的写作也是一项非常严肃的工作，要写出一份合格的事务文书，应力求做到以下几点。

（一）领会党和国家的方针政策，了解相关的法律法规

为确保事务文书所反映的内容客观、真实，撰写者要领会党和国家的方针政策，了解相关的法律法规。这样才能体现出相关事务文书的政策性及可行性，避免在处理日常事务中的差错。

（二）把握事务性工作规律，真实反映现实生活

事务工作千头万绪，撰写事务文书应把握其规律，一切从实际出发，实事求是，反映现实，总结经验，揭示问题，为本单位、本部门决策者提供指导。这样的事务文书才具有实际价值和应用意义。

（三）遵循写作规则，选用合适文种

事务文书种类繁多，不同的种类有其不同的写作规则，撰写中虽不像法定公文那样对规范化要求极高，但在长期的应用中，事务文书同样有其约定俗成的规则，从文种的选择、格式的要求，到遣词造句等各方面，都不能标新立异。

第二节　计划和总结

一、计划

（一）计划的含义

计划是某一个单位、部门或个人，对在一定时期内所要做的工作或所要完成的特定目标及任务，预先加以书面化、条理化和具体化的一种常用的事务文书。所谓计划是一个统称，常见的“规划”、“部署”、“安排”、“打算”、“方案”、“工作纲要”、“工作意见”、“工作要点”等等，都属于计划范畴。但规划、部署、安排、方案等较为具体，约束力更大，规定性也更强。

（二）计划的特征

计划具有预见性、具体性、时效性、指导性的特征。

1. 预见性

计划是着眼于未来的，是对实现目标的预定，是对工作进程的预见，其预见是一种科学的预测，是建立在事实和有关情报、信息的基础之上的。

2. 具体性

计划的具体性体现在一份计划不仅要提出整体的工作思路，更要提出具体的工作步骤、措施、方法以及目标。涉及的内容，凡是能够量化的，都应予以量化。在计划中，越是具体的东西就越有规定性和依赖性。但计划毕竟产生于某项工作开始之前，在执行过程中有时会遇到一些难以预见的制约因素，所以，计划一方面是具体的，另一方面也是灵活的。

3. 时效性

计划的针对性有时间界限，即指某项具体工作，从其开始到结束的时间。因此，计划具有时效性。计划的有效时限是明确的、具体的，超出其有效时限，计划的约束力就将消失。但在实际工作中，难免会有在时限内无法完成既定计划，工作却又不能终止的情况出现，此时，往往会产生跨时段的补充或后续计划。

4. 指导性

计划的指导性主要体现在为计划提出科学的、合理的、具体的、可行的工作目标、步骤、措施、方法。故指导性是计划的根本特性，包含着规定和约束的功能，这一特性主要是由计划的写作目的决定，旨在使有关人员在执行计划、开展工作时有所参照、有所依据，以避免工作的随意性、盲目性。

（三）计划的分类

计划可以分为若干类型。按目的可以分为工作计划、学习计划、经济计划等，按内容可以分为综合计划、单项计划等，按时效可以分为长期计划、中期计划、短期计划等。

1. 工作计划

工作计划是单位、部门或个人为完成预定工作目标和任务而制订的计划。如：《××局××××年××工作计划》。

2. 学习计划

学习计划是单位、部门或个人为完成预定学习目标和任务而制订的计划。如：《××大学关于深入学习××××的部署》。

3. 经济计划

经济计划是有关单位、部门为安排生产任务、销售任务或实现经济效益而制订的计划。如：《××公司××××年营销计划》。

4. 综合计划

综合计划是单位、部门对各项工作做出的全面部署和安排。如：《××大学××××年工作计划》。

5. 单项计划

单项计划是机关单位对某项具体工作做出的专题性部署和安排。如：《××市科协××××实施方案》。

6. 长期、中期、短期计划

长期计划也叫长远规划或长期规划，时效一般在五年以上，属于宏观性、纲领性的计划，如：《××市“××五”计划暨××××年发展规划》。

中期计划的时效一般在三年以上、五年以下，比长期计划更加具体，常用于宏观管理和某些周期较长的工作安排,如:《××公司××××××发展计划》、《××市××××—××××年×××计划》。

短期计划又可分为年度计划、季度计划、月度计划等,是最常用的计划,具有很强的规定性和操作性,如:《××厂××××年生产计划》、《××地税局××季度税收计划》。

(四)计划的内容、形式和格式

1. 计划的内容

计划的内容主要包括三个方面:一是目标、任务、要求;二是方法、措施;三是时限、时序。即要求写清在一定时期内要完成的主要任务是什么,有什么具体要求,用什么方法,采取什么措施,分几个阶段去达到既定的目的。

2. 计划的形式

计划的形式比较灵活,常用的有条文式和表格式两种。条文式计划是用序数分条列项,依次表述;表格式计划多用于生产和经营部门所作的专项性、常规性短期计划,将计划的基本项目,特别是必需指标,用表格列出,以便于统计和计算机处理。无论何种计划,在内容上都必须回答为什么做、做什么、怎样做、何时完成等问题。

3. 计划的格式

计划的格式一般由标题、正文、落款三部分组成。

(1) 标题

即计划的名称。可分为全称标题、简称标题和文章标题。

全称式标题包括制订计划的机关或单位名称、计划的适用时限、计划的内容及计划的种类四项,如:《××市"××五"期间经济和社会发展规划》。

简称式标题包括计划的适用时期、计划的内容和计划的种类三项,如:《××××年××局党组理论学习计划》。

文章式标题一般按计划的主题或要达到的目标拟定,多用于政府及主管部门作工作报告使用,如:《团结起来,为实现××省"××五"计划而奋斗》。未定稿的计划,应在标题后或下一行用括号注明"草案"、"未定稿"、"讨论稿"、"送审稿"等字样。

(2) 正文

是计划的主干和核心。一般包括目的和依据、目标和任务、措施和步骤、提出希望四个部分。

目的和依据是计划的前言,也是计划的纲领。一般不设小标题,篇幅不宜太长,通常用简明扼要的语言说明制订计划的指导思想及目的、上级的有关指示和要求。同时,可适当分析前期计划的执行情况、总的任务和要求,以及说明将要制订计划的条件和依据等。

目标和任务是明确"做什么"、"做到什么程度",此乃计划的核心。可设小标题,也可用序数分条列项,具体写明计划的目标、任务和各项主要指标。行文要求条理清晰、层次分明,根据目标、任务、指标的地位和关系,分出轻重、主次、详略。特别是常规性、综合性计划,更要注意突出重点和特点,避免眉毛胡子一把抓的毛病。

措施和步骤是具体回答"怎么做"、"什么时候完成"。说明实现计划的各种措施和步骤安排,即如何执行计划、如何分工配合、如何检查考核等。可分条列项,逐一表述。这部分要

注重操作性，力求措施实在，职责分明，安排具体，以便执行和检查。避免用原则和一般要求代替措施和步骤。

提出希望是计划的结语。一般用一个段落，篇幅不宜太长。言简意赅地提出执行本计划的希望、要求和注意事项等，体现出针对性和鼓动性，以激发执行者的热情和信心。有的计划没有结语，目标任务、措施步骤写完就结束全文。

(3) 落款

落款包括制订计划的单位名称或个人姓名、计划定稿的日期。需要上报的计划，特别是经济计划，通常还加盖印章。有的计划没有落款，而把署名和日期放在标题下。

(五) 计划的写法及要求

计划常用的写作方法大致有以下几种。

1. 目的和依据表述法

制订计划，首先要让执行者明确计划的目的和依据，使执行者知道为什么要制订这份计划以及凭什么制订这份计划。因此，起草计划时，通常在开头就要对计划的目的和依据进行表述。

表述时一般用“为了……”、“根据……”之类的词语引出目的和依据。这种写法由于符合人们阅读计划的习惯，已成为计划写作约定俗成的写作规范。按照这样的规范来表述，可节约起草者和阅读者思考的时间。需要注意的是，计划的目的和依据本身应该是具体的、特定的，与计划的主题和主要内容应该是直接相关的，而不应是千篇一律的套话、空话。制订计划，必须要贯彻党和国家的有关方针、政策及上级指示精神，而不能与此相背离，否则计划会毫无意义，甚至会起到相反的作用。

2. 指标表述法

任何计划都应有指标，这样才能提供执行和检查的依据。在指标的表述方面，要把全局需要同本单位的实际情况结合起来，要体现计划的特点，做到明确、具体、恰当。

所谓明确，是指计划一经制订，便具有指导和约束作用，要求人们在预定的期限内完成。故起草计划时，要明白地告诉人们“做什么”。

所谓具体，是指在说明任务指标时，把要做的事情写得实实在在，书写要统一规范，使人们对统计数据或图示所反映的具体内容一目了然，便于人们依照施行。

所谓恰当，是指起草计划时，要从定性和定量两方面对指标做出恰当的表述。在计划的实施过程中，常常会有一些不可预见的因素出现，故在起草制订计划时，要充分考虑到可行性和量力性原则，把指标定在一个恰当、合理、符合实际情况的高度。有些指标在表述时可留有余地。要恰当地使用量词，准确地表达数量的增减变化情况。要能够根据实际情况的变化，合理地调整计划。

3. 措施和步骤表述法

计划中提出的措施和步骤，关系到计划的执行和确保计划完成的手段与方法，对于执行者具有很强的指导意义。在表述时要注意以下几点。

(1) 突出重点

保证计划顺利执行的措施是多方面的，其中必有影响重大的主要措施；计划的执行往往

要经历多个步骤,其中必有关键步骤。所以,在提出措施、拟定步骤时一定要突出重点、兼顾一般;要本着先主后次的原则,在起草和制订计划时,重要的先说,次要的后说。

(2) 周密完善

实现计划的措施和步骤涉及范围广泛,形式多种多样,且各项措施往往互相联系、互为条件,结合在一起方可产生作用;此外,各个步骤还会有逻辑上的关联。因此,起草和制订计划时,一方面要多角度、多层次地考虑各种措施、各个步骤的特有作用,另一方面要充分考虑各项措施的配套实施、各个步骤配合进行所带来的综合效应,做到周密完善。

(3) 操作性强

计划中提出的措施和步骤,是供遵照执行的,因此,一定要具备可操作性。不同的单位、不同的部门、不同的计划,要有不同的表述。如表述过于笼统,计划的实现必将落空。

(六) 案例简析

案例一

××市建设健康城市 ××××年—××××年行动计划

自××××年起,本市积极响应世界卫生组织(WHO)的倡导,在我国特大型城市中率先启动并持续推进建设健康城市行动。尤其是最近×年,各区县、部门和单位抓住举办××的契机,广泛深入开展城乡爱国卫生清洁家园活动,全面推进健康场所建设,大力推广全民健康生活方式,促进了社会、环境和人群的健康协调发展,城市环境卫生面貌和管理水平显著改善,病媒生物密度控制在历史较低水平,市民健康自我管理技能和健康素养不断提升。××××年,本市获卫生部颁发的全国唯一的"全民健康生活方式行动先进单位金奖",并成功地实现首届"无烟××会"目标。

但有关监测调查表明,危害本市各类人群健康的因素依然不可低估,特别是慢性非传染性疾病已成为主要死因,其发病率逐年上升且发病人群呈年轻化趋势。医学研究证明,健康问题只通过医疗服务不能全部解决,需要动员全社会共同参与,通过改变环境和个人行为来达到预防疾病的目的。因此,从生活方式入手,干预影响人群健康的危害因素,是当前和今后本市建设健康城市行动的重要任务,这也符合本市深入推进医药卫生体制改革的根本要求。根据《××市国民经济和社会发展第××个×年规划纲要》和《××市健康促进规划(××××—××××年)》的实施要求,制订本行动计划。

一、主要目标

……(文字略)

二、基本原则

……(文字略)

三、具体任务

(一)人人健康膳食行动……(文字略)

(二)人人控烟限酒行动……(文字略)

(三)人人科学健身行动……(文字略)

牵头部门:××局、××办。

协作部门:××委、××局。

(四)人人愉悦身心行动……(文字略)

牵头部门:××局、××办。

协作部门:××委、××局。

(五)人人清洁家园行动……(文字略)

牵头部门:××办。

协作部门:××委、××局、××办。

四、重点项目

(一)全民健康生活方式行动示范建设

……(文字略)

(二)健康传播活动系统建设

……(文字略)

(三)社区健康自我管理活动拓展建设

……(文字略)

五、保障措施

(一)加强组织领导,完善合力机制

……(文字略)

(二)加强能力建设,提升专业素养

……(文字略)

(三)加强社会动员,营造支持环境

……(文字略)

(四)加强绩效评估,优化决策效果

……(文字略)

(五)加强合作交流,发挥引领作用

……(文字略)

附件:××市建设健康城市××××年—××××年行动计划工作指标

简　析

计划是一个统称，常见的“规划”、“部署”、“安排”、“打算”、“方案”、“工作纲要”、“工作意见”等等，都属于计划范畴。案例一是一则“××市建设健康城市××××年—××××年行动计划”，属纲领性的计划。

标题采纳的是全称式，即由制订计划的单位名称（××市）、计划的适用时限（××××年—××××年）、计划的内容（建设健康城市）及计划的种类（计划）构成。

“为……”、“根据……”、“制订……”，是计划起首部分写作的常用语句。案例正文部分既有“主要目标”、“基本原则”，又有“具体任务”、“重点项目”、“保障措施”。由于五大部分采用了序码加小标题和分条列项的写法，使得条理清晰，重点突出，职责分明，起到了纲领性计划的指导和约束作用。附件明确指标，体现了计划写作表述中的明确、具体和可操作性。类似写法值得借鉴。

案例二

教育部××××年工作要点

××××年教育工作的总体要求是：全面贯彻落实党的××大和××届×中全会精神，以邓小平理论和“三个代表”重要思想为指导，深入贯彻落实科学发展观，深入贯彻实施教育规划纲要，坚持优先发展教育，全面实施素质教育，全面落实国家教育重大项目和改革试点，牢牢把握稳中求进的工作总基调，进一步解放思想，着力深化改革，积极促进公平，全面提高质量，切实维护稳定，推动教育事业科学发展，以优异成绩迎接党的××大胜利召开。

一、加强改进党的建设，着力维护教育系统和谐稳定

1. 切实提高党的建设科学化水平……（文字阐述略）

2. 进一步加强和改进德育工作……（文字阐述略）

3. 大力加强教育督导和督查……（文字阐述略）

4. 切实维护学校安全与稳定……（文字阐述略）

5. 着力提高科学民主决策和服务水平……（文字阐述略）

二、深化改革，完善教育事业科学发展的体制机制

6. 确保×%目标如期实现……（文字阐述略）

7. 积极稳妥推进考试招生制度改革……（文字阐述略）

8. 大力支持和依法管理民办教育……（文字阐述略）

9. 加快建设现代学校制度……（文字阐述略）

10. 大力推进依法治教……(文字阐述略)

11. 扩大教育对外开放……(文字阐述略)

12. 切实推进人民群众关心的教育热点难点问题的解决……(文字阐述略)

13. 深入推进国家教育体制改革试点……(文字阐述略)

三、转变教育发展方式,全面推进教育事业科学发展

14. 着力推进内涵式发展……(文字阐述略)

15. 积极发展学前教育……(文字阐述略)

16. 推进义务教育均衡发展、布局优化……(文字阐述略)

17. 推动普通高中多样化发展……(文字阐述略)

18. 大力发展职业教育……(文字阐述略)

19. 促进高等教育特色发展……(文字阐述略)

20. 加快发展继续教育……(文字阐述略)

四、全面提高教育质量,着力提升人才培养水平

21. 健全基础教育质量保障体系……(文字阐述略)

22. 完善职业教育人才培养体系……(文字阐述略)

23. 全面提高高等教育质量……(文字阐述略)

24. 提升高校科学研究水平,加强基础和前沿研究,提高原始创新能力……(文字阐述略)

25. 全面加强体育……(文字阐述略)

26. 全面加强艺术教育。落实《全国学校艺术教育发展规划(××××—××××年)》……(文字阐述略)

27. 着力提高教师素质。筹备召开全国教师大会。制订教师队伍建设“××五”规划指导意见……(文字阐述略)

28. 大力推动教育信息化。贯彻落实《教育信息化×年发展规划》……(文字阐述略)

29. 加强语言文字工作。贯彻实施《国家中长期语言文字事业改革和发展规划纲要(××××—××××年)》……(文字阐述略)

五、促进教育公平,切实保障广大人民群众接受教育的权利

30. 加快发展农村教育。以连片特困地区为重点,集中实施一批教育民生工程……(文字阐述略)

31. 加强民族教育。落实第×次全国民族教育工作会议精神和《国务院关于加快推进民族教育发展的决定》……(文字阐述略)

32. 关心和支持特殊教育……(文字阐述略)

33. 完善国家助学体系……(文字阐述略)

34. 着力做好高校毕业生就业工作……(文字阐述略)

简 析

案例二是一篇对年度工作做出全面安排的综合性工作计划。标题如同案例一，同样由单位名称(教育部)、适用期限(××××年)和文种名称(工作要点)几个要素构成，据此可以看出这是哪个单位就哪个阶段的工作做出的安排。正文前言部分，提出总体要求。主体部分提出目的与具体要求。写法上，将"步骤与做法"放在一起，采纳了序码加标题和逐条加以说明的方法。类似写法，能一一明确"做什么"和"怎么做"的问题。案例二没有结语，这是类似工作要点的通常写法。

二、总结

(一) 总结的含义

总结是对前段社会实践活动进行全面回顾、检查、分析、评判，从理论认识的高度概括经验教训，以明确努力方向，指导今后工作的一种事务文体。它是党政机关、企事业单位、社会团体都广泛使用的常用文体。总结的写作过程，既是对自身社会实践活动的回顾过程，又是人们思想认识提高的过程。通过总结，人们可以把零散、肤浅的感性认识上升为系统、深刻的理性认识，从而得出科学的结论，以便发扬成绩，克服缺点，吸取经验教训，使今后的工作少走弯路，多出成果。总结还可以作为先进经验被上级推广开来，为其他单位所汲取、借鉴，推动面上工作的顺利开展。

(二) 总结的特征

总结的特征主要表现在自指性、客观性、回顾性、经验性四个方面。

1. 自指性

总结是对自身实践进行回顾的产物，它以自身工作实践为材料，采用的是第一人称写法，其中的成绩、做法、经验、教训等，都有自指性的特征。

2. 客观性

总结是对前段社会实践活动进行全面回顾、检查的文种，这决定了总结有很强的客观性特征。它是以自身的实践活动为依据的，所列举的事例和数据都必须完全可靠，确凿无误，任何夸大、缩小、随意杜撰、歪曲事实的做法都会使总结失去应有的价值。

3. 回顾性

总结与计划正好相反。计划是预想未来，对将要开展的工作进行安排。总结是回顾过去，对前一段的工作进行检验，但目的还是为做好下一段工作服务。所以总结和计划这两种文体的关系是十分密切的：一方面，计划是总结的标准和依据；另一方面，总结又是制订下一步工作计划的重要参考。

4. 经验性

凡是正确的实践活动，总会产生物质和精神两个方面的成果。所以，作为精神成果的经验教训，从某种意义上说，比物质成果更宝贵，因为它对今后的社会实践有着重要的指导作用。这一特性要求总结必须按照实践是检验真理的唯一标准的原则，去正确地反映客观事物的本来面目，找出正反两方面的经验，得出规律性认识，这样才能达到总结的目的。

(三) 总结的分类

根据不同的分类标准，总结可分为不同的类型。

1. 按范围分类

有班组总结、单位总结、行业总结、地区总结等，当然也有个人总结。因个人总结已不属于公文的范畴，此处不拟介绍。

2. 按内容分类

有工作总结、教学总结、学习总结、科研总结、思想总结、项目总结等。

3. 按时间分类

有月份总结、季度总结、半年总结、年度总结、一年以上时期的总结等。

4. 按性质分类

有全面总结、专题总结等。

(四) 总结的内容

总结的内容主要包括以下四个方面。

1. 基本情况

即对自身情况和形势背景的简略介绍。自身情况包括单位名称、工作性质、基本建制、人员数量、主要工作任务等；形势背景包括国内外形势、有关政策、指导思想等。

2. 成绩和做法

工作取得了哪些主要成绩，采取了哪些方法、措施，收到了什么效果等，这些都是总结的主要内容，需要较多的事实和数据。

3. 经验和教训

通过对实践过程进行认真的分析，找出经验教训，发现规律性的东西，使感性认识上升到理性认识。在实际写作中，根据主题的需要，对经验或者教训的总结应有所侧重，而不必平均使用笔墨。

4. 今后打算

即在总结过去的基础上怎样发扬成绩，纠正错误，采取新的措施，准备取得什么样的新成就。

(五) 总结的写法

总结一般由标题、正文、结尾和落款构成。

1. 标题

总结的标题有多种形式，最常见的是由单位名称、时间、主要内容、文种组成，如：《××市教育委员会××××年工作总结》、《××厂××××年上半年工作总结》。有的总结标题中不出现单位名称，如：《××××活动总结》、《××××年教学工作总结》。有的总结标题只是对内容的概括，并不标明“总结”字样，但一看内容就知道是总结，如：《一学年的教育及教学》等。

还有的总结采用双标题。正标题点明文章的主旨或重心，副标题具体说明文章的内容和文种，如：《构建市场新机制——××××的实践与总结》、《加强师德修养，树立教育新风——××大学××学院开展×××活动的经验》。

2. 正文

正文一般包括引言、主体和结语几个部分，分别写入基本情况、成绩与经验及问题与教训、今后的意见等几方面内容。

(1) 引言

引言主要用来概述基本情况。包括单位名称、工作性质、主要任务、时代背景、指导思想，以及总结的目的、主要内容提示等。

(2) 主体

主体是总结的核心部分，内容包括成绩和做法、经验和教训、今后打算等方面。这部分篇幅大、内容多，特别要注意做到层次分明、条理清楚。主体部分常见的结构形态有下列三种。

A. 纵式结构

按照事物或实践活动的过程安排内容。写作时，常把总结所包括的时间划分为几个阶段，按时间顺序分别叙述每个阶段的成绩、做法、经验、体会。这种写法的好处是事物发展或社会活动的全过程清楚明白。

B. 横式结构

按事实性质和规律的不同，分门别类地依次展开内容，使各层之间呈现相互并列的态势。这种写法的优点是各层次的内容鲜明集中。

C. 纵横式结构

安排内容时，即考虑到时间的先后顺序，体现事物的发展过程，又注意内容的逻辑联系，从几个方面总结出经验教训。这种写法，多数是先采用纵式结构，写事物发展的各个阶段的情况或问题，然后用横式结构总结经验或教训。

3. 结尾和落款

结尾是正文的收束，应在总结经验教训的基础上，提出今后的方向、任务和措施，表明决心，展望前景。这段内容应与开头相照应，篇幅不应过长。有些总结在主体部分已将这些内容表达过了，就不必再写结尾。

总结的落款同计划落款的写法完全相同。

(六) 撰写总结的要求

撰写总结，必须注意如下几点。

1. 充分占有资料，实事求是地反映情况

为保证总结的观点正确、内容充实，充分占有资料，全面掌握情况，是写总结的首要前提。写总结是为了使人了解真实的工作情况，如果总结的内容含有虚假的成分，总结就失去了应有的意义。要总结的内容真实，必须做到反映成绩不夸大其词，总结经验不随意拔高，指出问题不敷衍了事，申明教训不浮于表面。

2. 善于分析材料，找出规律性的东西

撰写总结，需要充分占有材料，全面掌握情况，但仅仅占有材料还是远远不够的。在占有材料的基础上，还必须深入分析，探求规律，这是写好总结的关键。如记流水账一样罗列

材料，或一味地就事论事，写出的总结就不可能对今后的工作有太大的指导意义。

3. 合理取舍内容，贵在突出重点

总结往往要反映几个方面的内容，但写各项内容不能平均使用笔墨，而要有所侧重。要根据具体的写作目的和工作状况的特点取舍内容，确定重点，避免采用面面俱到、泛泛而谈的写作方式。另外，为使总结的内容翔实、具体，在写作时通常要用实例说明问题，有时还会用到大量的数据。使用实例和数据，在确保其真实性的前提下还要讲求典型性，要把最能说明问题的典型实例和关键数据写入文章，免得以偏概全，得出片面的结论。

4. 深入研究问题，突出总结特色

写总结不能千篇一律，而要写出独特的东西。首先从内容方面来看，无论是写成绩，还是写问题，也无论是写经验，还是写教训，都要带有一定的个性色彩，要把真正属于自己的东西反映出来。如果一篇总结经改头换面加工处理，便可用到任何一个单位、任何一个部门或任何一个年度，那只能说是一篇不合格的总结。

（七）案例简析

案例一

××镇人民政府××××年工作总结

××××年，××镇人民政府在“三个代表”重要思想的指导下，认真落实“科学发展观”，积极贯彻建设社会主义新农村精神，努力深化农村改革，一年来取得显著成绩，开创了××镇工作的新局面。

一、过程和做法

一年来主要抓了以下几项工作：

（一）开展社会主义教育，增强社会主义信念……（文字阐述略）

（二）发展镇、村工业、副业，壮大集体经济……（文字阐述略）

（三）增加科技投入，发展农业生产……（文字阐述略）

（四）狠抓计划生育，控制人口增长……（文字阐述略）

……

二、成绩和经验

一年来，我们在工作中深切体会到：

（一）必须强化“三农”意识……（文字阐述略）

（二）必须执行科技兴农的方针……（文字阐述略）

（三）必须完善农业社会化服务体系……（文字阐述略）

……

三、问题和教训

一年来，××镇的工作虽然取得了一些成绩，积累了一些经验，但还存在一些不容忽视的问题。主要有：

（一）各村间生产发展不平衡……（文字阐述略）

（二）在产业结构上，二三产业虽有较大发展，但在××镇经济中所占比重较小，还有发展潜力。

（三）在农业生产中，有些村还缺少商品生产意识，重产量轻效益；重生产轻流通；重粮食作物，轻多种经营。

……

在新的一年，将继续贯彻建设新农村精神，进一步调整产业结构，深化农村改革，完善农村社会化服务体系，不断发展和壮大集体经济。

……

××××年××月××日

简　析

案例一是××镇人民政府年终工作总结。采用公文式标题，标明总结的单位、时间和文种。正文由前言、主体、结尾三部分组成。前言交代工作的指导思想、主要工作和取得的成绩。主体分三层，每层用序号标明。主要写明开展了哪些工作，有哪些体会，存在的主要问题，这是一般性工作总结常用的格式。结尾明确今后工作的努力方向。案例结构严谨，格式典型，采用序号标明法和开篇提示法，使通篇总结条理清晰，便于读者理解和掌握。

案例二

××市支教工作阶段总结

按照中办发〔××××〕×号文件精神，××市从××××年××月开始在全市开展支援基层教育工作。近三年来，在党中央、国务院和××市党委、××市人民政府的正确领导下，在中央有关部门的关心指导下，经过全市上下一致共同努力，支教工作取得了较大的成绩，为改变受援地区，尤其是贫困地区教育的面貌做出了贡献。现将有关情况汇报如下。

一、基本情况

我市从××××年××月份起一共派遣了×期支教工作队。第一期时间为××××年××月至××××年××月；第二期时间为××××年××月至××××年××月；第三期为××××年××月至××××年××月。三期共派出各级支教队员××××人，分别进驻××所中学、××所小学开展工作。支教队员当中有处级××人，科级××人。党员××人，占总人数的××%，团员××人，占总人数的××%。学历方面，研究生××人，大专以上××人，占总人数的××%，中专××人，占总人数的××%，从事教学工作的××人，占总人数的××%。

二、取得的成绩

1. 支教的重大意义被越来越多的人所认识，全社会关心、支持文教的热潮已经形成并逐渐高涨……(文字阐述略)

2. 支教工作深受广大群众的支持、拥护、欢迎……(文字阐述略)

3. 为受援地区办好事做实事。

① 从××××年开展支教工作以来，支教队把协助、指导当地党委、政府抓“两基”作为支教工作的“重中之重”，从实际出发，从基础抓起，巩固“××”，促进“××”，首先是抓住“人头”，降低辍学率。××××年受援地区小学学龄儿童入学率达到××%。学年辍学率为×%，比支教前降低××个百分点，初中在校生比××××年增加×万人，增长×%，初中毛入学率为×%，比××××年提高××个百分点，比支教前提高了××个百分点，支教队员在动员流失学生返校方面做了大量的工作，涌现出许多感人的事迹。×年来，有支教队员进驻的学校辍学率均有所降低。此外，还大力进行教育法制宣传；巩固扫盲成果等。

② 抓农村教育综合改革，探索全面推进素质教育的新路子……(文字阐述略)

③ 帮助受援地区抓好薄弱学校的领导班子和教师队伍的建设……(文字阐述略)

④ 加强薄弱学校的管理，促进“××”好转，提高教育教学质量……(文字阐述略)

⑤ 积极改善受援学校办学条件，资助贫困生重返校园……(文字阐述略)

4. 培养和锻炼一大批年轻干部……(文字阐述略)

三、具体做法

一是领导重视、认识到位、机构落实、加强指导、拨有专款……(文字阐述略)

二是思路明确、重点突出，真抓实干、务求实效……(文字阐述略)

三是全社会、大范围、多形式开展支教。各级党委、政府把支教工作列入议事日程，把它当作一件大事来抓。形成了“党以重教为先，政以兴教为本，民以支教为荣”的良好支教氛围……(文字阐述略)

四是培育典型、发现典型、树立典型，总结推广典型经验，带动全局……(文字阐述略)

五是抓好支教队伍建设，加强队员管理，提高整体素质……(文字阐述略)

四、问题和困难

支教工作虽然取得了一定的成绩和经验，但还存在一些问题：发展不平衡。有的区、县的领导对支教工作重视不够，支教工作队派下去以后，很少深入调查研究、督促、检查，工作进展较慢；有的区、县支教办公经费得不到落实；有些教育部门和受援学校产生厌倦情绪，认为“抽自己的血来补自己的身体，没有什么作用”，教育行政部门没有很好进行指导、管理，未能主动帮助受援学校解决一些实际问题……（文字阐述略）

五、建议与要求

1. 支教是一项全新的工作，需要指导和交流……（文字阐述略）

2. 支教工作的一个主要问题和困难是缺乏资金，建议国家能从××经费中划拨一块，用于帮助薄弱学校改善办学条件。

3. 希望能制定一套科学、合理的有关支教工作的激励机制，以充分调动和发挥支教队员的积极性，并吸引更多的人参与支教。

4. 建议由国家支教办组织分片进行各省、市、自治区交叉检查、评估验收支教工作，以便兄弟省、市、自治区之间互相学习、取长补短、互相促进、共同提高，从而促进全国的支教工作向纵深发展。

5. 建议教育部把支教工作纳入议事日程，加强对全国支教工作的领导、检查指导、督促和促进工作。

（××市支教办）

简　析

案例二是一篇××市在一定时期内对某一项工作进行的专题性总结。标题包括××市名称（相当于单位名称）、总结对象（支教工作）和文种名称（总结）等几个要素。正文的第一个部分是前言部分，用以交代背景，总述情况。主体部分的第一个部分“基本情况”部分，简单介绍三期支教工作队的自然情况，包括派出时间、人数及人员构成特点等，各项统计数字非常准确、具体。这部分内容在有些总结中是放在前言部分的。第二个部分“取得的成绩”，分条写明支教工作在几个方面取得的成绩，其中有概括，有分析，也有实例，有数字，很能说明问题。第三个部分“具体做法”，总结在工作中取得成绩的经验，写明各项措施和体会。第四个部分“问题和困难”，指明在工作中存在的问题和面临的困难。第五个部分“建议与要求”，针对支教工作所存在的全局性问题，提出进一步作好工作的建议和要求。此项内容也可以被看作总结的结尾部分。

整篇案例先写情况，再写成绩，然后写经验，最后写问题和建议，一环紧扣一环。每个部分之前都有小标题，对每个部分所写的内容加以提示；每一个段落几乎都有段中主句，点明每个段落的中心意思。层次清楚、表意明确，是其主要特征。

案例三

实行“三化” 提高质量

××办公室

办公室工作的被动性、从属性、事务性和服务性特点，常常导致办公室工作在忙、乱、杂中运转。如何化被动为主动，提高办事效率、提高办公质量？现将××办公室的一些做法概括如下：

××办公室主要采取了“抓住重点，带动一般”的办法。在重点项目上建立健全工作程序、标准和制度，实现工作程序化、标准化和制度化，从被动中求主动。具体来说就是：抓住会议、小车管理和接待协调三大项目，带动其他日常工作。对各项工作都要求绘出程序图，制定出制度和标准，在规定目标的同时，也规定达到目标的方法。

首先，××办公室根据××的特点，绘制了《××办公程序》、《××会议组织程序》、《公文审稿工作程序》、《客人接待工作程序》、《车辆安排工作程序》等×个工作程序图，制定和完善了《草拟公文工作标准》、《秘书日常工作标准》、《文稿修改工作标准》、《复印文件工作标准》等×个工作标准和《关于复印文件暂行规定》、《关于保密工作的暂行规定》、《关于印信使用的暂行规定》等×项工作制度，使各项工作有程序，有标准和制度可依。

其次，在严格执行上下工夫。例如：××办公室要求在办文中严把“四关”，即：一把拟办单位关，要求拟办单位草拟文件时不草率；二把文字关，即看是否要行文和以什么形式行文，是否符合党和国家的政策法规，文字表达是否准确、简练、通顺，涉及几个部门时是否协商一致，和本单位前后文件是否有矛盾，体例格式是否规范；三把打字、校对、印刷、装订、分发关；四把文件发出后的催办关。通过严把“四关”，使文件的草拟、审核、审批、打印、校对、印刷、装订、分发与催办形成一条龙，从而保证了文件整体质量的提高。再如：在提高会议质量时，××办公室根据所规定的工作程序、标准和制度，主要抓了会前的准备工作、会中的记录和提醒、会后的记录整理以及有关事项的催办和反馈四个环节。会前填写会议议题单，会后下发会议决定通知单或会议纪要，严格控制会议，认真整顿会风，提高了会议质量。

经过几年的实践，××办公室体会到，实行工作程序化、标准化和制度化，可以使复杂的工作条理化、规范化和责任化，使每个人都明确自己的责任和权限，达到了用时少、效率高的目的。

××××年××月××日

简 析

案例三是一篇介绍工作经验的总结。标题只是内容的概括，并不标明“总结”字样，但一看内容就知道是总结。正文的第一个部分是前言部分，用设问引出主体。在答复的基础上，主体部分重点总结了××办公室实行工作程序化、标准化、制度化这“三化”的经验，针对性强。案例三偏重于介绍做法，总结经验，内容集中，具体细致，条理清楚，是推广经验总结的可取写法。

第三节 简报和调查报告

一、简报

（一）简报的含义

简报是机关、团体、企事业单位内部，或是某项中心工作、某次重要会议中，用以沟通信息、交流经验、反映情况、指导工作的一种期刊式常用文书。它能迅速、及时地反映实际工作中出现的各种问题和情况，故具有汇报性、交流性、指导性的作用。

（二）简报的特征

简报的特征主要表现为简、快、新。

1. 简

简报最明显的特征是它的简。简，不仅是指文字少，篇幅短，主要还在于其追求用少量的文字概括出事实的精髓及意义，简短却不疏漏，使人在短时间内，能迅速、及时地了解和掌握更多的情况。

2. 快

无论何种简报，都要讲究时效。编发快，这是简报的突出特征。它要求发现问题快、写得快、编得快、印得快、发得快，以便让有关方面及时了解情况，总结经验，制定出相应的对策。只有加快信息传播速度，才能及时地解决新问题。

3. 新

新是简报写作的价值所在，也是简报的重要特征。简报的目的是为了让有关部门及时了解新动态、新信息、新经验、新情况，以便把握全局、制定对策、指导工作。如果简报反映的都是尽人皆知、老生常谈的内容，那就失去了编发简报的意义和作用。简报只有努力反映新情况、新动向、新问题、新经验、新观点，才能引起读者的关注。

（三）简报的分类

简报是统称，其名称颇多，常见的有“××简报”、“××简讯”、“××信息”、“××动态”、“××通讯”及“内部参考”、“情况反映”等。

从不同的角度，对简报有不同的分类，按其内容分，大致有三种。

1. 综合简报

综合简报是反映本部门、本系统各方面工作情况和问题的简报，也称情况简报或动态简报。它报道的内容主要是本部门、本系统管辖范围内发生的重大问题、事件及其处理结果。这种简报一般是定期或不定期地编发，用以指导、推动本部门、本系统工作的。

2. 专题简报

专题简报是将某项专门工作的动态、进展、经验、问题等向上级部门汇报，或向有关部门通报情况，或下发所属基层单位借以推动工作。这种简报报道的事件相对集中，都是围绕某一项专门工作或中心工作来编写的。

3. 会议简报

会议简报是专门报送、交流有关重要会议内容、筹备和进展情况，反映与会者意见和建议的简报。分为综合简报和进程简报两种。前者是整个会议编一期简报，在会议后期发送；后者是编发多期简报，一般重大的、时间较长的会议都编发进程简报，即在每个小阶段编发一期，有时天天编发，供与会者互通情报、交流经验。

(四) 简报的体式

根据文体性质和文稿来源，简报的体式大致可以分为报道体、汇编体、总结体、转引体四种。

(1) 报道体

即简明、及时、准确地叙述、报告部门、行业、系统、领域内发生的最新情况、最新动态。其文体十分类似动态消息、动态信息。

(2) 汇编体

即在众多稿源基础上剪辑而成的类似综合消息的简报文体，其信息量大面广，能起到点面结合、反映全局性情况的作用。

(3) 总结体

即一般意义的总结，其文章内容具有典型性，具有推广价值，编入简报能发挥其指导一般的作用。

(4) 转引体

即将其他单位有参考借鉴意义的材料完整或片段地摘编转引。

(五) 简报的编写

从简报的结构版面和编排格式看，简报主要由报头、文稿、报尾三部分组成。

1. 报头

简报首页上端三分之一处用分割线将报头与文稿部分分开，报头由以下四个必备要素构成。

(1) 简报名称

一般套红，居中，字体稍大印刷。

(2) 期数

印于简报名称正下方。

(3) 编印机关

一般为制发简报单位的办公部门或中心工作领导小组及会议的秘书处(组),要求用全称或规范化简称印于分割线左上方。

(4) 编印日期

印于分割线右上方,要求年、月、日齐全。

除以上四个要素,视简报内容、保密要求,还可以增加简报编号、密级(或使用范围和要求)等要素。

(5) 版面格式

××简报

第×期

××××××编　　　　××××年××月××日

标题

正文

(共印××份)

报送:(略)

2. 文稿

文稿一般由按语、标题、目录、正文组成。

(1) 按语

按语是代简报编制机关立言,是对文稿及使用做出说明、评价,如说明材料来源、转引目的、转发范围,表明对简报内容的倾向性意见及表示对所提问题引起讨论、研究的希望等等。按语的位置在报头下、标题前。可视需要而使用,并非每篇必有。一般在转引体、总结体及重要的报道体、汇编体简报文章前才配用按语。

按语可分三种类型:一是题解性按语,它类似前言,主要对文稿的产生过程、作者情况、主体内容做简要介绍;二是提示性按语,侧重于对简报内容的理解揭示或是针对当前实践中应注意事项的提醒;三是批示性按语,往往援引领导人原话或上级机关指示,结合简报内容,对实际工作提出批示性意见。

(2) 标题

根据简报的体式,标题也有不同写法。动态性较强的内容多采用单行式新闻标题,简短明快地交代事实、揭示中心;在总结体简报和其他体式简报中,一般使用文章化标题。

(3) 目录

简报文稿通常是一期一篇,根据需要也可以是一期为一组性质接近的文章。如是一组文章,则须在报头下设计"目录"一栏,将各篇文章标题先印于此,然后依次刊出每篇文章。

(4) 正文

因体式各异,简报正文格式相去甚远。报道体、汇编体类文章、消息内容往往前有导语,后有主体、背景等;总结体可完整地将"总结"刊于简报;转引体则因所引文章不同,正文或许是片断章节,也可能是整篇文稿。

3. 报尾

在简报末页下三分之一处用分割线与文稿部分分开,分割线下与之平行的另一横线间内标明本期简报的"报、送、发"单位名称,右侧注明本期印数。

(六) 案例简析

案例一

招生工作简报

第×期

××××××编　　××××年××月××日

××大学加强××××年硕士研究生复试工作

根据教育部关于全面加强××××年研究生招生复试工作的通知要求,××大学结合自身实际,多举措确保复试过程有序进行和录取结果公平公正。

重视复试工作,规范复试程序。复试前由主管校长主持召开硕士生招生院系负责人会议,认真部署复试录取工作。根据《××大学硕士研究生复试录取工作办法》,各院系严格按照学校统一格式模板制订本院系复试工作细则,明确各专业复试线、复试形式和要求、复试成绩权重、拟录取原则以及复试阶段具体安排等内容,对资格审查、笔试、面试和体检等环节做出详细规定。复试细则和名单经学校研究生招生办公室严格审核后统一向考生公布,确保信息公开透明。

统一组织命题，加强过程监督。学校复试笔试科目由研究生院统一安排命题、审核、印制、分装和保管，在各院系笔试开始前半小时派专人送到考场。精心挑选责任心强的老师负责监考工作，确保考试过程公平公正。考试结束后按要求密封试卷，组织老师集中评卷，统一核分登分，确保复试成绩准确无误。组织×个巡视小组，分别对××招生单位的复试情况进行巡查，确保面试程序规范，秩序良好。通过学校研招网等媒介加强诚信考试宣传，公布举报投诉电话和邮箱，接受考生及社会监督。对考生违纪作弊、弄虚作假等行为，一经查实，立刻取消复试资格，并上报上级主管部门。

注重素质考察，创新复试方式。改革复试分组方式，尝试将全院导师打散，重新组合成若干小组，每组里确保都有二级学科导师，同时考生也随机分成若干小组，在复试前临时抽签决定导师组和考生组的配对情况，有效避免考生托人情找关系的情况发生。注重考生基本素质的考察，尤其是考生创新精神和研究能力的考察。加强英语听力、英语口语、专业英语等测试力度，组织专门的听力口语测试小组，对每个考生统一测试；在每个面试小组中专设一位负责测试考生听力口语的老师，要求考生当场朗读并翻译一段英文文献，再接受老师的英文提问。应用现代技术手段，创新专业课考核方式，建筑学院尝试将以往六小时快图设计（手绘）改为机考，让考生在同一机房的电脑上用统一的绘图软件进行命题设计，更为全面地考查考生能力。

（共印××份）

报：×××

送：×××、×××、×××

发：×××、×××、×××

抄送：×××、×××、×××

简　析

案例一是一份专题工作简报。标题是一个主题句，开门见山，交代事实，揭示中心。正文采用报道体写法，全文虽短小精悍，信息量却不少。其体式规范，层次清晰，读罢一目了然。类似简报的内容，对面上工作能起到及时、有效的指导作用。

案例二

财经信息

第×期(总第××期)

××××××编　　　　　　　　　　××××年××月××日

问题胶囊揭开利益链药监展开全国"通缉"

(……文字略)

摘自××××

"私募教父"四年后重归A股　称已找到可投资的公司

(……文字略)

摘自××××

天然气价改抉择两方案：中石油以巨亏逼官涨价

(……文字略)

摘自××××

印度央行三年首度降息0.5个百分点

(……文字略)

摘自××××

……

(共印××份)

报送：(略)

简　析

案例二是一份汇编体的简报，即在众多稿源基础上剪辑而成的类似综合消息的简报文体。案例信息量大面广，能起到点面结合、反映情况的作用。类似简报，为决策者提供决策依据时尤为重要。

二、调查报告

（一）调查报告的含义

调查报告是针对某一现象、某一事件或某一问题进行深入细致的调查，在调查研究的基础上撰写出的，能反映客观事实的书面报告。它是调查与分析、实践与理论、客观与主观相结合的应用性事务文体。别称有考察报告、调研报告、××调查等。

（二）调查报告的特征

1. 较强的针对性

调查报告是某一情况、某一社会问题、某一成功经验，引起了有关部门的注意，为了进一步把握详情，才需要有人专门对其进行调查、研究，并向有关部门提供报告。可见，调查报告是一种针对性很强的文体。

2. 材料的丰富性

调查报告需要列举大量的相关事例、统计数字和各方意见，在此基础上提出作者自己的意见。在调查报告的写作中，大部分的文字都是在列举事实，这使调查报告具有一种“事实胜于雄辩”的强大说服力。

3. 认识的规律性

调查报告确切地说应该叫调查研究报告，它的价值不仅仅在于调查和报告，更在于研究。研究的结果就是得出规律性的认识，并把这些规律性认识提供给读者。规律性认识是在大量事实的基础上得出的，又是大量事实的理论归宿点。只列举种种现象，而缺少理论归纳的调查报告是肤浅的。

（三）调查报告的分类

从内容性质分，调查报告通常可以分为专题型、综合型、理论研究型、实际建议型、历史情况型、现实情况型几种。

1. 专题型

专题型是针对某个事情或问题撰写的调查报告。它能及时揭示现实生活中的矛盾，反映群众的意见和要求，研究急需解决的具体的实际问题，并根据调查的结果提出处理意见，或者对策，或是建议。

2. 综合型

综合型是以综合调查众多的对象及其基本情况为内容的报告。具有全面、系统、深入和篇幅较长的特点。它与专题调查报告的主要区别点就在于它的综合性上。使读者可以从报告中看到事物相对完整的“鸟瞰图”。

3. 理论研究型

理论研究型是以学术研究为目的而撰写的报告，它以收集、分类、整理资料并提出问题、报告结论为特点，大多发表在学术刊物上，或载于学术著作中。

4. 实际建议型

实际建议型是由于实际工作需要而写的调查报告，其主要内容是为预测、决策、制定政策、处理问题等进行调查所获得的材料及有关的建议。

5. 历史情况型

历史情况型是根据需要以历史情况为对象进行调查而形成的调查报告。可以供人们了解某一事物或问题的历史资料和历史真相。

6. 现实情况型

现实情况型是以正在发生、发展的一些现实生活为对象进行调查后所形成的调查报告。通过它了解和认识某些事物和问题的客观现实情况，作为其他认识活动的依据或参考。

（四）调查报告的格式

调查报告的格式内容大体有标题、导语、概况介绍、资料统计、理性分析、总结和结论或对策、建议，以及所附的材料等。根据内容所形成的结构，主要包括标题、导语、正文、结尾和落款。

1. 标题

标题有单标题和双标题两类。单标题，就是一个标题。其中又有公文式标题和文章式标题两种。公文式标题一是由“事由＋文种”构成，如《××××中学语文教学情况的调查报告》。文章式标题，如《××市的新经济组织》；二是标明作者通过调查所得到的观点的标题，如《重视农村教育　增加经费投入》。所谓双标题，就是有两个标题，即一个正题、一个副题，如《为了造福子孙后代——××县封山育林调查报告》。

2. 导语

导语又称引言，是调查报告的前言，简洁明了地介绍有关调查的情况，或提出全文的引子，为正文写作做好铺垫。常见的导语有三种。

(1) 简介式导语

对调查的课题、对象、时间、地点、方式、经过等做简明的介绍。

(2) 概括式导语

对调查报告的内容（包括课题、对象、调查内容、调查结果和分析的结论等）做概括的说明。

(3) 交代式导语

对课题产生的由来作简明的介绍和说明。

3. 正文

正文是调查报告的主体。它对调查得来的事实和有关材料进行叙述，对所做出的分析、综合进行议论，对调查研究的结果和结论进行说明。

正文的结构有不同的框架。

根据逻辑关系安排材料的框架有：纵式结构、横式结构、纵横式结构。在这三种结构中，纵横式结构常为人们采用。

按照内容表达的层次组成的框架有：“情况—成果—问题—建议”式结构，多用于反映基本情况的调查报告；“成果—具体做法—经验”式结构，多用于介绍经验的调查报告；“问题—原因—意见或建议”式结构，多用于揭露问题的调查报告；“事件过程—事件性质结论—处理意见”式结构，多用于揭示案件是非的调查报告。

4. 结尾

结尾的内容大多是调查者对问题的看法和建议，是分析问题和解决问题的必然结果。

主要有补充式、深化式、建议式、激发式等结尾。

5. 落款

落款主要写明调查者——单位名称和个人姓名，以及完稿时间。标题下面已注明调查者，落款时可省略。

（五）调查报告的写作

调查报告的写作一般要经过以下五个程序。

1. 确定主题

主题是调查报告的灵魂，对调查报告写作的成败具有决定性的意义。因此，确定主题要注意：报告的主题应与调查主题一致；要根据调查和分析的结果，重新确定主题；主题宜小，且宜集中；要尽量与标题协调一致，避免文题不符。

2. 取舍材料

(1) 选取与主题有关的材料，舍弃与主题无关的材料，使主题集中、鲜明、突出。

(2) 经过鉴别，精选材料，不仅使每一材料都能有用，而且能以一当十。

3. 拟定提纲

调查报告的提纲主要有以下几种。

(1) 观点式提纲

即将调查者在调查研究中形成的观点按逻辑关系一一地列写出来。

(2) 条目式提纲

即按层次意义表达上的章、节、目，逐一写成提纲。

(3) 观点、条目式提纲

即将上述两种提纲结合起来制作提纲。

4. 起草报告

这是调查报告写作的行文阶段。要根据已经确定的主题、选好的材料和写作提纲，有条不紊地行文。在写的过程中，要从实际需要出发选用语言、标点符号和表达方法，还要注意灵活地划分段落。

5. 修改报告

报告起草好以后，要认真修改。主要是对报告的主题、材料、结构、语言文字和标点符号进行增、删、改。

（六）案例简析

案例一

萌动·嬗变·提升

——××省青年农民精神文化生活调查

我们为什么关注农民

中国不仅以农业大国著称于世，而且也以农民大国著称于世。当代中国农民是世界最大的社会群体。中国农民状况构成了中国社会最基本的国情的一部分。不了解中国农民就不了解中国社会。因此农民问题是关系改革开放和现代化建设全局的重大问题。

农民是农业经济繁荣、农村社会发展的主体，而青年农民则是农民队伍中的生力军。他们担负着承前启后、继往开来的历史重任，是中国未来农村的希望。可以肯定地说，青年农民的基本状况直接或间接地决定了中国社会的政治、经济和文化特征，决定了中国现代化的进程，决定了21世纪中国综合国力的强弱。与青年农民所承载的历史重任形成强烈反差的是尽管他们人数众多、存在的问题和面临的困惑较多，但对他们的了解较少、研究得不够。所以，不如行动起来了解他们、关心他们、研究他们。

据有关资料显示，农村青年的犯罪率高于城镇青年，文化程度低的农村青年犯罪率高于文化程度高的农村青年。农村青年的自杀率高于城镇青年，农村女青年的自杀率高于农村男青年，农村青年对生活质量的自我评价低于城镇青年；农村青年对生存环境不满意程度高于城镇青年。

尽管导致上述结果的原因很多，但我们认为根本原因还在于对农村青年的精神文化生活缺乏全面的把握、正确的评价、科学的引导和必要的关心。基于这个认识，×××××社会调查中心就农村青年文化状况进行了专项调查。调查以问卷为主，并结合访谈。调查地域包括××、×××、×××、××等地市的××个村镇，共发放问卷××份，收回××份，回收率为××%。调查对象包括×—×岁男性×××人，女性×××人；乡镇×××人，村庄×××人。走访人数达×××多人次。

调查结果表明，处于社会转型期的青年农民，在从自然经济转向市场经济、从传统的农业社会转向现代的工业社会、从粗放型经济增长方式转向集约型经济增长方式的过程中。所面对的外界诱惑是前所未有的，面临的精神压力是巨大的。因为三个转向都要求农民的思维方法、价值观念、道德规范经历一个“扬弃”和“再塑”的过程。这个过程是从失序走向有序、从失范走向规范的过程；是既有告别传统后的轻松愉快，又有走向新天地的一时迷茫和不知所措。尽管如此，青年农民对现在的生活是满意的、对未来是充满希望的。

青年农民精神文化生活的基本状况

一、政治社会观

调查表明，当代农村青年已经不追求盲目地崇拜，更不喜欢空洞的说教、抽象的理论，而是面对现实，冷静思索，把对党、对国家、对社会主义的热爱体现在对农村改革和经济事业的拥护和参与上，把对事业的追求化作实实在在的行动……(文字略)

二、理想与信仰

趋于现实的理想心态。座谈中，青年农民都有明确的理想和奋斗目标。他们或者是为了做好本职工作，获得领导信任和升迁机会；或者是为学习一技之长，实现脱贫致富；或者是走出黄土地，在城市获得一份理想的工作；或者是经商、办企业，把事业做大。总体而言，青年农民的理想心态呈现出阶段性、务实性和层次性……（文字略）

三、道德观

传统美德的继承性。农村青年绝大多数喜欢听历史故事，看反映历史事件的电视，崇拜历史上的英雄人物如包青天、岳飞等。受传统文化的影响，他们呼唤传统美德、渴望社会太平、安详、宁和，人与人之间和睦相处、相互尊重。对目前在社会上少数人中盛行的金钱至上、个人主义等看不惯……（文字略）

四、生活与交友

与老一辈相比，青年农民的生活观，呈现出鲜明的时代色彩。已经开始由封闭、保守、节俭、单一转向开放、进取、丰富多彩……（文字略）

五、民主法制观

法律意识日益强化，法律知识知之较少。市场经济是法制经济，不懂法不知法，就寸步难行。在问卷和访谈中，不少人通过报纸、杂志、广播、电视等媒体学习与现行农村政策及乡镇企业发展有直接关联的法律常识，主动了解、掌握有关法律程序上的疑难问题。但从总体上看，青年农民的法律知识很少，获得的途径较单一……（文字略）

六、教育科技观

文化程度呈提高的态势，知识价值被共同肯定。与他们的前辈相比，青年农民的受教育程度、文化水平、科学素质均比较高……（文字略）

七、职业观

随着农村人口的膨胀、人均耕地的减少、农村剩余劳动力的增多，青年农民开始走出黄土地，把视角投向更广阔的天地……（文字略）

八、婚恋观

改革开放××年来，农村青年的恋爱观在多种文化冲击中升华；婚姻状况在嬗变中进步；家庭规模在不知不觉中变小。原来最为村人看重的一些封建的观念在逐渐淡化，但未婚同居、婚外恋、少女配老夫、离婚等种种看似不可思议的事情正在乡村越来越多地出现。尽管如此，符合我国国情的婚恋家庭道德观念在农村青年中仍占主导地位……（文字略）

思考与对策

在改革开放的××余年中，我国农村发生了三次历史性飞跃：一是家庭联产承包责任制的实施，二是乡镇企业的遍地开花，三是目前正在推进的小城镇建设。与此相适应，农村社会经济生活出现了前所未有的大变动、大震荡、大发展。在这社会经济转型期，正如上所述，农村青年的文化精神生活发生了剧烈的嬗变。特别是青年农民大量向城镇和非农产业的转移，把各种价值观念和生活习俗带给了城市，但它们很快又被城市的运作规则所同化、所融合。相反，城市的理念、生活方式、价值观念从各个方面对他们进行了重塑，在潜移默化中拓宽了青年的视野，使他们的价值取向、人生追求发生了极大的转换。从上述青年农民精神文化生活的基本状况，可以概括出以下几大特点：

一、生活方式城市化……（文字略）

二、理想追求实际化……（文字略）

三、社会交往简单化……（文字略）

四、法制意识增强……（文字略）

五、职业流动频繁……（文字略）

六、婚嫁生育趋晚……（文字略）

七、价值观念多样化……（文字略）

八、与城市青年价值观趋近趋同……（文字略）

如何加强农村精神文明建设的力度，如何使他们的人生态度、理想信念、生活方式、价值观念与整个社会的主导价值体系取得一致，从而激发起广大农村青年为中华民族的伟大复兴而努力奋斗的爱国热情，这一问题值得引起农村各级党团组织的高度重视。为此，仅提出粗略的若干措施。

一、坚持正确思想导向，提升农村青年工作的文化内涵。针对青年中存在的“信仰真空”与“价值迷茫”现象，要坚持以理想信念教育为核心，始终将构筑青年的共同理想和精神支柱作为首要任务。

提升农村青年工作的文化内涵，必须着力从两个方面寻求突破。一是使青年进一步对传统文化的吸纳与超越；二是努力建立理想信念的文化构架。

二、服务青年实际要求，夯实思想政治工作的群众基础。调查资料在显示青年对人生的追求务实多样的同时，也反映出青年对“精神家园”的渴望。这表明青年除了功利色彩较浓的浅层需求之外，还渴望弥补一种较为深层的“精神缺失”，他们向往一片纯净的私人空间，追求自己的精神家园。为此，首先，我们要努力净化青年的成长环境；其次，我们应当以兴趣盎然的特色活动吸引和凝聚青年，为青年创造一个想象力的驰骋和创造力的实现的空间，使青年在满足自身情趣需求的同时，弥补“精神缺失”，营建丰饶的精神家园。第三，要转变青年思想政治工作的组织模式。

三、发展教育事业，提高青年农民的科技文化素质。改革开放以来，我国农村教育事业取得了令人瞩目的成就。但从总体上讲，农村教育仍然比较落后。据统计，在××亿农业劳动力中，文盲和半文盲有×亿人，占××%；小学文化程度有×亿人，占××%。义务教育作为新一代农业劳动者必备的文化要求，是农村职业教育、技术培训的基础。农村义务教育的落后，必然会影响农村职业教育、技术培训和农业科技推广的效果。因此，消灭文盲、提高入学率、减少辍学率成为农村教育工作的重点。

四、增大投入力度，加快基础文化设施建设。文化基础设施是精神文明建设的物质保证。基础设施完备与否，直接影响到青年农民的精神文化生活的质量和水平。从各县（市）的总体情况来看，科技馆、文化馆、博物馆、图书馆和青少年活动场所等文化设施数量偏少，分布不均衡，条件差。所以，各级政府要加大对这些公益设施的投入，创造一个良好的活动环境。同时要加强对作为文化产业发展起来的各类场、馆、厅等的管理，使其按照社会主义精神文明的方向健康发展。

简　析

案例一是一篇着眼于××省青年农民的精神文化生活问题、反映××省农村社会基本状况的调查报告。选题上把握了社会热点和公众所关注的问题。在调查方法上，主要采用了问卷方式，并结合访谈，增强了调查的科学性。案例从八个方面阐述了当代青年农民的思想观念、精神风貌，使人们能较为全面、系统地了解当今青年农民精神文化生活的状况。写作上主要采用横式结构，兼用对比式，通过分析比较，概括出农村青年的精神文化生活的八大特点，并提出了加强农村精神文明的若干措施。案例条理清晰，结构完整，真实可信，有较强的说服力。

案例二

保障房到底保障了谁

保障房对象是有城市户口的居民，这根本就是一个错误。保障房应首先保障最低收入人群，最低收入者都没有保障，怎么能去保障中等收入的普通人？

——著名经济学家×××

我们给困难户的房子是为了保障他享有基本居住权的房子，是要他自己用来居住的房子，而不是送给他一个造钱、赚钱的机器。用纳税人的钱给他一个房子来出租赚钱，不公平。

——地产专家×××

近日，《××××报》记者走访了××几个新交付使用的保障性住房小区。仅在××××园×号院、××家园、××居三个小区，就发现马自达跑车、奔驰、宝马等多辆豪车。保障房小区频现“穷人”开着奔驰、宝马入住的乱象——保障性住房到底保障了谁？

户籍门槛是个错误

“保障房的对象是有城市户口的人，这个大方向本身就是错的。”著名经济学家×××告诉《××××报》记者。据了解，保障性住房一直有户籍门槛，如××保障房的分配只限于有××市户籍的居民，而真正需要住房的××和外来×××这些最低收入者，却因户籍问题而一直被忽略。

《××××报》记者连续数日通过实地观察楼层亮灯情况、走访房产中介的方式了解到，××各经济适用房、两限房小区普遍存在着入住率不高的现象。如××嘉园、××家园、××居等新交付使用的小区，入住率还不到×%。

对此，地产专家×××认为，入住率低一方面缘于我们不是真的需要那么多的经适房、两限房，另一方面这些房子没有分配给真正需要住的人。他认为，中国更需要廉租房之类的具有保障意义的房子。

据了解，××市本地居民的自有房屋比例已达××%，×××表示："实际上，城市本地居民并不是迫切需要住房的人，真正需要住房的是××和外来×××这些低收入者。保障房对象是有城市户口的居民，根本就是一个错误。保障房应首先保障最低收入人群，最低收入者都没有保障，怎么去保障具有中等收入的普通人？"

保障房不该用于出租

出租也是保障房小区一个突出的现象。《××××报》记者发现，不少保障房小区附近的房产中介公司挂牌招租的现象十分普遍。据××地产公司工作人员介绍，像××的××××、××××美园、××园等几个新交付使用的保障房小区，有一半的房子被用于出租。记者在××××房产公司了解到，不少业主直接把新房钥匙托管给中介招租，与租户协商、签订合同等环节也均交给中介打理，中介只需把×年期租金汇到业主的账户即可。

对此，×××认为："当我们通过劳动得来的财富积累到很高的程度，而有些人无法劳动或者劳动无法保障其生存时，我们就用纳税人的钱来建房送给他们，这就是所谓的保障房。"他认为，我们给困难户的房子是为了保障他享有基本居住权的房子，是要他自己用来居住的房子，而不是送给他一个造钱、赚钱的机器。用纳税人的钱给他一个房子来出租赚钱，这本身就是不公平的。

保障房是一种"造富"？

保障房该不该给产权，一直是业界争论的焦点。×××认为，保障性住房就不应该给产权。

×××的理由很简单，经济适用房是给业主以有限产权的，这不仅使得保障房变得有利可图，而且以后收入增长了，不具备保障条件了，却能依然占据着产权，不能形成一个严格的内循环的退出机制，既不公平，又无效率可言。

《××××报》记者调查到，申请保障房时，隐瞒财产、造假的现象比较普遍。

"很多人凭借关系获得了保障房，有几套房子。"××嘉园小区附近的中介告诉记者。因此×××指出："政府应该停止大规模建设经济适用房，而应该提供不给产权的公租房。"

据了解,像经济适用房、"两限房"这类保障性住房的建筑面积、居住条件,与一般的商品房相差无几,有的甚至比商品房还好。"实际上,如果保障性住房的条件没那么好,就会有效减少富人想方设法挤占穷人保障房资源的现象。"×××表示。

保障房除了解决收入困难人群的住房问题,也承担着拆迁安置的任务,部分××居民在拆迁时既得了补偿款又分到了房子,因而这部分人有可能具备了消费豪车的能力,面对这样的"造富运动",×××认为拆迁只补偿钱就可以了,不要给房子,补偿钱让拆迁居民自己选择住在哪里。同时,对于解决低收入者的住房问题,×××也倾向于政府向其提供住房补贴,而不是大规模地兴建经济适用房。对于住房补贴的标准,可以具体商定。

简 析

案例二是一篇重在反映社会问题的新闻调查报告。类似调查报告,既可介绍经验,也可揭示问题。介绍经验一般采纳"基本情况——经验措施"的结构写法,但不管介绍经验,还是揭示问题,其标题大多是直接点明正文主题,有的还要添加副标题,对主标题加以诠释。

案例二的标题采纳了设置悬念的设问句式,既一目了然,又能引起读者的兴趣。在结构安排上也"匠心独运",导语借著名经济学家×××、地产专家×××对保障房的疑惑,引出调查的目的,过渡到调查的主体。主体三个部分,既是独立的,又是相连的,可谓一环紧扣一环,环环相扣,聚焦于"保障房"和"保障谁",并在调查的基础上,逐一剖析解答。

第四节 会议记录、会议综述

一、会议记录

(一) 会议记录的含义

会议记录即会议笔录,是由会议组织者指定专人,如实、准确地记录会议的组织情况和会议内容的一种应用性事务文体。经常用于比较重要的会议或正式的会议。会议记录要求真实、全面、客观地反映会议的本来面貌,对未来工作具有依据、素材和备忘作用。

(二) 会议记录的特征

会议记录具有真实性、原始性、完整性的特征。

1. 真实性

会议记录的执笔者与其他文章的写作者有一个重要的区别,那就是他只有记录权而没有改造权。会议是个什么样就记成什么样,与会者发言时说了些什么就记下些什么,记录者不能进行加工、提炼,不能增添、删减,不能移花接木,不能张冠李戴。

2. 原始性

会议记录是会议情况和内容的原始记录。所谓原始,就是未经整理,未经综合。在这一点上,它跟会议简报、会议纪要有着很大不同。会议简报和会议纪要也是真实的,但不是原始的。虽然在内容上可能没有太大差别,但在存在形态上,会议记录跟会议简报以及会议纪要的差异甚大。

3. 完整性

会议记录对会议的时间、地点、出席人员、主持人、议程等基本情况,对领导讲话、与会者的发言、讨论和争议、形成的决议和决定等内容,都要记录下来,一般没有太多的选择性。

(三)会议记录的格式及写法

一般的会议记录由标题、会议组织概况、会议内容、结尾组成。

1. 标题

标题由会议名称加文体名称组成,就是"××会议记录"。如果使用的是专用的会议记录本,"记录"二字可省略,只写会议名称即可。

2. 会议组织概况

主要包括会议时间、地点、出席人、列席人、主持人、缺席人、记录人等。

会议时间

写明年、月、日,上午、下午或晚上,如×时×分至×时×分。

会议地点

写明详细地点,如"××会议室"、"××礼堂"、"××现场"等。

出席人

根据会议的性质、规模和重要程度的不同,出席人一项的详略也会有所不同。

有时可以只显示身份和人数,如"各院系党总支书记和直属党支部书记 31 人"、"各部门经理"、"全体与会代表"等。如果出席人身份复杂,比如既有上级领导,又有本单位各部门的主要领导,还有各种有关人员,最好将主要人员的职务、姓名一一列出,其他有关人员则分类列出。

列席人

包括列席人的身份、姓名,可参照出席人的记录方法。

缺席人

如有重要人物缺席,必须做出记录。

主持人

主持人的姓名、职务,如"校党委书记×××"、"公司总经理×××"。

记录人

包括记录人的姓名和部门,如××(××办公室秘书)。

3. 会议内容

根据会议的进展,会议内容没有具体的固定模式,一般包含有以下方面:

会议的议题、宗旨、目的;

会议议程;

会议报告和讲话;

会议讨论和发言；
会议的表决情况；
会议决定和决议；
会议的遗留问题。
上述是一般会议都有的项目，但侧重点会有所不同，先后次序也会有所不同。

4. 结尾

可将主持人宣布的散会一项记入，也可以将散会一项略去不记。
最后，由主持人和记录人对记录进行认真校核后，分别签上姓名，以示对此负责。

（四）案例简析

案例一

××学院爱国卫生运动委员会
第×次会议记录

时间：××××年××月××日上午
地点：院部会议室
出席：李××、张××、鲍××、汤××、陈×、魏××、杨×
缺席：曾××（出差未回来）、林××（因病请假）
列席：各处、室卫生员
主持：李××
记录：王×
内容：
1. 李××传达省爱卫会会议精神。
2. 讨论我院开展“爱国卫生月”活动的做法和安排。
决议：
为了响应国务院和全国爱卫会的号召，根据省市爱卫会的部署，结合我院实际情况，积极地开展全国首届“爱国卫生月”活动，要求我院人员做好如下工作：
一、积极宣传全国首届“爱国卫生月”，发动群众搞好院容卫生。
1. 结合我院“爱国卫生月”活动重点，张挂五幅大型宣传标语。
2. 决定××月××日、××日、××日三个星期×下午为全院大扫除时间，要求全体动手，搞好院内的环境卫生。
3. 整顿校容，清理不卫生的死角。种植九里香绿篱500米，发动处室讨论大院园林化计划。

二、消灭蚊、蝇、老鼠、蟑螂，预防传染病发生。

1. 从××月××日至××日，重点是组织人力，用药品灭蚊、蝇、蟑螂，把它们消灭在幼发期间。

2. 从××月××日至××日，重点配合全市行动，围歼老鼠。

3. 做好各种传染病预防宣传工作。

三、加强食品卫生管理，严防食物中毒。

1. 食堂工作人员要认真学习《食品卫生法》，决定××月××日，全体食堂工作人员进行《食品卫生法》考试。

2. 按照《食品卫生法》的要求，抓好食品采购、保管、制作、出售和公用餐具消毒及食堂工作人员的个人卫生工作。

3. 加强食品卫生监督，由院爱卫会组织人员，每周检查一次。

四、开展健康教育，普及卫生知识，提高学员、工作人员自我保健能力。

1. 开展“世界无烟日”活动，在学员、工作人员中，提倡不吸烟、少饮酒、多锻炼的新风尚。

2. 开展健康教育，普及卫生知识，树立讲卫生、爱清洁的新风尚。

散会（××时×分）

主持人：（签名）
记录人：（签名）

简　析

案例一所记的内容是事务性的问题，不是重大原则问题。会议决议只对当时“爱国卫生月”活动起作用，时效有限，过后虽然可以参考，但不起指导统一行动的作用。同时，这种“爱国卫生月”活动的意见，不属重要决策和重大政治问题，采用这种会议记录方法是合适的。

案例二

××区国庆旅游黄金周城市管理专题会议记录

时间：××××年××月××日下午××点××分至××点

地点：区政府××会议室

主持人：××× 副区长

出席人：董×× 城管局局长

朱×× 区城管执法大队队长

张×× 区旅游局局长

李×× 区××街道办事处副主任

汤×× 区××街道办事处主任助理

王×× 区××街道办事处主任

吴×× 区××街道办事处主任

列席人：区政府办公室相关秘书

区相关街道办事处城管干部

记录人：唐×× 区政府办公室秘书

议题：如何加强城市管理，迎接国庆旅游黄金周的到来，创造卫生、文明、和谐的经济社会发展软环境。

过程：

××区长讲话（略）

表态发言（按发言顺序记录）

董××：近阶段，特别是随着国庆节的来临，各种活动较多，城市管理的一些问题也暴露出来，市场管理程序出现了混乱，水果摊、小百货、菜摊满街乱摆，“马路市场”反弹严重……对此，市民有怨言，城市形象受损，区城管局作为政府职能部门责任不可推卸，我们将结合本次会议，迅速行动，在国庆来临之际，开展一次城管综合治理大会战，让市民干干净净迎接国庆。

朱××：沿街违章搭建现象屡禁不止，建筑材料乱堆乱放，让市民对政府的管理能力、执行能力有了动摇，对此，我们执法大队有责任。今天会议以后，我们将组织××名人员进行联合执法，各办事处请予以配合，在一周内完成主要城区内的违建整治工作。

张××：涉及旅游饭店、旅游纪念品专卖店、旅行社等旅游管理方面的，我们旅游局牵头，负责把这项工作做好、做到位。

李××：我们办事处管辖范围内的店铺、街巷等“六乱”问题，由我们自己负责，责任将落实到各自的社区居委会，采取干部包片的办法，彻底整治辖区内的环境卫生，提升市容市貌的管理水平。

汤××：（略）

王××：（略）

吴××：（略）

与会人员经过充分讨论、协商，就加强黄金周期间的城市管理形成以下决议：

一是落实责任制。

坚持“以块为主，条块结合”的原则，各办事处是城市管理的第一责任人，全面负责辖区内的环境卫生和城市管理的综合整治工作。区城管局负责业务指导，区城管执法大队负责执法保障，特别是紧急情况的处置。区旅游局负责旅游行业的管理。

二是强化督察。

区政府办牵头，区城管、执法大队、旅游局及各办事处参加，在××月××日对专项整治工作进行拉网式检查，并将检查结果形成简报，分呈区四套班子领导，下发相关部门。

散会。

主持人：（签名）
记录人：（签名）
××××年××月××日

简　析

案例二是一篇专题会议的记录。记录者采用了个体分别记录的方法。先写时间、地点、出席人、列席人、记录人等会况，再如实记录会议的发言。最后是会议的决议。整个会议记录，结构完整，写法规范，记录清楚、明确，能够起到会议记录的指导、备查等作用。

二、会议综述

（一）会议综述的含义

会议综述是对某一重要会议全面综合的报道。内容包括：会议召开的背景和原因，开会的时间、地点和规模，出席会议的对象和重要人物，会议的主要议题和议程，会议做出的决议或决定，会议所取得的成果和存在的问题，会议的重要意义及影响，公众对于会议的反映和看法等。

（二）会议综述的特征

会议综述具有综合性和描述性的特征。

1. 综合性

综合性主要体现在对有关会议必须经过分析综合，做出整体、全面、系统的介绍。

2. 描述性

描述性是指对有关会议的描述必须要客观真实，实事求是，撰写者不能进行主观评论或提出建议。

（三）会议综述的格式及写法

会议综述一般由标题、前言、正文和结尾构成。

1. 标题

标题是会议综述的重要组成部分。应以准确、凝练的文字，概括地反映会议的主题，使读者一目了然。

2. 前言

前言类似消息的导语，主要介绍会议的主办单位，召开会议的时间、地点，参加人员，出席会议的人数，讨论的问题等，也可介绍一点背景材料，说明讨论的意义。前言部分应紧承标题，紧扣主旨，力求做到言简意赅，简明扼要。

3. 正文

正文是会议综述的主体部分。主要是对会议做实事求是的、客观的情况报道，如会议的主要议题和议程、会议做出的决议或决定等等。

4. 结尾

结尾是会议综述的自然收束。一般介绍会议所取得的成果和存在的问题，会议的重要意义及影响，公众对于会议的反应和看法等等。为求简练，有的会议综述不加结语。

（四）案例简析

案例一

××××年××学院站点工作会议综述

××学院××年度校外学习中心工作会议于××月××日至××日在××××隆重召开，来自全国××多个校外学习中心的负责人及教学管理人员参加了本次会议，会议由××学院常务副院长×××主持，××教育局×××局长与会致辞，××学院×××院长作了发言。

本次会议不仅聚焦于“积极发展，规范管理，强化服务，提高质量”，而且更多关注“改革创新”。××月××日下午，××副院长做了××××年度工作报告，就“××学院的年度总结及发展问题”做了重要讲话，××院长在讲话中总结了一年来××学院的整体工作，传达了上级的有关文件精神，特别强调了关于远程教育“积极发展，规范管理，强化服务，提高质量，改革创新”新二十字方针的实践意义。并就教学计划改革、校外学习中心评估、远程非学历教育全面启动等工作做了通报和重点部署。教务主任×××老师重点对将在××××年春季全面实施的新教学计划进行了全面介绍，对教学计划调整的目的、具体做法、注意事项等进行了详细剖析。对于毕业论文、选修课、

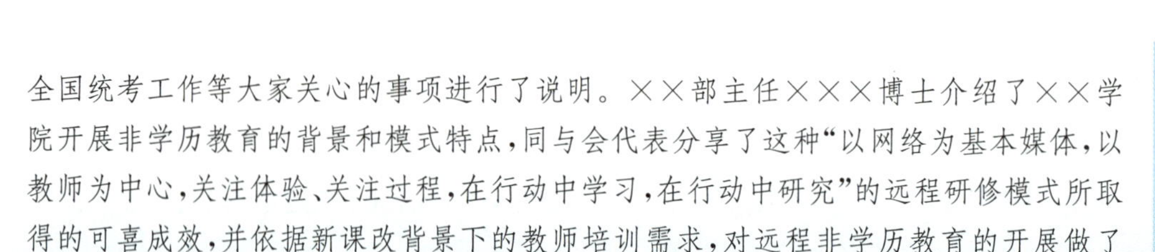

全国统考工作等大家关心的事项进行了说明。××部主任×××博士介绍了××学院开展非学历教育的背景和模式特点，同与会代表分享了这种“以网络为基本媒体，以教师为中心，关注体验、关注过程，在行动中学习，在行动中研究”的远程研修模式所取得的可喜成效，并依据新课改背景下的教师培训需求，对远程非学历教育的开展做了未来展望。

本次会议公布了××××年度优秀校外学习中心评选结果。评选了优秀校外学习中心三个，分别是：××××学院、××教育学院、××××学院；先进校外学习中心五个，分别是：××电大、××教育学院、××师专、××教师进修学校、××师范大学××培训中心，并对这些获奖单位进行了表彰和奖励。受表彰校外学习中心介绍了他们的宝贵经验。

通过两天会议的学习、讨论与交流，进一步丰富了对网络学院管理与发展工作的全局性认识，明确了学院的改革举措、评估要求与发展方向，会议达成了多项共识，取得了丰硕成果。与会代表纷纷表示，此次会议的内容集中、组织高效、讨论深入，是一次及时、务实、成功的会议。

简　析

案例一标题一目了然。第一自然段是前言部分，介绍了会议的主办单位，会议召开的时间、地点，参加会议的人员，出席会议的人数等。第二、第三自然段是正文部分，报道了会议的主要议题和议程。结尾介绍了会议所取得的成果及影响、与会者对于会议的反应和看法等。

案例二

为繁荣发展中国经济学做出贡献

——“《×××××××××》杂志创刊××周年座谈会”述要

××大学《×××××××××》杂志编辑部和学术期刊社联合主办的“《×××××××××》杂志创刊××周年座谈会”近日在××召开，与会者围绕中国经济学发展繁荣和学术期刊建设等问题进行了研讨。

与会者强调，中国经济学研究工作者不能照搬照套西方经济学研究方法，应当树立学术自信，紧密结合中国特色社会主义建设的伟大实践，注重整理和提炼中国经济发展实践的丰富经验，创新经济学研究范式，不断提高学术研究成果的水准和影响力，真正建立具有中国特色、中国风格和中国气派的话语体系，繁荣和发展中国经济学。

与会者认为,《×××××××××》杂志创刊××年来,坚持正确办刊宗旨,紧密联系中国经济发展及理论研究实际,成为展示中国经济学研究成果的一个重要平台。今后,应继续提升办刊理念、发挥办刊优势、用好办刊资源、突出办刊特色、创新办刊机制、提高刊物质量,不断扩大社会影响力,为繁荣发展中国经济学做出更大贡献。

简　析

案例二是一则会议述要。述要与综述的区别在于:综述是对某一重要会议做全面综合的报道,述要则是对会议摘其要点加以概述。案例言简意赅,仅用“与会者强调……”、“与会者认为……”将会议概述得清清楚楚。

第五节　讲话稿

一、讲话稿的含义

讲话稿亦称发言稿。是指在各种会议或集会上,讲话者为了表示自己的主张、见解,交流思想、进行宣传或开展工作时经常运用的一种事务文体。讲话稿一般专门就某方面的问题发表意见,内容集中,中心突出,易讲深讲透。其包含的种类较广,通常有讲演稿、演说稿、谈话稿、报告稿,以及各类开幕词、闭幕词、欢迎词、答谢词等。本节主要阐述领导讲话稿。

二、讲话稿的特征

不同的讲话稿,具有不同的特征,领导讲话稿一般具有权威性、思想性、鼓动性的特征。

(一) 权威性

讲话稿往往是在重要场合所作的不同于一般的演讲和发言,目的是贯彻指示精神和会议精神,实施会议决定,对今后工作提出指导性意见等。

(二) 思想性

讲话稿要具有一定的思想性。具体而言,就是要以正确的理论为指针,阐述所进行的工作的意义。

(三) 鼓动性

讲话稿要做到能够调动听众的情绪,要鼓动听众能够以饱满的热情投入到工作、学习等各项活动中去。

三、讲话稿的格式及写法

讲话稿主要由标题、签署、称呼、正文等部分组成。

（一）标题

标题有多种写法。一是由单位名称或讲话人、事由、文种组成；二是由事由加文种组成；三是根据讲话的内容确定讲话稿的标题，让人一听就知道讲话的主题。

（二）签署

在标题下方注明讲话人的姓名及日期，也可将日期写在文末。

（三）称呼

注意泛指性、次第性等。泛指性是指称呼要有包容性，将与会人员全部包容进去。次第性是称呼要按主次排列。

（四）正文

由开头、主体、结尾组成。

1. 开头

简明扼要阐明讲话主题，或交代讲话背景，或提出问题，引起注意。

2. 主体

关键在于突出重点、要点。或分析问题，解决问题；或总结经验教训；或安排新的工作项目等。主体部分要围绕主题有条理地展开，做到言之有物，言之有序。

3. 结尾

是对讲话稿全文的总结概括，与此同时，可提出要求、希望等。

四、讲话稿写作应注意的问题

（一）避免雷同

讲话的场合多种多样，讲话人也各异，要避免讲话内容的雷同，是撰写人应预先考虑且要有所准备的。写讲话稿，要尽可能地使讲话人的讲话全面、独特，能紧紧抓住听众，这样，方能起到好的效果。

避免雷同，可注意以下几个方面。

1. 讲话人身份

根据讲话人身份及某会议、活动的主旨阐发观点，展开议论，形成“一家之言”。

2. 变换议题的角度

适当变换议题的角度，用独特的角度来看待问题，阐发观点，可给听众耳目一新的感觉。

3. 选择新意材料

选择富有新意的材料来说明问题，可不同程度地满足人们审美活动和求异思维的需要，使听众开阔视野，回味无穷。

（二）注意情绪

讲话应考虑到如何调节听众的情绪。乏味的讲话，会使听众感到疲惫，注意力也不会集中。讲话稿中添加一些围绕讲话主旨的“调味品”，可激发听众的情绪和注意力，讲话也能收到良好的效果。

五、案例简析

案例一

华中科技大学校长李培根在毕业典礼上的讲话

亲爱的2010届毕业生同学们：

你们好！

首先，为你们完成学业并即将踏上新的征途送上最美好的祝愿。

同学们，在华中科技大学的这几年里，你们一定有很多珍贵的记忆！

你们真幸运，国家的盛世如此集中相伴在你们大学的记忆中。08奥运留下的记忆，不仅是金牌数的第一，不仅是开幕式的华丽，更是中华文化的魅力和民族向心力的显示；六十年"大庆"留下的记忆，不仅是领袖的挥手，不仅是自主研制的先进武器，不仅是女兵的微笑，不仅是队伍的威武整齐，更是改革开放的历史和旗帜的威力；世博会留下的记忆，不仅是世博之夜水火相容的神奇，不仅是中国馆的宏伟，不仅是异国场馆的浪漫，更是中华的崛起，世界的惊异；你们一定记得某国总统的傲慢与无礼，你们也让他记忆了你们的不屑与蔑视；同学们，伴随着你们大学记忆的一定还有什锦八宝饭；还有一个G2的新词，它将永远成为世界新的记忆。

近几年，国家频发的灾难一定给你们留下深刻的记忆。汶川的颤抖，没能抖落中国人民的坚强与刚毅；玉树的摇动，没能撼动汉藏人民的齐心与合力。留给你们记忆的不仅是大悲的哭泣，更是大爱的洗礼；西南的干旱或许使你们一样感受渴与饥，留给你们记忆的，不仅是大地的喘息，更是自然需要和谐、发展需要科学的道理。

在华中大的这几年，你们会留下一生中特殊的记忆。你一定记得刚进大学的那几分稚气，父母亲人送你报到时的情景历历；你或许记得"考前突击而带着忐忑不安的心情走向考场时的悲壮"，你也会记得取得好成绩时的欣喜；你或许记得这所并无悠久历史的学校不断追求卓越的故事；你或许记得裘法祖院士所代表的同济传奇以及大师离去时同济校园中弥漫的悲痛与凝重气息；你或许记得人文素质讲堂的拥挤，也记得在社团中的奔放与随意；你一定记得骑车登上"绝望坡"的喘息与快意；你也许记得青年园中令你陶醉的发香和桂香，眼睛湖畔令你流连忘返的圣洁或妖娆；你或许"记得向喜欢的女孩表白被拒时内心的煎熬"，也一定记得那初吻时的如醉如痴。可是，你是否还记得强磁场和光电国家实验室的建立？是否记得创新研究院和启明学院的耸起？是否记得为你们领航的党旗？是否记得人文讲坛上精神矍铄的先生叔子？是否记得倾听你们诉说的在线的“张妈妈”？是否记得告诉你们捡起路上树枝的刘玉老师？是否记得应立新老师为你们修改过的简历，但愿它能成为你们进入职场的最初记忆。同学们，华中大校园里，太多的人和事需要你们记忆。

请相信我，日后你们或许会改变今天的某些记忆。瑜园的梧桐，年年飞絮成“雨”，今天或许让你觉得如淫雨霏霏，使你心情烦躁、郁闷。日后，你会觉得如果没有梧桐之“雨”，瑜园将缺少滋润，若没有梧桐的遮盖，华中大似乎缺少前辈的庇荫，更少了历史的沉积。你们一定还记得，学校的排名下降使你们生气，未来或许你会觉得“不为排名所累”更体现华中大的自信与定力。

我知道，你们还有一些特别的记忆。你们一定记住了“俯卧撑”、“躲猫猫”、“喝开水”，从热闹和愚蠢中，你们记忆了正义；你们记住了“打酱油”和“妈妈喊你回家吃饭”，从麻木和好笑中，你们记忆了责任和良知；你们一定记住了姐的狂放，哥的犀利。未来有一天，或许当年的记忆会让你们问自己，曾经是姐的娱乐，还是哥的寂寞？

亲爱的同学们，你们在华中科技大学的几年给我留下了永恒的记忆。我记得你们为烈士寻亲千里，记得你们在公德长征路上的经历；我记得你们在各种社团的骄人成绩；我记得你们时而感到“无语”时而表现的焦虑，记得你们为中国的“常青藤”学校中无华中大一席而灰心丧气；我记得某些同学为“学位门”、为光谷同济医院的选址而愤激；我记得你们刚刚对我的呼喊：“根叔，你为我们做成了什么？”——是啊，我也得时时拷问自己的良心，到底为你们做了什么？还能为华中大学子做什么？

我记得，你们都是小青年。我记得“吉丫头”，那么平凡，却格外美丽；我记得你们中间的胡政在国际权威期刊上发表多篇高水平论文，创造了本科生参与研究的奇迹；我记得“校歌男”，记得“选修课王子”，同样是可爱的孩子。我记得沉迷于网络游戏甚至濒临退学的学生与我聊天时目光中透出的茫然与无助，他们还是华中大的孩子，他们更成为我心中抹不去的记忆。

我记得你们的自行车和热水瓶常常被偷，记得你们为抢占座位而付出的艰辛；记得你们在寒冷的冬天手脚冰凉，记得你们在炎热的夏季彻夜难眠；记得食堂常常让你们生气，我当然更记得自己说过的话：“我们绝不赚学生一分钱”，也记得你们对此言并不满意；但愿华中大尤其要有关于校园丑陋的记忆。只要我们共同记忆那些丑陋，总有一天，我们能将丑陋转化成美丽。

同学们，你们中的大多数人，即将背上你们的行李，甚至远离。请记住，最好不要再让你们的父母为你们送行。“面对岁月的侵蚀，你们的烦恼可能会越来越多，考虑的问题也可能会越来越现实，角色的转换可能会让你们感觉到有些措手不及。”也许你会选择“胶囊公寓”，或者不得不蜗居，成为蚁族之一员。没关系，成功更容易光顾磨难和艰辛，正如只有经过泥泞的道路才会留下脚印。请记住，未来你们大概不再有批评上级的随意，同事之间大概也不会有如同学之间简单的关系；请记住，别太多地抱怨，成功永远不属于整天抱怨的人，抱怨也无济于事；请记住，别沉迷于世界的虚拟，还得回到社会的现实；请记住，“敢于竞争，善于转化”，这是华中大的精神风貌，也许是你们未来成功的真谛；请记住，华中大，你的母校。“什么是母校？就是那个你一天骂他八遍却不许别人骂的地方”。多么朴实精辟！

亲爱的同学们，也许你们难以有那么多的记忆。如果问你们关于一个字的记忆，那一定是“被”。我知道，你们不喜欢“被就业”、“被坚强”，那就挺直你们的脊梁，挺起你们的胸膛，自己去就业，坚强而勇敢地到社会中去闯荡。

亲爱的同学们，也许你们难以有那么多的记忆，也许你们很快就会忘记根叔的唠叨与琐细。尽管你们不喜欢“被”，根叔还是想强加给你们一个“被”：你们的未来“被”华中大记忆！

简　析

讲话的场合多种多样，讲话人也各异，要避免讲话内容的雷同，重在形成“一家之言”。适当变换议题的角度，选择富有新意的材料来说明问题，用独特的角度来看待问题，添加一些围绕主旨的“调剂品”，激发听众的情绪，满足听众审美活动和求异思维的需要，使听众开拓视野，耳目一新，回味无穷。案例一曾反响强烈，其成功之处就在此。

案例二

××公司领导在年终工作会上的讲话

同志们：

今天这次大会，就是要通过回顾总结一年来的工作，大张旗鼓地表彰先进，在全公司大力弘扬勇于改革、乐于奉献、敢于领先一步的时代精神……（文字略）借此机会，我首先代表××公司向大会表彰的积极分子表示热烈的祝贺！

今天的会议开得热烈隆重，鼓舞人心，催人奋进，对于动员各级领导干部和广大员工发扬成绩、再接再厉，为全面完成今年各项任务目标，具有十分重要的意义。下面，我就如何做好今年的各项工作，讲几点意见：

一、解放思想，更新观念，进一步增强加快企业发展的责任感和使命感

最近，省经济工作会议和集团公司工作会相继召开以后，全省各行各业掀起了新一轮的发展热潮……（文字略）

因此，我们一定要抓住机遇，最大限度地发挥每个员工的积极性，最大限度地挖掘内部生产潜能，为加快企业发展开好头、起好步，为实现全年目标创造必要的条件。

一是要认清形势，坚定信念，努力打好生产主动仗……（文字略）二是要明确目标，落实责任，确保实现各项工作开门红……（文字略）三是要积极进取，克服困难，提升工作激情……（文字略）

二、提高创造能力和执行能力，确保今年生产经营和企业可持续发展目标的实现

……（文字略）

三、发挥基层党组织战斗堡垒和党员先锋模范作用，为企业改革发展提供坚强政治保证

……（文字略）

一是要不断提高基层党组织的战斗力……（文字略）二是要充分发挥共产党员的先锋模范作用……（文字略）

四、狠抓干部作风转变，推进各项工作再上新台阶

……（文字略）

一是要坚持抓工作带作风……（文字略）二是各级领导干部要带头转变作风……（文字略）三是在各级领导班子中形成讲团结、干实事的风气……（文字略）

五、认真落实全心全意依靠工人阶级办企业的方针，为企业发展提供不竭动力

……（文字略）

一是充分发挥员工的主人翁作用……（文字略）

二是发挥团组织作用，带领广大员工在生产经营实践中建功立业……（文字略）

三是加强职工队伍建设……（文字略）

同志们，新的一年是充满希望的一年。我们前进的道路虽然不会一帆风顺，但我们始终充满必胜的信心和决心。希望同志们在新的一年里大展宏图，在新的更广阔的领域里展露才华，始终保持高昂的斗志、蓬勃的朝气，以新的精神状态、新的思维观念、新的思想境界、新的工作气象，扎扎实实地做好各项工作，为圆满完成全年各项任务而努力奋斗。

谢谢大家！

简　析

讲话稿往往是在重要场合所作的发言，目的是贯彻指示精神和会议精神，实施会议决定，对今后工作提出指导性意见等，案例二便是。标题一目了然。正文由开头、主体、结尾组成，这是一般讲话稿的通常写法，此格式虽无新意，却比较实用。

第六节　简历和求职信

一、简历

（一）简历的含义

简历是用以说明个人情况、求学经历、工作经历的一种常用事务文体。多用于求职信的附件或在一定的场合、一定的会议上介绍某人时所用。

（二）简历的特征

简历具有简、实、活的特征。

1. 简

简历的“简”是指用最简短的文字，阐明自己人生中最重要的经历及不同阶段所做的有价值的事。文字虽简洁，但内容要精彩。

2. 实

简历的“实”是指所写经历要实事求是，简历是自己亲身经历的缩影，每一笔均是个人留在人生阅历中不可更改的文字记录。

3. 活

简历的“活”是指简历可以自己撰写，也可以由他人撰写。撰写的格式也可灵活多样。

（三）简历的格式与写法

简历没有固定的格式。可以是表格形式，也可以是其他形式。简历的内容一般包括个人基本资料、学历、工作经历、特长、能力、兴趣爱好等。

1. 个人资料

一般包括姓名、性别、籍贯、年龄、联系电话等。

2. 学习经历

主要写本人的最后学历，高学历者（硕士、博士）可从大学写起，也可以从中专或大专写起。

3. 工作经历

根据个人工作情况的不同而重点说明工作的具体内容与经历，一般是按照年代的顺序依次写出。在每一项工作经历中先写工作期限，接着是工作单位和职务，最好还要有证明人。倘若是求职，应重点突出与求职目标相关的工作经历，写出最主要、最有说服力的工作经历和最具证明性的相关成绩；倘若是刚毕业的大学生，则可以写勤工助学、课外活动、义务工作、参加各种各样的团体组织、实习经历和实习单位的评价等。这部分内容要写得详细些，指明你在社团中、在活动中做了哪些工作，取得了什么样的成绩。

4. 特长、能力、兴趣、爱好

这部分内容不可泛泛而谈，应视个人实际情况恰如其分地、有重点地介绍。

（四）案例简析

案例一

个人简历

个人概况

姓名：××× 性别：× 民族：× 出生年月：××年××月 籍贯：×××

政治面貌：×× 学历：×××× 学位：××× 所学专业：××××

联系地址：×××× 邮编：××××××

联系电话：××××× 手机：×××××××××××

E-mail：×××××××××××

主要经历：

1. 学习经历

××××年××月—××××年××月，××××学校

××××年××月—××××年××月，××××学校

××××年××月—××××年××月，××××学校

在校一直担任××、××干部，学习成绩优秀，多次被校评为××××、×××等。

2. 工作或实践经历

××××年××月—××××年××月，在××××见习

××××年××月—××××年××月，在××××实习

××××年××月—至今 在×××××××××× 担任××××

（下列几项一般供求职所用）

3. 专业能力

大学求学期间，主要专业课程有××××原理、××××理论、××××技术、××××基础。通过专业课程的学习，积累××××的理论基础，掌握了××××技术。

4. 外语水平

具有较高的英语会话、阅读、写作能力。通过了国家英语××级考试。

5. 计算机水平

对计算机硬件有较高的理论基础，并积累了丰富的实践经验。能熟练运用多种基础编程语言。对于×××××××××能够熟练地操作。对于×××可以熟练地应用。特别是对××××和×××有较深的了解。

6. 个性特长

生活中的我待人诚恳、乐于助人、乐观、重信誉，能和周围的人融洽相处。敢于创新，不循规蹈矩，思维敏捷，头脑灵活，有一定的应变能力，能很快地适应新事物。自信，有责任心；有竞争意识，敢于向自我挑战。本人爱好广泛，喜欢××，擅长×××，并有一定的××功底。在德、智、体各方面做到均衡发展。

求职意向

××××××××××××××××××××。

简　析

案例一是一篇适用于个人求职的简历。主要项目齐全，结构安排得当。其次，根据自己的求职意向，有针对性地介绍本人掌握的专业技能，现有的计算机、外语水平，在校参加的实践活动以及个性特长等。类似简历，也可按"基本情况、获奖情况、社会实践、个人技能、求职要求"，另加附件来写。简历虽没有固定的格式，但要彰显简、实、活的特征，重在引起阅者的关注，使其产生兴趣。

案例二

×××简历

×××，男（女），××××年××月生，××省××市人，××××年××月入党（团），××××年××月参加工作，××（学历），××（学位），××（职称）。现任×××××××，××××××××，××××××××××（职务）。

主要经历：

××××年××月—××××年××月　任×××××××

××××年××月—××××年××月　任×××××××

××××年××月—××××年××月　任×××××××

××××年××月—

……

简　析

案例二是一则介绍×××的简历格式。类似简历重在介绍，以便众人了解。多用在一定的会议或特定的场合，介绍某人时所用。

二、求职信

（一）求职信的含义

求职信，是指求职者向用人单位介绍自己的情况，展示个人能力和素质，以谋求某一职务或岗位的专用书信，亦称自荐信。求职信是求职者在求职的道路上迈出的第一步，也是关键的一步。既是求职人求职不可缺少的书面文字材料，也是用人单位对其进行考核并做出是否录用决定的重要依据。

（二）求职信的特征

针对性、自荐性和竞争性是求职信的主要特征。

1. 针对性

写求职信是为了找到理想的工作，因此，总会有一定的缘由。陈述缘由时，关键要对自己选定的求职单位有所了解，对自己的条件有所比较，要根据实际情况，针对求职单位对人才的需要情况和条件写，针对读信人的心理写。只有这样，送出去的求职信才有可能得到对方的重视，引起预期的反响。

2. 自荐性

求职信的作者与读者往往素昧平生，求职者希望得到读信人的信赖，引起读信人的重视，进而达到被录用的目的，唯一的途径是毛遂自荐，全面而恰如其分地表现自己，自信而不妄自尊大，自谦而不妄自菲薄，重点介绍自己的特长和优势，使读信人为之怦然心动。

3. 竞争性

求职就是竞争。在内容上，求职信应尽可能地展示自己与众不同的竞争条件；在形式上，应注意体现个人风格，从而在同类信件中展现个性，脱颖而出。

（三）求职信的格式及写法

求职信一般由标题、称谓、正文、结尾语、落款、附录几部分组成。

1. 标题

标题可直接标明文种，如“求职信”、“求职书”，位置居中。

2. 称谓

在标题下一行顶格书写。收信单位是单位或部门的，可直接写单位或部门的名称，如：“××公司”、“××学校人事处”；收信对象是单位联系人或单位、部门负责人的，则写上姓名、尊称或职务名称，如：“××先生”、“××小姐”、“××经理”等。有时，还可以在称谓前面加上表示尊敬的词语，如：“尊敬的××先生”。

3. 正文

正文是求职信的重点，在正文中，要恰如其分地介绍自己的求职条件。一般包括如下几个方面的内容。

(1) 求职的缘由

可开门见山说明求职的缘由，即为什么要向该用人单位求职，以及通过何种途径获得该用人单位的招聘信息，并根据用人单位所需和自己所长，提出所要应聘的具体岗位名称和职务。切忌同时要求多种不相干的职务。

(2) 自荐人的基本条件

主要包括姓名、性别、年龄、籍贯、政治面貌、文化程度、职业等要素，要如实写清楚。特别要着重介绍自己的知识结构、业务能力、实践经历、工作成绩、基本素质、兴趣爱好等内容。自荐人的基本条件是决定求职者成败的关键，因此，这部分要写得既充分又具体，真正做到恰如其分。通常可采用“简历”式的写法，将自己在不同时期的工作或学习情况，特别是所取得的成绩，反映出来，尤其要注意对自身所具有的才能和专长的展示。通过展示，充分反映出自荐人胜任某项工作的能力，从而令单位或部门信服。

(3) 被聘后的打算

这部分要用简明扼要的语言写明被录用以后应当如何去做。求职者应对自己所求职位有一定的了解，并可假设已被聘任，对应聘岗位提出自己的设想、目标及实现的具体措施。目标体现要明确，措施要有可行性。

(4) 请求语

请求语是以诚恳的态度提出求职者的愿望和要求。如希望对方给予回信的愿望以及能有一个面谈的机会，等等。

4. 结束语

一般求职信以表示敬意或祝愿的话作为结束。另起一行空两格写“此致”，再转行顶格写“敬礼”。

5. 落款

在结尾语右下方写上姓名，可以用“敬上”或“谨上”等词，以示礼貌和谦逊。姓名下面写日期。

6. 附件

附件是求职信后附上的有关资料，如：简历表、学历证书、资格证书、技术等级证书、获奖证书以及能证明自己优势的有关材料。附件要有较强的说服力和凭证性。此外，还要注明求职人的通信地址、邮编和电话号码等信息，以便对方联系。

案例一

求　职　信

××公司总经理先生：

您好！

我叫××，女，×× 岁，将于××××年××月毕业于××大学中文系。求学期间我就十分仰慕贵公司，近日多次从电视、报纸等媒体看到有关贵公司的报道，更激发起我到贵公司求职的渴望。

大学四年，我系统地学习中文专业的所有课程，并选修过公关文秘专业的课程，取得了优良成绩，有较好的口头表达能力和写作能力，获得了我校第三届演讲比赛二等奖。为了适应社会的需要，我还利用业余时间学习电脑知识，能熟练地操作电脑，尤其

能熟练地操作和使用××××。

在校期间曾参加了英语系高年级选修课的学习并获得了优异成绩，英语已通过了六级考试，可以完成比较复杂的笔译与口译。

在校期间我能注意培养自己的综合素质，积极参加社会实践活动，曾任学生会的宣传干事，有一定的工作能力和社交能力。

我希望自己有幸能成为贵公司的一员，也自信能胜任秘书或相关职务。我知道，以公司的名望，求职者是人才济济，恳请公司给我一次机会。如蒙录用，本人一定忠于职守，竭尽全力为公司效力。

随信附上本人简历及获奖证书、英语等级证书的复印件。

此致

敬礼！

××大学中文系××谨上

××××年××月××日

通信地址：××××××

邮政编码：××××××

联系电话：×××××××××××

简　析

案例一是一名应届大学毕业生写给某单位领导的求职信。求职者希望能得到秘书或相关职位的工作，因此针对职务的要求有重点地介绍了自己"较好的口头表达能力和写作能力"、"能熟练地操作和使用××××"，体现出自己具有符合职务要求的能力和特长。信的开头表明自己的仰慕之情和关注，又无过分溢美之词，让人感到亲切。最后表明自己的诚意和决心，言辞得体。

案例二

求　职　信

尊敬的××：您好！

通过您的博客和贵单位的网站，对您及您旗下的××单位有了一些了解，给本人留下了深刻的印象。××上午，还专程到贵单位××实地考察了一番，无论是工作环境，还是企业管理，都令人向往！所以，本人真诚希望能够进入您的单位，并成为一名××人员。

首先，本人有一定的相关工作经历，会尽快熟悉贵单位的××业务。并通过网络及相关的报刊，再认真地研读这方面的知识，以最短的时间全方位地进入角色。同时，虚心向贵单位的前辈及优秀员工学习，吸取他们的长处，以积极向上的心态、以团队协作的精神，做好自己的工作。

其次，本人会认真而执著、出色地完成自己的××任务。利用自己的××关系，特别是××、××关系，帮您及贵单位拓展业务，为单位的发展出力流汗。

第三，本人经过正规系统的××专业知识的学习和培训，思维判断敏锐，善于变通和思考，追求完美和注重细节，能够胜任××工作，出色地完成××任务。

假如您能给本人一个梯子，本人将为贵单位架起一道彩虹！

此致

敬礼！

附：个人简历、实践履历、学历及学位证书、获奖证书等复印件一份×页。

×××

××××年××月××日

联系方式：

电话：××××××××

手机：×××××××××××

电子邮箱：×××××

简　析

与案例一比较，两则案例写法上都较完整规范，有标题、称呼、正文、结束语，包括电话号码等。但案例二是一个有一定工作经历的人写下的求职信，故求职信的主体部分，并通过附件着重强调“能力”。此类求职信，能让人感受到求职者是一个非常细心的务实者。阅罢，面谈或面试的可能性较大。案例的成功之处就在于此。

第七节　规章制度

一、规章制度的含义

规章制度是国家机关、社会团体、企事业单位为了管理的需要，根据国家法律、法规和自

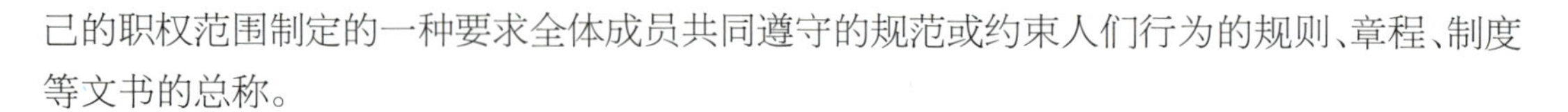

己的职权范围制定的一种要求全体成员共同遵守的规范或约束人们行为的规则、章程、制度等文书的总称。

二、规章制度的种类

规章制度的种类较多，名称也各异，常见的有以下几种。

（一）章程

章程是指由各政党、社会团体制定的规定本组织宗旨、性质、任务、机构、成员的权利和义务等内部原则和事务的文书。如：《中国共产党章程》、《××协会章程》。国家机关及其职能部门和事业单位不制定章程。

（二）条例

条例是指由国家机关制定或批准用于对某一方面工作做全面、系统、原则性规定的文书。也用于对实施和执行某一政策、法律、法令进行补充规定。如：《党政机关公文处理工作条例》、《中华人民共和国农药管理条例》、《取水许可和水资源费征收管理条例》。国务院办公厅规定：国务院各部门和地方人民政府制定的行政法规不得使用“条例”一词。这样，条例实际上是党中央制定党规和国务院制定行政法规的名称。法律性条例须经全国人大及其常委会通过。

（三）规定

规定是指由国家机关、团体、企事业单位制定的对某项工作或某方面的行为提出具体管理规范的文书。它比条例更具针对性，对管理对象的规范和约束更具体量化。如：《价格违法行为行政处罚规定》、《女职工劳动保护规定》。

（四）办法

办法是指为处理某项工作或解决某方面问题而制定的原则和办法。它既有指导原则，又比条例、规定更具具体性，因此较适合各机关、团体、企事业单位使用。如：《信贷资产证券化试点管理办法》、《民办教育管理办法》。

（五）规则

规则是指由国家机关、团体、企事业单位制定，用于管理具体事务或维护公众利益而制定的文书。多侧重于对某项活动、工作、行为做出规范和纪律要求。如：《考试规则》、《图书馆阅览规则》。

（六）细则

细则是指由地方各级党、政、军机关制定，用于对某个政策或法规性文件做具体补充、解释的文书。它是依据一定的法规和规章制定的，属派生性文件，具有明显的依附性、衔接性、延续性，其内容也相对具体、周全、详细，便于执行和实施。如：《中华人民共和国统计法细则》、《商标法实施细则》。

（七）制度

制度是指由国家机关、团体、企事业单位制定，用于要求有关人员共同遵守的行为准则。如：《××公司财务保密制度》、《办公室管理制度》。

（八）守则

守则是指由国家机关、团体、企事业单位制定，用于规范特定群体道德和行为规范的文书。如:《大学生守则》、《国务院工作人员守则》。

（九）公约

公约是某一社会组织或群体在自觉自愿的基础上,经过充分的讨论,达成一致意见后制定的行为准则和道德规范。如:《班级公约》、《小区卫生公约》。

三、规章制度的特征

规章制度具有执行的严格性、制定的严肃性、语言的准确性、表述的明晰性之特征。

（一）执行的严格性

规章制度是切实可行的法规性文件,一经公布、生效,有关人员必须严格执行,认真遵守,如有违反,要照章处理。

（二）制定的严肃性

规章制度的制定必须严肃、慎重。起草时应广泛调查,认真分析研究,多修改,多讨论,防止偏颇疏漏,避免矛盾。制定后要保持相对稳定,内容既要有针对性,又要合情、合理、合法。

（三）语言的准确性

规章制度的语言必须准确严密,不可含糊其辞、漏洞百出。所以用语应仔细推敲,做到条款清楚,旗帜鲜明,便于实行。

（四）表达的明晰性

规章制度的内容必须表达明确、清晰,该做什么、不该做什么,如何做,若有违反怎样处理,都要有明确的表述。

四、规章制度的格式及写法

规章制度一般由标题、题注、正文、落款构成。具体写法如下。

（一）标题

规章制度的标题一般由制文单位、内容、文种三要素构成,但种类不同,标题的写法也不尽相同。常见的有以下几种。

1. 完全式

即“单位(地域)＋内容＋文种”三要素俱全。如:《××公司财务管理制度》。也可像公文标题那样在制文单位和内容之间用介词“关于”构成介词结构,以增强标题的严肃性。如:《×××关于××××的规定》。

2. 省略式

由“内容＋文种”或“单位＋文种”两要素构成。如:《×××××管理规定》、《××××协会章程》。

另外,规章制度如果是暂行或试行的,应在标题中注明。如:《××××保护暂行条例》。

（二）题注

指在标题之下加注说明发布规章制度的机关和发布时间,经过会议讨论通过的,还应注明通过会议的名称和时间。如：

《×××××学会章程》

（×××××学会第×次代表大会××××年××月××日通过）

（三）正文

正文由引言、主体、结尾三部分组成。

1. 引言

用简洁的文字写明制定文件的依据、目的、宗旨、背景、基本原则、意义、要求等，以确保文件的法律效力。

2. 主体

主体部分是规章制度的核心，具体叙述所制法规文件的基本内容，要求层次清楚、条理清晰、用语准确。常可根据内容长短采用以下表述形式：

(1) 章条式

对文件内容分章分条，即“总则——分则——附则”式。总则相当于正文的前言；分则是正文的主体；附则相当于结尾。

(2) 条贯式

文件正文从头到尾按条排列，条下分款。分款单独编次，不与上条分款连续。

(3) 总冒分条式

主体前加写开头，总说制文目的和根据，主体各项规定分条表述，即“引言——主体——结语”式。

3. 结尾

结尾是规章制度的最后部分，主要对所制文件的制定权、修订权、解释权等进行补充说明。如：

第四章　附　　则

第十七条　本会的解散，应依法办理手续。

第十八条　本会章程自理事会全体会议通过之日起生效。

第十九条　本会章程由理事会修改。理事会全体会议修改章程，须四分之三以上理事出席，并须出席会议的三分之二以上理事同意。

第二十条　本会章程由常务理事会解释。

这段结尾文字以附则的形式，分四条交代了本协会的解散，章程的生效时间、修改和解释权问题，信息较为全面。

（四）落款

一般在正文右下角处标明单位名称和制定日期。若标题已有单位名称，则只具发文年、月、日即可。

五、制定规章制度的写作要求

（一）考虑全面，重点突出

规章制度要发挥其规范作用，必须考虑全面、周到，使制定的文件语言严密，文理通顺，逻辑性强，使人“无懈可击”。其内容既要符合国家的方针、政策、法律、法规，又要适应于本单位的管理要求。但全面考虑并非要求面面俱到，不同的规章制度可有不同的中心和侧重点，可针对性地对某方面的问题做出要求和规范，突出重点。

(二) 实事求是，切实可行

制定规章制度，除要符合国家的方针、政策、法律、法规外，还要从实际出发，结合具体情况制定出准确、规范、有可行性的条款和约定，否则将无法起到管理、指导、规范等作用，甚至将影响执行效果。

(三) 用词严谨，内容具体

规章制度作为人们行事的依据和标准，要起到规范行为的作用，就必须准确、鲜明、严密。因此在写作时要做到用词严谨，条文清晰，内容明确，便于执行者理解和操作，尽量避免具体条款含义复杂、理解困难。

(四) 结构规范，形式稳定

规章制度属于法规性文书，具有一定的约束力，其结构安排必须严谨、规范，内容形式要求保持相对稳定。既要体现严肃性，又要考虑稳定性。在结构上通常可采用分条式或章条式叙写方法，对条文的先后顺序、内容主次要进行精心设计，注意条与条、段与段之间的内在逻辑关系，做到层次分明，布局合理，避免文件颁布后朝令夕改。

案例一

××××训练中心管理办法

一、凡经训练中心(以下简称本中心)召训的新进及在职员工均应遵守本管理办法。

二、本公司员工接获在训通知时，应准时报到。逾时以旷工论。因公而持有证明者不在此限。

三、受训期间不得随意请假，如确因公请假，须出具其单位主管的证明，否则以旷工论。

四、上课期间迟到、早退依下列规定办理。因公持有证明者不在此限。

1. 迟到、早退达四次者，以旷工半天论。

2. 迟到、早退达四次以上八次以下者，以旷工一天论。

五、受训期间以在本中心膳宿为原则，但因情况特殊经本中心核准者不在此限。

六、受训学员晚上十时以前应归宿，未按时归宿者，以旷工半天论。

七、本中心环境应随时保持整洁，并由公推班长指派值日员负责维持。

八、本中心寝室内严禁抽烟、饮酒、赌博、喧闹等不良情况。

九、上课时间禁止会客或接听电话，但紧急事故除外。

会客时间为：

1. 中午：12 时至 14 时

2. 下午：17 时至 20 时

十、本办法由训练中心依实际需要制定。

××××训练中心办公室
××××年××月××日

简　析

案例一是一份条贯式的规章制度，条下分款。语言简洁、准确、严谨，条款清晰、具体、切实可行，既能从员工的实际情况出发，又能体现管理中心的宗旨和要求，可供参考。

案例二

国务院工作规则

（××××年××月××日国务院第×次全体会议通过）

第一章　总　　则

一、第××届全国人民代表大会第×次会议产生的新一届中央人民政府，根据《中华人民共和国宪法》和《中华人民共和国国务院组织法》，制定本规则。

二、国务院工作的指导思想是，高举中国特色社会主义伟大旗帜，以邓小平理论、“三个代表”重要思想、科学发展观为指导，认真执行党的路线方针政策，严格遵守宪法和法律，全面正确履行政府职能，努力建设职能科学、结构优化、廉洁高效、人民满意的服务型政府。

三、国务院工作的准则是，执政为民，依法行政，实事求是，民主公开，务实清廉。

第二章　组成人员职责

四、国务院组成人员要模范遵守宪法和法律，认真履行职责，为民务实，严守纪律，勤勉廉洁。

五、……（略）

六、……（略）

七、……（略）

八、……（略）

九、……(略)

十、……(略)

各部、各委员会、人民银行、审计署根据法律、行政法规和国务院的决定、命令，在本部门的职权范围内，制定规章，发布命令。审计署在总理领导下，依照法律规定独立行使审计监督职能，不受其他行政机关、社会团体和个人的干涉。

国务院各部门要各司其职，各负其责，顾全大局，协调配合，切实维护团结统一、政令畅通，坚决贯彻落实国务院各项工作部署。

第三章　全面正确履行政府职能

十一、国务院要全面正确履行经济调节、市场监管、社会管理和公共服务职能，形成权界清晰、分工合理、权责一致、运转高效、法治保障的机构职能体系，创造良好的发展环境，提供基本均等公共服务，维护社会公平正义。

十二、……(略)

十三、……(略)

十四、……(略)

十五、……(略)

第四章　坚持依法行政

十六、国务院及各部门要带头维护宪法和法律权威，建设法治政府。按照合法行政、合理行政、程序正当、高效便民、诚实守信、权责统一的要求，行使权力，履行职责，承担责任。

……(略)

第五章　实行科学民主决策

二十一、国务院及各部门要完善行政决策程序规则，把公众参与、专家论证、风险评估、合法性审查和集体讨论决定作为重大决策的必经程序，增强公共政策制定透明度和公众参与度。

……(略)

第六章　推进政务公开

二十六、国务院及各部门要把公开透明作为政府工作的基本制度。深化政务公开，完善各类办事公开制度，健全政府信息发布制度，推进行政权力行使依据、过程、结果公开。

……(略)

第七章　健全监督制度

二十九、国务院要自觉接受全国人大及其常委会的监督，认真负责地报告工作，接受询问和质询，依法备案行政法规；自觉接受全国政协的民主监督，虚心听取意见和建议。

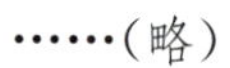

……(略)

第八章　会议制度

三十五、国务院实行国务院全体会议和国务院常务会议制度。

三十六、国务院全体会议由总理、副总理、国务委员、各部部长、各委员会主任、人民银行行长、审计长、秘书长组成，由总理召集和主持。国务院全体会议的主要任务是：

（一）……(略)

（二）……(略)

……

第九章　公文审批

四十二、各地区、各部门报送国务院的公文，应当符合《党政机关公文处理工作条例》的规定。……(略)

……

第十章　工作纪律

四十六、国务院组成人员要坚决贯彻执行党和国家的路线方针政策和国务院工作部署，严格遵守纪律，有令必行，有禁必止。

……(略)

第十一章　廉政和作风建设

五十一、……(略)

……

五十八、国务院直属特设机构、直属机构、办事机构、直属事业单位适用本规则。

简　析

规则属于规章制度中常见的一种。由国家机关、团体、企事业单位制定，是用于管理具体事务或维护公众利益而制定的文书，多侧重于对某项活动、工作、行为做出规范和纪律要求。

案例二是一份章条式的规则，共十一章、五十八条，类似的规章制度多采用此种形式。案例第一章总则阐述了制定规则的依据、指导思想，工作的准则。依据总则，案例采纳了章断条连，条下分款，即逐章逐条分别加以明确的写法。类似写法，通篇结构往往比较完整，内容也清晰明确。

考虑全面、用词严谨、结构规范、内容具体是案例二的主要特征，类似规则切实可行。

第八节　其他常用事务文书

一、条据类

单位或个人因买卖、借物等关系给对方的一种作为凭证或说明的具有固定格式的条文叫条据。按其性质和作用的不同，可以分为凭证类条据和说明类条据两种。凭证类条据是为证明某一事实或契约而出具的条据，包括收条、借条、领条等；说明类条据，又称函件式条据，通常是用来传递信息、道明原委，包括请假条、便条等。

条据虽然短小，但却有着颇多具体的规范和要求。撰写者要根据不同的类别遵守相应的写作规范，在说明事实、维护自己利益的同时，也要选择合适的用语。

（一）凭证类条据

1. 收条

收条也叫收据，是收到别人的钱款或财物时写给归还人、赠送人或代送人、代还人作为已收到凭证的条据。

收到的物品和钱款要在收条中具体写明。如果是归还人、赠送人委托他人代送，除了写明归还人、赠送人外，还要在收条中写明代送、代还人的姓名，以示慎重。借物归还的，收到归还物时，应将借条退还给借方或代还人，也可以在收条中一并写清。

案例一

收　　条

今收到×××送来的大学教材《××××××××》（上、下册）壹套，光盘贰张。

×××

××××年××月××日

简　析

案例一将从何人手中收到何物品及数量写得很清楚，而且数字用了大写数字，格式规范。

案例二

今 收 到

×××同志还款人民币××(大写)元整。(原欠条作废,并已经归还×××同志。)

此据

×××(盖章)
××××年××月××日

简 析

案例二的特点在于表述准确,内容具体,特别是涉及数字用大写。整个条据严谨、完整、规范。案例以"今收到"为标题,故正文起首无须空格。

2. 领条

领条是向他人或单位领取物品或钱款时所出具的、已收到钱物的凭据。领条和收条有共同的地方,它们都是作为收到钱款或物品的凭证。但是领条是具条人亲自去取、去领而收到东西时所用的。如果是他人送来或归还的东西,一般不出具领条而应出具收条。

案例

领 条

今从教材科×××老师处领到大学教材《×××××××》玖册,《形成性考核练习册》陆本。

此据

××班班长:××
××××年××月××日

简　析

案例是从有关部门领取物品的凭据，因此，在凭据中写明了从何部门领到何物及数量。

3. 借条

借条也叫借据或欠条，是借到别人的钱款或财物时，由借方写给被借方作为借到钱物和日后归还凭证的条据。

借条的内容要具体写明所借钱物的名称、种类、数量等，如所借的是钱，金额要写到元、角、分，而且金额一定要大写。借条的落款要写明归还的具体日期，如果出借方允许，也可以只写大致的归还日期或不写归还日期。对所借钱物的原因，有的借条写得很具体，有的就写得比较简略。

案例一

借　　条

今借到财务科人民币叁仟元整，因公外出考察学习所用，借期贰个月，××××年××月××日前如数归还。

此据

借款人：×××

××××年××月××日

简　析

案例一是向财务科借钱时写给对方的凭条。因此，写明了借款原因、钱物的名称、数量及归还的日期，数字采用大写，符合此类条据的写作要求。

案例二

欠　　条

××××年××月××日，蒙借×××人民币××元整。因目前手头不便，先奉还

××元。余额××元，当于××××年××月××日前还清。(原借条作废。)

此据

立据人：×××(章)

××××年××月××日

简　析

案例二标题系文种的名称。正文前半部分写了所欠款项已归还的数量，后半部分写明所欠款项的数量及归还日期。此案例没有专门的结尾语。落款为欠者的签名、盖章。行文规范、简练。

(二) 说明类条据

1. 请假条

请假条是因病或因故不能按时正常工作、上学读书或参加约定的活动，向有关人员或负责人说明情况和请求准予告假的条据。

请假条既要说明情况和原因，也要请求准予告假，所以要写明简要的情况和缘由，还要略用恭敬语请求对方谅解和允许。

案例

请　假　条

××老师：

昨晚外出不慎受凉，今天早上起来发烧头疼，经××人民医院医生诊断系重感冒，无法来校上课，特请假两天(××月××日、××日)，请准假。

附：医院证明

此致

敬礼！

(××秋)××班学生：×××

××××年××月××日

简　析

案例将请假的理由即重感冒和请假起讫时间均写得清清楚楚，让人一目了然，符合有关规定。

2. 留言条

在日常交流中，没有见到对方，但有些话要向对方说，有些事要托对方办，只好写张条子留给对方，这种简明条子就叫留言条。因此留言条应写清楚留言的原因和具体要求，或另约拜访的时间、地点，或留下自己的联系方式。

案例

留　言　条

×老师：

今天上午××点我来办公室找您，您去上课了。为不打扰您，现把我和×××做好的《形成性考核练习册》作业本放在您桌上，请老师批阅。谢谢！

您的学生：×××

××××年××月××日

简　析

案例将来访意图和具体事项清楚地表达出来了，使阅读者一目了然。

二、告启类

告启文体，最早出现于魏晋南北朝时期，《晋书·山涛传》记载："涛所奏甄拔人物，各为题目，时称山公启事"。告启类应用文是指在日常的生活中，人们用以告知、陈述各种有关事宜的一类文体。具体包括启事、海报、声明等等。

撰写告启类应用文，应力争做到内容明确、集中，尽量做到"一文一事"。陈述要清晰明确、简练通达。语言要平实简洁，态度要不卑不亢，以期达到良好的效果。格式的规范，当然也是不可缺少的。

（一）启事

"启"，是告知、陈述的意思，"事"，指事情。启事是机关、团体、个人有事需要公开说明或希望公众予以协助办理并帮助、参与的应用文字。启事一般张贴在公共场所或刊登在报刊上，也有的在广播、电视中播出。启事的种类较多，常见的有：寻找类启事，如寻人、寻物等启事；告知类启事，如开业、停业、迁址、更名等启事；征招类启事，如招聘、招生、招标、招商、征婚等启事。

案例一

《××××报》征文启事

为了庆祝《××××报》创刊××期，培养和挖掘××新人，进一步交流和切磋写作、书画、摄影等创作能力，本报编辑部和××××网站联合举办《×××××》有奖征文比赛活动。欢迎××、×××、××等踊跃来稿。

一、稿件体裁不限：诗歌、日记、微型小说、故事、散文、格言、书法、篆刻、绘画、摄影等均可参赛。

二、征稿要求：作品内容健康向上，作品须是原创，已在报刊公开发表过的作品不在征稿范围之内，每位应征作者限×至×篇（首）作品，每篇字数限在×××字左右。诗歌在×行左右，附××字个人简介。

三、投稿方式：打印、光盘、网上投稿均可。手写稿件要求字迹清晰，摄影单幅作品为×英寸照片，组照（×张以上）为×英寸照片，不装裱，注明作者姓名和详细通讯地址、邮政编码及联系电话。网上来稿请注明真实姓名，以便联系。

四、注意事项：来稿一律不退，请自留底稿，注明是否同意对作品进行修改意见，为了尊重作者的艺术成果，对抄袭剽窃的作品不予采用，由此产生的后果由作者本人负责。

为鼓励作者参赛，大赛共设一等奖×名，二等奖×名，三等奖×名。优秀奖、组织奖若干名，均颁发奖杯及荣誉证书，优秀作品在本报和××××网发表，来稿按顺序分类评选，初评上的优秀作品及时通知作者，名次奖在优秀奖中产生，优秀作品拟汇集出版。

大赛揭晓后，奖品、奖金、证书和大赛结果，将及时寄发给作者，征稿时间从即日起至××××年××月××日止。

来稿地址：××路×号×室

联系人：×××

电话：×××××××

邮编：××××××

E-mail：×××××××××××

简　析

案例一系一则征文启事。标题系名称＋事由＋文种，开首说明了缘由，主体详细地阐明了要求及注意事项，落款交代了联系方式。可供写此类启事借鉴。

案例二

招领启事

××月××日，本小区工作人员拾到手提包壹个，内装人民币若干元及手机、银联卡等物，望失主前来居委会办公室认领。

联系电话：×××××××××

简　析

案例二是一则单位招领启事。文虽简，却写出了所拾物品的名称及概略信息，并附上了联系电话。简洁、规范是案例二的显著特点。

案例三

寻人启事

×××，女，×岁，身高××米，瓜子脸，肤白，大眼睛，××口音，气质高雅，身穿×色连衣裙，×色凉皮鞋。于××月××日离家，至今未归。家人现已心急如焚。本人若见到此启事，请尽快同家人联系。有知其下落者，请与××市××区××路××号×××联系，联系电话：××××-××××××××。或请与××市××区××路派出所联系，联系人：×××，电话：××××-××××××××。定有重谢。

××××年××月××日

简　析

语言简练、格式规范，是案例三这则寻人启事的特点。案例首先具体写出了走失者的身

份特征，如姓名、性别、年龄、外貌、衣着装束、说话口音等，便于知情者据此进行判断以便及时联系其家人；其次写明了失踪者是于何时何地走失或出走的；最后注明联系人的通信地址或联系方式，以备知情者及时与失踪者家人联系。另外还有酬谢的语句。案例在整体的行文上也表现出寻人者急切、焦虑的心情。

（二）海报

海报是向广大人民群众报道或介绍有关戏剧、电影、体育比赛或机关、团体、单位举办报告会、展览会、学术讲座、大型文娱活动的招贴文字。海报的形式和种类很多，主要有戏剧海报、电影海报、体育海报、报告会海报、活动海报等。

案例一

×××专题讲座

为丰富同学们的学习生活，增进人文知识，校学生会邀请了××大学人文学院××研究专家×××教授前来我校讲授××××××研究专题，届时××教授将当场回答同学们提出的问题，欢迎同学们参加。

时间：××××年××月××日下午××点至××点

地点：总校文渊楼二楼多媒体教室

××大学学生会

××××年××月××日

简　析

案例一是一则举办讲座的海报，开首写了举办讲座的缘由，接着说明讲授者及讲座内容，最后写明讲座的时间和地点。明白、具体，语言具有一定的感召力。

案例二

旅 游 海 报

主题词："金秋十月，到大自然怀抱中领略祖国的大好山河，名胜古迹，长知识、怡性情、健身心……"

▲▲××八日游　全包××元　火车特快对号往返　市区住×星宾馆　空调间　热水浴　×个景点　豪华游览车

飞机往返××元

▲▲××七日游　全包××元　火车特快对号往返　×星宾馆空调　热水浴　豪华大巴游览车　×个景点

飞机往返××元

▲▲××四日游　全包××元　豪华游览车　×星宾馆　游览×个景点　索滑道费用　另加×元

▲▲××三日游　全包××元　豪华进口车往返　×星宾馆　游览×个景点　团体价格优惠　×人以上×折优惠

联系人：×××经理

电话：××××××××

简　析

案例二是一则旅游海报，有主题词、游览线路及价格、联系人、电话等。阅罢，使人一目了然。

（三）声明

声明即公开申诉、说明。是就某项重要事情或为保护自身的权益不受侵犯而公开表明自己的观点、态度或说明事实真相时，向社会公开表白所运用的一种文体。可分为：保障合法权益的声明、遗失声明等。

案例一

遗 失 声 明

本人遗失第二代居民身份证，证件号为××××××××××××××××××。自本声明发布之日起，所有与本身份证有关的事情概与本人无关。

特此声明！

×××

××××年××月××日

简　析

案例一首先交代了遗失的证件及其关键特征，其次表明了自己的态度。内容明确，语言

简洁，态度严肃。

案例二

严 正 声 明

××× 审字〔××××〕第 ×× 号

近来，在××××地区发现少量假冒×××品牌的×××，经国家药品生物制品检定所核查，均非××××公司产品，系不法厂商盗用本公司名称和商标的非法行为。为维护消费者利益、维护×××品牌药的质量信誉及本公司的合法权益，特作如下严正声明：

1. 本公司生产的×××包装小盒上印有防伪标志。在紫外线灯光下，条形码右侧显示黄色迎春花图案，在花柄的正下方用放大镜可以读到本产品名称的第一个大写字母“×××”。

2. 违法生产、销售假冒×××药物的厂商必须立即停止一切侵权行为，对侵权者我们将诉诸法律，追究责任。

3. 敬请广大用户举报，信息一经核实，将给予举报人一定的奖励。

联系电话：××××××××

××××××公司

××市××区××律师事务所×××律师

××××年××月××日

简 析

案例二是一则较为复杂的维权声明。首先，开门见山，具体地写出了三项具体的声明内容，包括防伪标志、侵权追究、举报奖励等。其次，为了防止有的厂商恶意炒作，做出虚假声明，案例在标题下的第一行写上广告审核部门的批准字号，署名时还写出了企业律师姓名等，以此增加声明的严肃性。倘日后再发现恶意炒作等，此声明就是具体的明证。

三、书信类

书信是机关、团体、企事业单位或个人用于交流思想、表达情感、商洽事务、传递信息时经常使用的具有一定格式的应用文。这里所介绍的书信是指专用书信。

专用书信是指在某些特定的场合使用的、具有专门用途的书信，多用于个人与组织之间、组织与组织之间的事务性联系。可以分为凭证性书信和表意性书信两大类，前者如介绍信、证明信等；后者如申请书、倡议书，等等。

专用书信是一种目的性和程式性要求都很强的应用文，内容比较单一，格式比较固定。撰写专用书信，一般不得随意修改其固定格式，否则会显得不伦不类。在语言上，专用书信要求平实、准确、严谨。

（一）介绍信

介绍信，是介绍本单位派出人员前往有关部门商洽事情、联系工作或者参观学习、出席会议时所写的一种专用书信。具有介绍和证明的双重作用。

持信人可凭此同有关机构或个人联系、商洽某些事项；收信机构和个人则可从中了解来人的姓名、身份、政治面貌以及要办什么事情、有什么具体要求和希望等。

案例

介　绍　信

××××人事局：

兹介绍我学院人事处处长×××同志等贰人，前往贵局办理有关人事调配事宜。请予接洽并支持为荷！

××××学院（章）

（有效期×天）　　××××年××月××日

简　析

案例是一封用于联系、办理人事调配事务的介绍信。用一般的公文信纸书写，准确地介绍了前往的对象、人数、办理的事项。条理清楚，格式规范。

（二）证明信

证明信亦称证明。是以机关、团体、个人的名义证明某人的身份、经历或者证明有关事件的真实情况的专用书信。证明信对了解和考察有关人员和事件的真实情况，有重要的证明、参考作用。

案例

证　　明

××××大学：

你校××系×××老师，××××年至××××年在我校工作，曾在××××年、

××××年被评为校先进工作者，××××年被评为××省优秀教师。

特此证明。

××××学校(章)

××××年××月××日

简　析

案例是一份以单位名义写的个人工作经历的证明，清楚地表明了这位老师曾获得的荣誉的真实性，也让读者从中能了解其工作的状态。

(三) 申请书

申请书是个人或集体向组织表达愿望、向上级领导或有关部门提出某种要求而撰写的一种专用书信。有申请参加某个组织的，或申请参加某项工作的；或请求解决某一实际问题的，等等。申请书是个人、下级对组织或对上级、机关团体、单位请求的一种手段。其格式同其他专用书信大体相同，通常包括标题、正文、落款三大部分。

案例

开业申请书

××市工商局：

我是一名待业青年，××××年高中毕业后一直在家闲居。我不甘心坐享其成，也不想过悠闲无聊的生活。××××年××月，我参加了市劳动局主办的第×期家电维修培训班，刻苦钻研家电知识，学习家电修理技术。现在，已掌握了维修国产和进口电视机、空调、微波炉、冰箱等家电的技术，并取得了家用电器维修职业中级等级证。为了减轻国家负担、给社会做点贡献，也为了改变依靠父母养活的状况，特申请开办私营××家电修理门市部。请核准，并发给营业执照。

开业后，我保证遵守国家的政策、法令，维护市场秩序，按章交纳税金。

此致

敬礼!

申请人：×××

××××年××月××日

简　析

案例是一则申请开业的申请书。根据当事人的实际情况写出了申请目的、开业性质、经营方式、保证等，让有关部门办事人员一看便清楚。

（四）表扬信

表扬信是以集体或个人的名义对某些单位、个人的先进思想、模范事迹表示赞扬的专用书信。其表达形式，通常是寄送给受表扬的单位，重要的、有社会价值的，甚至可以在报刊发表，也可以用大纸抄出并在公共场所张贴。表扬信对于形成良好的社会风尚具有重要的作用。

案例

表　扬　信

××××大学：

昨天我公司从××运回一批糕点、糖果等商品，因卡车有急事暂时将货物卸在仓库前的马路边。下午三点左右，我们正往门市部仓库里运时，忽然雷声隆隆，豆大的雨点洒落下来，大家正急得不知所措时，贵校××分校×位上完课回家的学员赶到，见此情景，二话不说，主动帮运货物，他们扛的扛，搬的搬，使我们上千元的商品免遭损失。我们万分感激，拿出酬金表示谢意，可他们坚决不肯接受，并连姓名也不愿留下。

在当今的现实社会，干了活不要酬金，做了好事不留姓名，有如此高境界的大学生，真使我们深受感动，请贵校对他们的这种高尚精神广为宣传，对他们的行为大力表扬！

××公司

××××年××月××日

简　析

案例先在叙述了事情发生的经过后，紧接着对学员的行为进行了高度的评价，指出其难能可贵的意义，最后提议××大学对他们进行表扬，语言朴实，感情热诚、恳切。

（五）感谢信

感谢信是对单位或个人给予的关怀、帮助、支持、祝贺或勉励等表示感谢的一种书信。使用范围较广，如感谢相助、感谢捐赠等。其感谢方式有单位给单位的、单位给个人的、个人给单位的、个人给个人的。感谢信可以张贴，也可以邮寄给报社、杂志社刊登或通过电台、电视台播出。

案例

感 谢 信

××乡党委、政府：

我是一名××学院××级的新生。今年夏天，一场特大洪水冲垮了我的家园，由于家里再也拿不出钱来供我上学，家里一狠心，让我放弃上大学深造的机会，跟别人去打工。我在万般无奈之时，碰到了一位好心大哥前来劝说，并从他家拿出一千元给我当学费，并许诺我每学年资助我一千元当学费，鼓励我不要放弃上大学的机会，学成后回来建设自己的新家乡。可他始终不愿透露姓名，并叮嘱朋友也不要说。由于他的资助和鼓励，我没有放弃上大学的机会。今年一个偶然的机会，我才得知他的名字叫×××，是贵乡××村的一位普通党员。今特写此信，向他表示衷心的感谢，并请求贵乡对他这种乐于助学的可贵精神予以表扬。

我决心在以后的日子里，认真学习，以优异的成绩来报答他对我的无私帮助，不辜负他的鼓励，学成后，一定回来建设自己的新农村、新家乡，做一个优秀的对社会有用的人。

此致

敬礼！

×××

××××年××月××日

简 析

案例是一封个人写给单位的、对他人给予自己资助的感谢信。开头写明感谢对象的先进事迹，将事件的前因后果进行了简要的叙述，紧接着满怀感激之情赞扬对方的可贵精神，并请求感谢对象所在乡对其进行表彰，最后表示了向他学习的决心和态度。这封感谢信虽简短，但情真意切，真诚得体。

（六）倡议书

倡议书是机关、单位、团体，或某个会议的代表、某一群体，为开展或推动某项活动或事业，向社会或有关方面首先公开提出、带有号召性的一种文体。其类型有个人发起和集体发起两种。倡议书没有任何强制性，但有着特殊的价值和作用。目的是希望别人能够响应，在更大范围内调动积极性和创造性，推动倡议活动或事业的发展。格式一般由标题、称呼、正文和落款四个部分组成。

案例一

为了那片希望的田野——“希望工程”捐款倡议书

亲爱的同学们：

大家好！

也许此时你刚刚吃过香喷喷的早餐，骑着新买的赛车来到学校；也许此时你刚刚从操场上打球归来，手里拎着饮料；也许你刚刚下课，觉得学习太枯燥乏味，正在盘算着放学后花上几块钱去游艺厅“放松”一下……那么，请你稍稍留步，听我为你们讲一个真实的故事：

章实是我们大家的同龄人，正是应该坐在课堂里读书学习受教育的年纪。但不幸的是，他出生在偏僻的山村，出生在贫寒的农民家庭，贫瘠的土地从来就不曾带给他们丰收的年景，而不断下跌的粮价更使这个家的经济窘迫拮据。章实小学没有毕业，就被迫辍学了。他的父母也知道，章实待在家中也干不了什么重活；可是，实在没钱供他念书，一年的学费要六十多块钱呐！

六十多元，仅仅是六十多元，对于章实而言就成为天文数字；仅仅六十多元，就使章实失去了本该属于他的书本和课桌；仅仅六十多元，就要葬送掉小章实的前途和希望！

六十多元，仅仅是六十多元，相当于我们玩几个小时的电脑游戏；相当于我们玩一场足球或篮球；相当于十几瓶饮料；它甚至于还不够我们一次生日聚会的花销……但，它却制约着章实的命运。

六十多元钱，制约着全国千千万万如章实一样的孩子们的命运。而他们和我们同龄，甚至比我们还小，他们同是祖国的未来和希望！

同学们，请想一想吧，在远方，有无数双眼睛在渴望着校园，他们是我们的兄弟姐妹，他们需要我们的帮助——哪怕仅仅是少喝一瓶饮料、少玩一小时电脑、少买一盘磁带……省下钱来，寄给他们吧，你就有可能改变一个人的一生！

让我们奉献出自己的一份爱心吧，为了远方希望的田野！

×××

××××年××月××日

简　析

读罢此文，无人不为之动情。案例一是一篇向全体学生发出的倡议书，以抒情的笔调，用动之以情、晓之以理的方式，从小章实的事例说起，指出只要大家节省一点点钱，去帮助那些在贫穷家庭的孩子们，就可能改变他们的一生。让人觉得力所能及，切实可行。其鼓动性甚强。

案例二

教育部、中国文字改革委员会等×个单位提出大家都来说普通话的倡议书

我国幅员辽阔，人口众多，由于历史原因，汉语至今仍存在着严重的方言分歧。不同地区人民之间在语言上存在着隔阂，妨碍了相互交流。这种现象给人们的工作、学习、生活带来了许多不便，给我国政治、经济、国防、教育、文化的发展带来不利影响……（文字略）

因此，希望各地、各级领导部门都来关心普通话的推广工作，各行各业的同志们，特别是青少年，都来学习普通话，说普通话，做推广普通话的促进派。

我们倡议如下：

一、领导干部要重视宣传、提倡普通话，年轻干部要带头学习、使用普通话。

二、学校是推广普通话的重要基地，广大师生是推广普通话的重要力量。各级各类学校的师生都要积极学习和使用普通话。师范院校，教师进修学校，城镇中、小学和公社中心小学应首先做到在校内普及普通话，其他学校也要逐步做到。各级各类学校的师生要形成使用普通话的风气。幼儿园也要积极推广普通话。汉语拼音是学习普通话的有效工具，各级学校都要认真教好、学好、用好。

三、中国人民解放军广大指战员来自全国各地，在部队中推广普通话，对于统一指导，密切官兵关系和军政、军民关系，加强现代化、正规化的革命军队建设，提高部队的战斗力，具有重要的意义。部队机关和各军事院校都应当使用普通话。新兵入伍后，有关部门和连队应当采取有效措施，使不会说普通话的战士，尽快学会普通话。整个部队要养成学习、使用和传播普通话的好风气。公安各级干部和人民警察也应学会普通话。

四、铁路、交通、邮电系统的列车员、售票员、广播员、电话员和其他服务人员，每时每刻都要接触各地群众，应当把普通话作为工作用语。商业和服务行业的营业员和服务员要学会用普通话接待顾客，大城市和旅游区首先应该做到。应当把使用普通话

看做是提高服务质量，开展文明礼貌活动的一项内容。

五、广播、电影、电视、话剧拥有广大的听众和观众，是推广普通话的重要工具。广播员、演员应当使用标准的普通话，为广大群众学习普通话作出示范。中央和各省、市、自治区的电台和电视台都应举办汉语拼音和普通话的教学讲座。各省、市、自治区的广播电台除有特殊情况外，都应当尽可能使用普通话播音（不包括地方戏曲）。地方广播站也要逐步增加普通话的播音节目。

六、报刊、书籍的作者和编辑人员应当注意出版物的语言规范化，除特殊需要外，要尽可能少用方言土语。

七、青年工人和青年农民应当努力学习普通话，各类业余文化技术学习班应当提倡使用普通话教学。

八、普通话是全国通用的语言。各兄弟民族中凡自愿要求学习普通话的，有关单位要给予积极支持和帮助。

九、报刊图书名称、商标和商品包装以及商店招牌、街道路名牌上面的汉语拼音、拼式应当规范化并且符合普通话标准音。

倡议单位：教育部
中国文字改革委员会
……（下略）

××××年××月××日

简　析

案例二省略了称呼。正文分两大部分：第一部分写发倡议的根据、原因和意义（省略部分），充分显示出倡议的发出是时代的要求，符合当前形势，符合党和国家的政策，增强了倡议的感召力；第二部分是倡议的具体内容，分九条列出，条理清楚，要求明确，切实可行。

学习重点

计划、总结、简报、调查报告、会议记录、会议综述、讲话稿、简历、求职信及各类规章制度。

学习难点

在具体的实际工作中，运用日常事务应用文基础理论知识，解析并撰写各类事务文体。

本章小结

日常事务应用文，是党政机关、社会团体、企事业单位及个人在处理日常事务时，用来沟通信息、总结得失、研究问题、指导工作、规范行为的常用性文体。事务文书以实用、办事为目的，强调日常化。与法定公文相比，仅在体式的规范、行文的规则和收发的处理程序上略有减弱，而其实用办事功能则更为普遍。其特征主要表现为对象的具体性、格式的固定性、撰写的实用性、时限的紧迫性。

笔记区

第六章　商务应用文

导学	商务应用文属专业类文书，作为其分支，无论在内容或要求上，同法定公文或事务文书相比，既有相近之处又有若干不同，从撰写的目的和解决问题的作用而言，既讲求务实，更讲究可行和绩效。学习商务应用文，应在了解商务活动的情况下，重点掌握各文体的格式及撰写要领，才能发挥商务应用文的作用，解决商务活动中的实际问题。
助学要求	了解商务应用文的特征，理解其内涵，提高其写作能力和分析、处理商务活动的能力。
自学建议	识记商务应用文的常用格式，关注市场，在实际工作中，将其掌握和运用。

第一节　概　　说

一、商务应用文的含义

商务应用文是指工商企业在市场经济环境下，经营运作、贸易往来、发展事业、传播信息和处理各类事务时所使用的，具有一定格式的文体。涉及面广，体式多样，重在“以用为尚”。

二、商务应用文的特征

商务应用文体现的是商务活动领域中的特点和规范。文字是载体，商务是内涵。其外在特征表现在商务应用文的作用及应用范围上；其内在特征表现在构成文书的内容材料、结构和风格上。具体特征如下。

（一）实用性

任何一种商务活动都是有目的的活动，活动的过程是为了实现预定的目标。商务应用

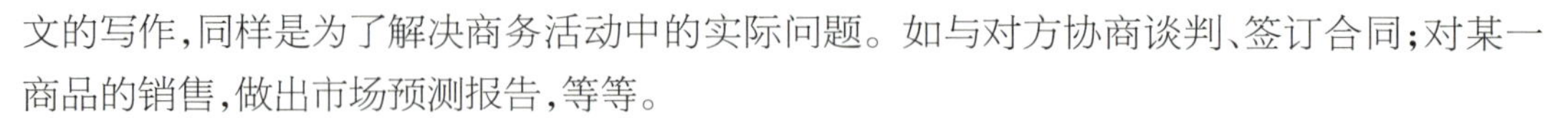

文的写作，同样是为了解决商务活动中的实际问题。如与对方协商谈判、签订合同；对某一商品的销售，做出市场预测报告，等等。

（二）专业性

商务活动涉及方方面面，涵盖多样学科。商务文书撰写者除必备相关的商务专业知识外，还应懂得其他一些专业知识，才能客观地反映市场动向，准确无误地传递商务信息。

（三）规范性

按照规范的体例格式，进行商务应用文写作，是商务活动的效率所要求的，也是商务规律使然。规范和稳定的商务文体，能有效地处理商务，按标准的样式去进行商务活动。

随着国际间商务活动的日益频繁，某些商务文体格式或许出现变革性的“变体”，但这些“变体”同样要体现规范性。

（四）简明性

在信息社会，市场信息灵通，信息资源准确，传递信息快速，商务活动更具主动性。在传递信息、说明情况、解说理由上，商务文体用语准确，表述精当，既能表达自己的想法，又能赢得客户的信赖。

三、商务应用文的写作要求

商务应用文是用以处理经营实务的，除应掌握商务应用文的特征外，还应做到如下几点。

（一）把握方针政策

商务应用文写作的政策性很强。一定时期的应用文，反映了在这一时期的有关方针政策。只有把握了有关的方针、政策及各类应用文写作的理论知识，才能写出合格的商务应用文。

（二）注重市场调查

有价值的应用文是调查研究的产物。注重对商务活动进行市场调查研究，对第一手资料和真实的材料进行正确的分析、处理，才能撰写出有价值、能反映事实真相并最终能解决实际问题的商务应用文。

（三）凸显“应”“用”特征

如同法定公文、事务文书一样，商务应用文也有比较固定的惯用格式，不能随心所欲地更改。否则，易被曲解，使人难以接受，以致延误工作。实用的、有价值的商务应用文，必须凸显“应”的针对性、“用”的目的性。既要对应时间、空间，还要对应对象、目的、任务，同时要对应身份、效果等。在对应的基础上，最终落在“用”字上。

（四）熟悉专业知识

商务应用文与专业知识之间有着密切的关系。要写好商务应用文，必须要研习相应的专业知识，熟悉不同行业、不同部门的商务活动规律。如不精通专业知识，略有疏忽，就会造成不可估量的损失。

（五）严谨的写作态度

商务应用文具有凭证和依据的作用，写作商务应用文，必须要有高度的负责精神和严谨的写作态度。无论是格式、证据，还是内容、落款，都应一丝不苟，认真对待。写作前，要了解情况，明确目的、要求；写作中，要字斟句酌；写作后，要反复修改，避免因一字之差而谬以千里。

第二节　经济合同

一、经济合同的含义

《中华人民共和国合同法》明确规定："合同是平等主体的自然人、法人、其他组织之间设立、变更、终止民事权利义务关系的协议。"依据这个定义，经济合同应是平等主体之间，为了一定的经济目的，明确权利义务而订立的协议。

二、经济合同的特征

（一）约束性

经济合同必须依法订立。一经成立，就具有法律约束力。合法的经济合同受法律保护，国家以强制力来监督、保证合法合同的实现。任何一方倘不如约履行合同，要承担由此引起的法律后果。其次，经济合同不是单方面的法律行为，而是双方或多方当事人在平等协商的基础上确立、变革和终止权利义务关系的法律行为。故当事人之间的权利义务往往是互补的，此方义务的履行，关系到彼方权利的获得，反之亦然。所以，合同强调对签订合同的双方或多方当事人的约束。另外，经济合同的主体是具有独立民事权利主体资格的法人或个人。不具备法人资格的社会组织，均不能作为经济合同的主体。如与之签订合同，则属无效合同。

（二）经济性

经济合同是为了一定的经济目的而制定的，其内容所反映的是当事人在商品生产和流通中的经济关系，即商品货币关系。这种经济关系具体表现为一定财产的转移、一定劳务的付出，或一定工作的完成等。因此，经济合同具有一定的经济目的，体现了当事人对一定经济利益的追求。

（三）平等性

平等性是指经济合同当事人双方，在法律上具有平等的地位，在履行权利义务时是对等的。无论是全民所有制单位还是集体所有制单位，无论是上级单位还是下级单位，无论是组织还是个人，不允许以大压小，以强凌弱。签订经济合同时，均应本着平等自愿的精神反复协商，任何一方不得把自己的意志强加于对方，损害对方利益。一方从对方得到利益，就要付出相应的代价，任何一方都无权要求对方无偿为自己提供产品和劳务。

三、经济合同的分类

日常经济生活的丰富性及市场经济的复杂性，决定了经济合同的多样性。依据不同标

准，经济合同有多种分类方式。

（一）按时间分类

有长期合同、中期合同、短期合同、年度合同、季度合同等。凡期限在一年以上的均为长期合同。

（二）按形式分类

有条款式合同、表格式合同、口头合同、书面合同。

（三）按程序分类

有承诺合同、实践合同。所谓承诺合同，指双方意见一致即告成立的合同，如购销合同等。所谓实践合同，指双方达成协议后，还须交付标的才能成立的合同，如借款合同、保管合同、运输合同等。

（四）按标的分类

有转移财产合同、提供劳务合同、完成工作合同。

转移财产合同是一方将一定财产转移给对方，由对方付给价款的合同。此合同一般有三种类型：财产所有权的转移（如购销合同），财产管理权的转移（如供用电合同）和财产使用权的转移（如房屋、土地的租赁合同）。此类合同也包括无形财产的转移，如专利权、商标专用权的转让合同。

提供劳务合同和完成工作合同，是要求一方按约定条件付出劳动，对方支付报酬。前者指提供服务，不产生新的劳动成果，如货物运输合同、仓储保管合同等；后者是要表现为新的劳动成果的产生，如勘测设计合同、建筑安装工程承包合同、科研试制合同、加工承揽合同等。

（五）按关系分类

有国家与企业、企业与企业、企业同个人或集体代表、个人与个人的合同。合同一方是国外法人的，则为涉外合同。

（六）按当事人分类

有双边合同、多边合同（有两个以上权利义务主体签订的合同）。

（七）按特定方式分类

有要式合同、非要式合同。所谓要式合同，指需要履行特定的方式、手续才能成立的合同。如需要签证、公证或有关机关核准登记才能成立的合同。要式合同未履行特定方式前，合同不能成立，也不发生法律效力。

（八）《合同法》的分类

《合同法》把常用的合同按业务性质和内容分为十五类，并对其条款做了具体规定。分类如下：

1. 买卖合同：又称购销合同，指出卖人转移标的物的所有权于买受人，买受人支付价款的合同。

2. 供用电、水、气、热力合同：指供电（水、气、热力）人向用电（水、气、热力）人供电（水、气、热力），用电（水、气、热力）人支付电（水、气、热力）费的合同。

3. 赠与合同：指赠与人将自己的财产无偿给予受赠人，受赠人表示接受赠与的合同。

4. 借款合同：指借款人向贷款人借款，到期返还借款并支付利息的合同。

5. 租赁合同：指出租人将租赁物交付承租人使用、收益，承租人支付租金的合同。

6. 融资租赁合同：指出租人根据承租人对出卖人、租赁物的选择，向出卖人购买租赁物，提供给承租人使用，承租人支付租金的合同。

7. 承揽合同：指承揽人按照定做人的要求完成工作，交付工作成果，定做人给付报酬的合同。

8. 建设工程合同：指承包人进行工程建设，发包人支付价款的合同。建设工程合同包括工程勘察、设计、施工合同。

9. 运输合同：指承运人将旅客或者货物从起运地点运输到约定地点，旅客、托运人或者收货人支付票款或者运输费用的合同。

10. 技术合同：指当事人就技术开发、转让、咨询或者服务订立的确立相互之间权利和义务的合同。

11. 保管合同：指保管人保管寄存人交付的保管物，并返还该物，寄存人按照约定向保管人支付保管费用的合同。

12. 仓储合同：指保管人储存存货人交付的仓储物，存货人支付仓储费用的合同。

13. 委托合同：指委托人和受托人约定，由受托人处理委托人事务，委托人按照约定支付费用的合同。

14. 行纪合同：指行纪人以自己的名义为委托人从事贸易活动，委托人支付报酬的合同。

15. 居间合同：指居间人向委托人报告订立合同的机会或者提供订立合同的媒介服务，委托人支付报酬的合同。

四、经济合同的格式与写法

经济合同按形式可分为表格式和条款式。表格式多适用于内容简单、条款较少、批量较多的购销合同、加工合同等，使用方便，书写迅速，简洁规范，但不适用于内容相对复杂的合同。条款式宜于表达内容复杂、特殊要求多的合同，能清晰、周详、灵活地表述合同的内容。但无论是表格式合同还是条款式合同，其结构均由标题、正文、落款三部分构成。

（一）标题

即合同名称，其位置在合同的首行居中。通常有以下写法。

一是以合同性质、种类为标题，如“××合同”。

二是以合同标的＋合同种类为标题，如“××××租赁合同”、“××转让合同”等。

三是以合同的有效期＋合同种类为标题，如“××××年××合同”。

四是以单位名称＋合同种类为标题，如“上海市××厂、浦东新区××公司××买卖合同”。

五是由多种因素混合运用的标题，如“宝山钢铁集团、上海港务局××××年下半年××××水路货物运输合同”。

标题切忌写成“经济合同”或“合同”。

（二）正文

这是经济合同的主要部分，由约首和主体两部分组成。

1. 约首

即签订日期、合同编号和当事人名称等内容。

签订日期和合同编号一般用比标题小的字写在标题下行的中间或偏右处。合同编号是为了便于检查和归档，也可略去不写。

当事人名称，应写明签订合同的双方或多方单位名称及法人代表或代理人姓名。如当事人是个人，就写个人姓名。当事人名称要用全称或规范简称，为方便叙述，行文中当事人的名称可以用“甲方”、“乙方”或“供方”、“需方”等来代替，但需在当事人名称后注明。不论在什么情况下，合同中都不能用不定指代“你方”、“我方”来指当事人。

2. 主体

主体是经济合同的核心部分，主要写明合同当事人议定的条款。条款是当事人双方权利义务关系的具体化，是执行的依据和发生纠纷时调解、仲裁的依据。在经济合同的成立和执行中起着决定性的作用。合同条款大致有以下三类。

一是要求共同必备的主要条款。

二是根据法律规定或某类合同性质要求必备的条款，它取决于法律的特殊规定和某类合同的特殊性质，如仓储保管合同中的保管方式、损耗标准、损耗处理方法等条款。

三是当事人一方要求规定，而另一方同意的条款。

根据我国《合同法》的规定，相应的经济合同应具备的主要条款为：

(1) 标的

标的是一切经济合同必备的首要条款，是当事人权利、义务所指的共同对象，一般用货物、劳务、工程项目的名称来表示。如借款合同的标的为一定的金额；买卖合同的标的为某种商品；运输合同的标的是承运人将货物或旅客运达地点的一种劳务；建筑工程合同的标的是承包人所承包的工程项目的名称。如没有标的或标的不明确，经济合同就无法履行，合同就会因无实际意义而不能成立；如果标的违反法律规定和国家有关规定，合同则无效。撰写合同时，一定要将合同标的写得明确而具体，其名称、规格、型号、商标等要素均要写清楚。

(2) 数量

数量是标的在量的方面的限度，是标的的计量，通常以数字和计量单位来表示。可以用基本计量单位，如米、千克、只等，也可以用包装单位，如箱、包等，并注明每个箱、包内含有多少基本计量单位。为了便于履行合同和避免纠纷，合同中的计量单位和计算方法应按国家或主管部门的统一规定执行；国家和主管部门没有规定的，由双方协商确定。同一合同中的同种计量单位应该统一，数量应准确清楚。如允许超欠，则要写明允许超欠的幅度，有些产品还要在合同中写清合理的磅差和正负尾数。

(3) 质量

质量是标的在质的方面的规定，是标的内在素质和外观形态优劣的标志。质量条款是最容易引起合同纠纷的条款，故撰写时，一定要把标的的质量技术要求和标准明确、具体地表述清楚。采用的质量检验标准应注明是何年何月颁发的国际标准、国家标准、部颁标准、地方标准或企业标准。没有法定标准的,按双方共同协商的标准执行。有些产品还要封存样品,作为检验依据。

(4) 价款或者报酬

亦称标的价金,是指取得对方商品或接受对方劳务等所支付的代价。一般包括单价和总金额两项,通常以货币的数量来表示。在合同书中要明确给付价款或报酬的结算方式和结算期限。除国家允许使用现金履行义务外,一般不得以现金支付,通常以银行转账结算。

(5) 履行的期限、地点和方式

履行期限是当事人实现权利、履行义务的时间界限,要具体明确。这是检查违约责任的依据之一。规定期限时,要写具体日期,不能用模糊概念。

履行的地点是交付、提取货物的地方。要写明省、市、县全称,以避免差错。

履行的方式是指当事人采取什么方式来履行合同。主要包括时间方式和行为方式。如一次性履行或分期履行,当事人亲自履行或由他人代理履行,履行时所用的工具或手段等,要根据不同的标的内容确定相应的履行方式。

(6) 违约责任

违约责任也叫"罚则"。包括违约情况及所应承担的相关责任,如支付违约金、赔偿损失等。经济合同的违约责任,是对合同当事人不履行合同义务或履行合同义务不符合约定的一方的制裁措施。

(7) 解决争议的方法

解决争议的方法是指在履行合同的过程中,当事人对合同发生争议时所采用的协调方法。《合同法》第128条规定了"解决争议的方法",即:"当事人可以通过和解或者调解解决合同争议。当事人不愿和解、调解或者和解、调解不成的,可以根据仲裁协议向仲裁机构申请仲裁。涉外合同的当事人可以根据仲裁协议向中国仲裁机构或者其他仲裁机构申请仲裁。当事人没有订立仲裁协议或者仲裁协议无效的,可以向人民法院起诉。当事人应当履行发生法律效力的判决、仲裁裁决、调解书;拒不履行的,对方可以请求人民法院执行。"

解决合同纠纷时,应当力求正确解释合同,不得故意曲解合同条款。产生合同纠纷的原因很复杂,有客观原因,也有主观原因。客观原因如果属于不能预见、不能避免并不能克服的"不可抗力"的影响,导致不能按期履行合同,应当及时向对方说明不能履行的理由,以减轻可能给对方造成的损失,并应当在合理期限内提供证明。对方当事人在取得有关证明后,可以允许免除部分或全部违约责任。

(8) 合同的有效期、合同的份数和保存情况

写明合同的份数、保管人以及需要报送的主管机关及签证机关。

(三) 落款

包括署名、日期。

(1) 署名

经济合同当事人单位名称和法定代表人签名,并加盖印章(公章或合同专用章)。如有签证机关,也应署名加印。

(2) 日期

注明签订合同的具体日期,××××年××月××日。为便于相互联系,有时还在合同署名处注明合同当事人的单位地址、电话、传真、开户银行、银行账号、邮政编码等项内容。

五、经济合同的写作要求

合同法是经济合同写作的法律依据,经济合同写作应遵循合同法的有关规定,同时又要遵循写作规律。经济合同的订立过程也就是经济合同的写作过程。合同法规定的订立、履行合同应当遵循的基本原则,是经济合同写作必须遵循的。

(一) 平等原则

当事人在合同的订立、履行、承担违约责任等方面,无论他们之间的所有制性质、隶属关系、经济实力、职位有多么大的差异,双方的地位是平等的。合同内容只能平等地协商确定,任何一方都不得把自己提出的条款强加于对方,不得强迫对方同自己签订合同。

写作经济合同条款时,应体现平等原则。合同一旦依法成立,就具有法律效力。当事人要严格地履行合同规定的义务。变更或解除合同,必须经双方当事人协商确定,任何一方不得擅自变更或解除合同。任何当事人违反合同,都应当承担违约责任,包括承担经济责任、行政责任乃至刑事责任。

(二) 自愿原则

自愿原则要求当事人通过平等协商,相互充分地表达各自的意见,合理地提出自己的主张,在真正自愿的基础上确定合同的具体条款和形式。

写作合同条款时应注意真实地表达自己的真正意愿,以体现自愿原则。虚伪的表述或一方当事人在受欺诈、胁迫的情况下所订立的合同是无效的。

实行合同自愿原则,并不意味着当事人可以随心所欲订立合同而不受任何约束。当事人是在法律确定范围内享有自愿原则,当事人的合同行为不得违背法律的规定,不得损害国家利益和破坏国家计划。

(三) 公平原则

经济合同条款的写作,应充分体现公平原则。合同条款中,当事人双方的权利与义务是对等的,当事人双方的违约责任也是对等的。如果合同内容显失公平,当事人一方有权请求人民法院或者仲裁机构变更或撤销显失公平的合同。

(四) 诚实信用原则

诚实信用原则是指合同当事人以善意的方式履行其义务,不得滥用权力及规避法律或合同规定的义务。在合同订立阶段,双方当事人都负有下述各项义务。

一是忠实的义务。当事人一方应如实向对方陈述商品的瑕疵、质量情况,如实地向对方陈述一些重要的情况和事实。

二是相互照顾和协力的义务。任何一方都不得滥用经济上的优势地位和其他手段牟取不正当利益,损害他人。

三是诚实守信、不得欺诈他人的义务。所写的合同条款应该是在双方都履行诚实信用义务的基础上确定的,否则合同无效。

（五）合法原则

写作经济合同要确保合同内容符合法律、行政法规的规定，符合社会公德的要求。当事人双方所约定的合同内容，应有利于维护社会的公共利益。一旦商务合同成立，当事人对所订合同内容应负全部责任。

六、案例简析

案例一

鲜蛋购销合同

编号________

供方：×××××××××　　法定代表人：×××　　职务：×××
需方：×××××××××　　法定代表人：×××　　职务：×××

根据《中华人民共和国合同法》等有关法律的规定，经双方协商，签订本合同，共同信守，严格履行。

第一条　品名、计量单位、数量

品名：××××

计量单位：××××

数量：××××

第二条　产品质量与标准

供方出售给需方的鲜蛋应新鲜完整、不破损、不变质，保持鲜蛋表面清洁，不沾附泥污等物。

第三条　包装要求

由自备或向需方租用硬塑箱及木箱，由供方付给需方押金与使用费。

第四条　价格或作价办法

全年实行季节差价。收购旺季实行量低保护价，鸡蛋每市斤________元，补贴饲料________斤；鸭蛋每市斤________元，补贴饲料________斤。

第五条　收购地点

×××××××

第六条　交货方式及运费负担

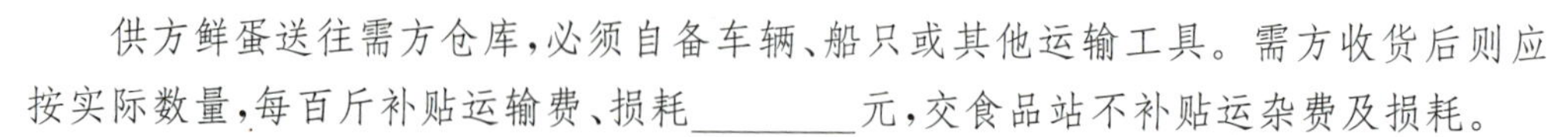

供方鲜蛋送往需方仓库，必须自备车辆、船只或其他运输工具。需方收货后则应按实际数量，每百斤补贴运输费、损耗________元，交食品站不补贴运杂费及损耗。

第七条 验收方式与期限

供方将鲜蛋送到后，需方依次过磅照验，在×小时内验收完毕，逾期验收由需方补贴损耗________%。

第八条 货款结算方式

需方通过验收后，应向供方及时支付货款。

第九条 超欠幅度

交售数量分月在合同规定数量超欠×%以内不作违约论处。

第十条 违约责任

供方违约每欠×斤鲜蛋，应补给需方损失________元。需方违约拒收×斤鲜蛋，则补给供方损失________元。

第十一条 其他约定

1. 供方现存生产蛋鸡________只、蛋鸭________只，若需淘汰更新，须经双方协商同意，才能减少供货数量。

2. 本合同一经签字，即具有法律约束力，双方必须全面履行合同规定的义务，不得单方任意变更或解除，若遇不可抗力，不能履行合同时，应及时通知对方，以书面形式变更或解除合同。

3. 其他未尽事项，由双方共同协商，另订附件。如发生争执，无法和解，可向××××部门提请调解或仲裁。

4. 本合同有效期为××××年××月××日至××××年××月××日。

5. 本合同书一式二份，供需双方各执正本一份。

供方：×××××××××(章)	需方：×××××××××(章)
法定代表人：×××(签章)	法定代表人：×××(签章)
电话：×××××××××	电话：×××××××××
邮编：××××××	邮编：××××××
地址：×××××××××××	地址：×××××××××××
××××年××月××日	××××年××月××日

简　析

案例一是一份条款式的购销合同。采用条款式写法，便于条分缕析。以合同标的＋合同种类为标题，约首写清了供需双方全称及法定代表人和职务，主体条款均为供需双方依据《中华人民共和国合同法》等有关法律的规定，协商而定，责、权、利等规定明确，为共同信守打好了基础。文字表达准确，落款尤为规范。

案例二

建筑安装工程承包合同

发包方（甲方）：________________

地址：__________ 邮码：__________ 电话：__________

法定代表人：__________ 职务：__________

承包方（乙方）：________________

地址：__________ 邮码：__________ 电话：__________

法定代表人：__________ 职务：__________

依照《中华人民共和国合同法》和有关规定，经双方协商一致，签订本合同，并严肃履行。

第一条　工程项目

一、工程名称：________

二、工程地点：________

三、工程编号：________

四、工程范围和内容：全部工程建筑面积______平方米。（各单项工程详见工程项目一览表）

五、工程造价：全部工程施工图预算造价人民币______元，其中：人工费______元。（各单项工程详见工程项目一览表）

第二条　工程期限

一、开、竣工日期：依照国家颁布的工期定额，经双方商定，本合同工程开、竣工日期如下：全部工程自______年______月______日开工，至______年______月______日竣工。（各单项工程开、竣工日期详见工程项目一览表）

二、施工前各项准备工作，双方应根据工程协议书中第三条规定，分别负责按时完成。

三、在施工过程中，如遇下列情况，可顺延工期。顺延期限，应由双方及时协商，签订协议，并报有关部门备案。

1. 由于人力不可抗拒的灾害，而被迫停工者；

2. 因甲方变更计划或变更施工图，而不能继续施工者；

3. 因甲方不能按期供图、供料、供设备或所需材料、设备不合要求，而被迫停工或不能顺利施工者。

第三条 物资供应

一、全部工程所需的物资按下列第(　　)项供应方式办理:

1. 特殊材料、统配部管材料及统配部管机电产品,均由甲方负责采购,供应至乙方指定地点。其他材料由乙方负责采购供应。

2. 统配、部管材料,由乙方负责办理申请、订货、调剂合用,特殊材料及统配部管的机电产品,由甲方负责采购供应至乙方指定地点,其他材料均由乙方负责采购供应。

3. 包工不包料工程,全部材料、设备由甲方采购供应到现场或指定的加工地点。

4. 其他方式:

二、由甲方负责供应材料和设备的品种、规格、数量及进场期限,详见甲方供应材料、设备一览表。

三、成套设备和非标准设备,由甲方负责办理申请、订货及加工,引进成套设备。在交付乙方前,由甲方负责检验(甲方委托乙方总包承办设备订货及非标准设备加工,应另签订协议)。

四、工程所需材料,如因供应部门规格、品种或材质不能满足工程要求而必须以其他规格、品种代替或加工处理时,应事先取得原设计单位和甲方同意,并由三方签订协议后实行。由于代用或加工而发生的量差、价差及加工费,应按现行规定办理结算。

五、凡应附有合格证明的材料,在进场时必须由供应方负责验证;如无合格证明,必须经供应方试验合格后方准使用,其试验费用,应由供应方负担。因建设单位或设计单位对有出厂合格证明的材料要求重新试验,其试验费用,应由甲方负担。

六、由甲方负责供应的材料和设备,如未按期供应或规格、质量不合要求,经双方努力仍无法解决,因此造成乙方的损失,应由甲方负担。

第四条 工程款结算

一、全部工程造价的结算方式。按下列第(　　)项规定办理:

1. 以审查后的施工图预算加增减变更预算进行结算。

2. 按施工图预算加包干系数确定的包干造价结算,包干范围以外的费用,另按有关规定付款。

3. 按标准施工图单方造价包干结算,包干范围以外的费用,另按有关规定付款。

4. 包工不包料工程,按预算定额规定的人工费结算。

5. 招标的工程,按中标的价款结算。

二、工程款拨付与结算办法,按现行规定办理(详见附件)。

第五条 施工与设计变更

一、乙方要依据国家颁发的施工验收规范和质量检验标准以及设计要求组织施工,要全部达到合格。

二、要坚持按图施工,任何一方不得随意变更设计。如遇下列情况给对方造成窝工、返工，材料、构件的积压，施工力量和机械调迁等损失，应由责任方负担：

1. 施工中如发现设计有错误或严重不合理的地方，乙方应以书面形式通知甲方，由甲方在×天内与原设计单位商定，提出修改或变更设计文件，经甲乙双方签订协议后，方准施工。

2. 在施工中，如遇设计变更超出原设计标准或规模时，应在施工前按审批程序重新报批，经审查处审核工程预算，经办银行审查投资后，并由甲乙双方签订协议，方可施工。否则，任何一方不得强行施工。

3. 在施工中，如遇中途停建、缓建，甲乙双方对在建工程，应商定做到安全部位。

4. 在施工中，如发现甲方投资不足，不能按时拨付工程进度款，而中途停建、缓建，给乙方造成的损失，应由甲方承担。

三、乙方应严格执行隐蔽工程验收制度，凡隐蔽工程完成后，必须经过验收做出记录，方能继续进行下一工序的施工。一般隐蔽工程由乙方自行检查验收，并做好记录；重大或复杂隐蔽工程，应由乙方书面通知甲方和设计单位共同进行验收，并办理隐蔽工程验收手续。如甲方届时未参加，乙方可自行检查验收，甲方应予承认。

四、甲乙双方在施工中遇到工程生项，应按定额管理办法报批。变更工程协议所附的变更预算，应在施工前及时送经办银行，作为结算工程款之依据。

第六条　竣工验收、结算与保修

一、乙方在单项工程竣工前×日将验收日期以书面通知甲方届时验收，如甲方不能按时参加验收，须提前通知乙方。取得乙方同意后，另订验收日期，但甲方须承认竣工日期，如再不按时参加验收，其所发生的管理费和各项损失均由甲方承担，并偿付给乙方按预算造价每日万分之一的逾期违约金。

二、竣工工程验收合格，从验收之日起×天内，乙方向甲方移交完毕。如甲方不能按期接管，致使验收后的工程发生损失，应由甲方承担。

三、本项工程中的单位工程，如需单独移交甲方，在移交时，双方应办理中间验收手续，作为该单位竣工工程验收之依据。

四、在进行竣工工程验收中，如发现工程质量不符合规定，乙方应负责无偿修理或返工，并在双方议定的措施和期限内完成。经验收合格后，再行移交。由此造成工程逾期交付的，乙方应偿付给甲方按预算造价每日×××的逾期违约金。

五、工程已基本竣工，如遇某种材料或设备双方均无法解决，致使该项工程不能全部按期竣工，经双方研究同意，可做减项竣工，并对已完工程进行竣工验收和办理移交手续。

六、竣工工程验收，以国家颁发的施工验收规范、质量检验标准及施工图为依据。在进行竣工验收时，乙方应在验收前×天向甲方提供以下文件：

1. 增减变更文件和其他洽商记录。

2. 隐蔽工程验收记录和中间交工验收记录。

3. 工程竣工后，应绘制竣工图，工程变更不大的由施工单位在原施工图上加以说明，提交建设单位存档。工程变更较大的，可以由建设单位自绘或委托设计单位、施工单位绘制竣工图。

七、乙方在单项工程竣工验收后，属于民用建设项目应于竣工验收后×天内，属于工业建设项目应于竣工验收后×天内，将竣工结算件送交甲方进行审查。甲方应在接到竣工结算件后，民用建设×天内、工业建设×天内审查完毕，如到期未提出异议，由经办银行审定拨款。

八、工程竣工验收后，乙方对施工的土建工程质量负责保修×年，采暖工程保修第一个采暖期。在保修期内，确由施工单位责任造成的屋面漏雨、管道漏水、漏气、堵塞等质量事故，乙方应负责无偿修理(属于专业性建筑安装工程按国务院各有关主管部门的特殊规定办理)。

九、工程未经验收，甲方提前使用或擅自动用，由此而发生的质量或其他问题，由甲方承担责任。

第七条 违约责任和仲裁

一、由于乙方责任未按本合同规定的日期竣工(以竣工验收合格日期计算)，每逾期一天，应偿付给甲方按预算造价×××的逾期违约金；属于包工不包料的，每逾期一天，应偿付给甲方按预算人工费×××的逾期违约金。

二、甲乙双方不得借故拖欠各种应付款项，如拖期不付，按银行的短期贷款利率偿付给对方逾期付款违约金。

三、实行合理化建议奖和提前竣工奖的，甲乙双方应根据有关政策的规定，另行协议。

四、建筑安装工程承包合同发生纠纷时，当事人双方应及时协商；协商不成时，任何一方均可申请各级城乡建设委员会或双方上级业务主管部门进行调解；解决不了的，可选择下述第(　　)项处理：(1) 向建筑物所在地的仲裁委员会申请仲裁；(2) 直接向人民法院起诉。

第八条 附则

一、预算审查手续，由建设单位将建筑安装工程承包合同(附施工图预算)送市建设工程合同预算审查处审查。要求签证的，可到建筑物所在地的区、县工商行政管理局进行签证。

二、在本合同签订之前，双方签订的施工准备合同(工程协议书)，可作为本合同之附件。

三、招标工程，按《××市建设工程招标、投标暂行办法》签订合同。

四、双方商定的其他事项：

1. (略)

2. (略)

第九条　合同附件

一、工程项目一览表。

二、全部施工图纸。(合同正本有此附件)

三、施工图预算。(合同正本及建设银行有此附件)

四、甲方负责供应的材料、设备一览表。

五、有关协议:

1.(略)

2.(略)

六、有关补充合同:

1.(略)

2.(略)

第十条　合同份数及有效期

一、本合同一式两份,甲乙双方各执正本一份,并分别报送双方业务主管部门副本一份。

二、本合同自双方签订之日起生效。在全部工程竣工验收并结清尾款后失效。

建设单位(发包方):__________　　建工单位(承包方):__________

工程负责人:__________　　工程负责人:__________

______年______月______日　　______年______月______日

简　析

案例二是一份制式合同,以合同标的+合同种类为标题。正文由约首和主体两部分组成。约首书写齐全。从其书写内容可看出,主体部分条款是在总结类似合同实践的基础上,规范其内容后而制定,故比较符合行业特点。合同当事人按照这种合同样本签约,一般不会在主要条款上有所疏漏。同时,案例较为细致地考虑了施工规律和相应的法律要求,表述清晰,落款正确。规范是案例二的一大特征。

案例三

房屋租赁协议

出租方:×××(以下简称甲方)

××市××路××号,电话:×××-×××××××××

承租方：×××(以下简称乙方)

××市××区××镇×村，电话：×××—×××××××××

根据《中华人民共和国合同法》有关规定，为明确甲、乙双方的权利义务关系，经双方协商一致，订立本协议，共同信守。

第一条　甲方将自有的坐落在××市××区××路××号××室房屋一套，建筑面积××平方米、使用面积约××平方米，及一些日用家具(见附件)，租给乙方作生活使用。

第二条　租赁期限

租赁期为×年，甲方从××××年××月××日起将出租房屋交付乙方使用，至××××年××月××日。

乙方有下列情形之一的，甲方可以终止协议，收回房屋：

1. 擅自将房屋转租、分租、转让、转借、联营、入股或与他人调剂交换的；

2. 利用承租房屋进行非法活动，损害公共利益的；

3. 拖欠租金二十天以上的。

合同期满后，如甲方仍继续出租房屋，乙方拥有优先承租权。租赁合同因期满而终止时，如乙方确实无法找到房屋，可与甲方协商酌情延长租赁期限。

第三条　租金和租金交纳期限、税费和税费交纳方式

甲乙双方议定月租金××元，按×个月为一期支付，每期租金支付时间应为该期首月的×日前，先付后用。

甲乙双方按规定的税率和标准交纳房产租赁税费，交纳方式按有关税法和市政发(××)第××件规定比例，由甲乙方各自负担50%执行。

第四条　租赁期间的房屋修缮和装饰

修缮房屋是甲方的义务。甲方对出租房屋及其设备应定期检查，及时修缮，做到不漏、不淹、三通(户内上水、下水、照明电)和门窗好，以保障乙方可以安全正常地使用。

修缮范围和标准按城建部(××)城住公字第××号通知执行。

甲方修缮房屋时，乙方应积极协助，不得阻挠施工。

出租房屋的修缮，经甲乙双方商定：按规定的维修范围，由甲方出资并组织施工。

乙方因使用需要，在不影响房屋结构的前提下，可以对承租房屋进行装饰，但其规模、范围、工艺、用料等均应事先得到甲方同意后方可施工。

对装饰物的工料费和租赁期满后的权属处理，双方议定：

1. 工料费由甲、乙双方共同承担，各承担50%费用；

2. 所有权属甲方所有。

第五条　租赁双方的变更

1. 如甲方按法定程序将房产所有权转移给第三方时，在无约定的情况下，本协议

对新的房产所有者继续有效；

2. 甲方出售房屋，须在三个月前书面通知乙方，在同等条件下，乙方有优先购买权。

第六条　违约责任

1. 甲方未按本协议第一、二条的约定向乙方交付符合要求的房屋，负责赔偿××元。

2. 租赁双方如有一方未履行第四条约定的有关条款的，违约方负责赔偿对方×××元。

3. 乙方逾期交付租金，除仍应补交欠租外，并按日租金的一倍，以天数计算向甲方交付违约金。

4. 甲方向乙方收取约定租金以外的费用，乙方有权拒付。

5. 乙方擅自将承租房屋转送他人使用，甲方有权责令停止转让行为，终止租赁协议。同时除按约定交足租金外，并按日租金的一倍，以天数计算由乙方向甲方支付违约金。

第七条　免责条件

1. 房屋如因不可抗拒的原因导致损毁或造成乙方损失的，甲乙双方互不承担责任。

2. 因市政建设需要拆除或改造已租赁的房屋，给甲乙双方造成损失，互不承担责任。因上述原因而终止合同的，租金按实际使用时间计算，多退少补。

第八条　争议解决的方式

本协议在履行中如发生争议，双方应协商解决；协商不成时，任何一方均可向房屋租赁管理机关申请调解，调解无效时，可向市工商行政管理局经济合同仲裁委员会申请仲裁，也可以向人民法院起诉。

第九条　本协议未尽事宜，甲乙双方可共同协商，签订补充协议，与本协议具有同等法律效力。

本协议一式两份，甲乙方各执一份，均具有同等法律效力。

附件：主要家具清单两份。

出租方：×××（盖章）
承租方：×××（盖章）
××××年××月××日

简　析

协议与合同是同一概念，合同法第二条对合同所作的定义是："平等主体的自然人、法人、其他组织之间设立、变更、终止民事权利义务关系的协议。”可见，合同就是具有特定内容的协议，用来约定当事人相互之间的权利义务关系。但协议与合同既有相似处又有不同处。性质上，两者相同，均属于契约性文书；两者都具有约束作用和凭证作用，而且订立的原则相同，写作的结构形式相似。区别在于协议的使用范围更广，订约主体没有统一的限制，规范程度比合同低，时效比较灵活。

案例三是一份比较规范且又较细致、全面的房屋租赁协议。首先，案例三具备协议的各个要素：如当事人的姓名和住所、标的，即甲、乙双方共同指向的租赁房屋，以及数量、质量、价款、履行期限、地点和方式、违约责任、解决争议的办法等。同时，案例三在书写格式上也比较规范，四个组成部分（标题、合同当事人名称或姓名、正文、落款）的位置恰当。行文通畅、简洁、准确，是案例三的写作特征。

第三节　商品广告

一、商品广告的含义

广告有广义和狭义之分。广义的广告有“广而告之”的意思，既包括以盈利为目的的面向社会公众所作的公开宣传的经济广告，也包括不以营利为目的的面向社会公众所作的公开宣传的非经济广告。前者如介绍商品特点或服务项目的广告，后者如公益广告、公德广告。狭义的广告专指以盈利为目的的商业广告，也叫商品广告。它是广告主有计划地通过一定的媒介向公众传递商品和服务信息的有偿宣传活动，主要由广告主、广告信息内容、广告媒体及广告费四个基本要素构成。

（一）广告主

所谓广告主，是出资发布广告的生产、经营单位或个人。商品广告均有明确的广告主。

（二）广告信息内容

可作为广告内容的信息很多，例如：商品的特点、长处、价值、效用、制作工艺，有关部门、专家或消费者的评价，生产者或经销者的经历和声誉，市场的供求情况，在同类产品中的竞争优势，等等。而每一具体广告，都要有重点、有选择地传达一定的信息，并体现广告主的意图。

（三）广告媒体

广告媒体是指传播广告信息的中介，常见的媒体有电视、报刊、广播、霓虹灯、交通工具、邮递传寄、表演、橱窗，等等。报纸、杂志、电视、广播被称为广告的“四大媒体”。

（四）广告费

广告是一种有偿的宣传活动，从构思、设计、制作到传播，需要一定的媒介、一定的物质消耗和智力及劳务支出，广告费就是广告主偿付给广告经营部门、广告制作部门或媒介的费用。

二、广告的特征

广告是一种宣传手段，在向社会传递信息的同时，还有介绍、说明、启发、提醒、说服和诱导等多种功能，在经营活动中有着不可忽视的作用。其特征主要体现在广告的如下作用方面。

（一）传递信息

商品广告是经济信息的载体，也是传递经济信息的手段。一种商品，在此地积压，通过广告宣传，可以让消费者前来购买，使商品畅销。这样，不但搞活了经济，而且加快了资金流动，提高了经济效益。

（二）指导消费

认识商品是购买商品的前提。广告沟通了产、供、销渠道。通过广告，可以向用户介绍商品的性能特点、保养使用、购买方式、购买渠道等知识和信息，使消费者了解商品的情况，有的放矢地选购商品，引导消费者好中求好，使商品在提高知名度的同时，促使产品升级换代，进一步提高商品声誉。

（三）激发消费

广告既是为了向顾客提供商品的信息，更是为了通过塑造产品的形象，激发起顾客的消费欲望，使得一个本来无意购买此商品的人，产生一种购物的内驱力，一种不可或缺的精神需求，从而吸引消费者自觉地来消费。

三、广告的分类

依据不同的标准，广告可分成不同的种类。

按性质效用，可分营利性广告和非营利性广告两大类。

按直接目的，可分以促销创利为目的的商品销售广告，以建立信誉及宣传企业经营观念为目的的企业形象广告。

按广告覆盖范围，有国际性广告、全国性广告、地区性广告及行业性广告。

从性质内容来分，可分商品广告、劳务广告、招生招聘广告、征订广告、收购广告、医药广告、旅游广告、租赁广告等等。

按表现形式，可分静态广告与动态广告。

按表现手法，可分以文为主、以图为主和图文并茂的广告。

按不同对象，可分为消费者广告、工业用户广告。

通常较为多见的是以媒体来分类，可分为报刊广告、电视广告、广播广告、标牌广告、橱窗广告、陈列广告、霓虹灯广告、商品模型广告、邮寄广告、网络广告等，还有用模特儿或有关人员的表演、演示所作的表演广告，利用火车、汽车、轮船、电车、地铁等交通工具所作的交通广告等。广告的媒体随着科学技术的发展将日益丰富，不断会有新的媒介、新的广告形式产生，广告的用武之地也将越拓越宽。

四、广告的结构及写法

广告的形式十分丰富，但无论哪种形式的广告，都离不开文字。以文为主的广告亦称广告的文案，结构比较灵活，一般分为标题、正文、广告语、附文四部分。

（一）标题

标题有着揭示主题、传达信息、引人注意的作用。最关键的是要引起消费者的“即刻注意”，吸引消费者阅读正文内容，唤起消费者的购买欲望。

标题可采纳一语道破其旨或直接正面冲击的方式来迫使消费者注意；也可采取含蓄、委婉、渲染、衬托的间接方式来传达其旨，暗示消费者注意。

直接冲击式标题一般在语言上多采用名称式和陈述式，如：“优雅态度，真我个性，浪琴手表”；“人头马一开，好事自然来！”这种标题直接明快，庄重严肃，但容易流于平庸，搞得不好，引不起人们的注意。

间接吸引式标题语言表达方式灵活，常见的有如下几种。

1. 设问式

此方式往往结合产品特点和人们潜在的需求愿望，针对性地提出问题。如：“你想了解天下大事吗？请订阅《××环球信息报》。”

2. 祈使式

用请求、希望、劝勉、叮咛、忠告等语气向消费者表达厂家和经营者的意愿，意在催促消费者采取相应的购买行动。例如：“欢迎订阅《新民晚报》”。祈使式广告应注意语言的谨慎与诚恳，否则易导致消费者的逆反心理。

3. 新闻式

以新闻报道的形式设题，将最新经济消息告知消费者。这种标题多用于新产品上市、新店开张、企业及经销者采取新举措、参评获奖等。如：“××××十周年店庆，隆重推出××××”。

4. 描写式、渲染式

用文学艺术的描写、渲染手法，创造与商品有联系的意境，在意象的陪衬中宣传商品。使人们在了解商品的同时获得美的享受，但这种描写和渲染要恰如其分。

广告标题并不限于以上几种，还有颂扬式、寓意式、悬念式等等。无论采用哪种方式的标题，都以吸引消费者“即刻注意，激发消费”为其目的。

（二）正文

由开头、主体和结尾三部分组成。

1. 开头

常见的写法主要有三种：一是与广告标题相呼应，或承接标题继续叙述，或对标题的设问做出回答，或解释标题含义并进一步强调标题；二是概括全文，以精练的语言点明主旨，写法类似新闻导语；三是简介企业情况。

开头语言一定要言简意赅，与标题、主体部分相互配合。开头不是所有的广告都需要，应视具体的广告而定。篇幅短小、信息集中的广告，常常直言中心内容。也有一些广告，由于标题已经起到提纲挈领的作用，或主体部分的内容与标题本身衔接紧凑，也就不必专门设立一段“开头”了。

2. 主体

主体是广告内容的中心，是广告主题的具体化。一般多用有力的事实和根据来说明商品的特点、优势及推荐购买的理由。在手法上可灵活多样，突出个性，并与内容相得益彰，体现广告的意图。

3. 结尾

结尾应干净利落，或公布服务的宗旨，或强调广告的信息焦点，或呼应标题、照应开头。

简短的广告结尾可略。

（三）广告语

亦称“广告标语”、“广告口号”。指广告中用来概括服务宗旨、强化信息的文字。可灵活出现于广告的任何位置。广告语的内容多样，以宣传企业形象、商品优势、服务特点和精神文化的为多。如：“中国老牌名酒——西凤酒，始于周秦，盛于唐宋，至今已有两千四百多年的历史。”

（四）附文

附文亦称随文。指广告结尾后的附属内容，是标明企业或经营者名称、地址、购买商品或接受服务的方法、通信联络方式、联系人、银行账号等。

五、案例简析

案例一

梦中花园——丽江古城

兼山乡之容、水乡之貌
一座依顺自然的山水之城
一座亲和自然的田园之城
丽江古城
纳西民俗风情
深层历史文化
一个以人为本的世外桃源
一个天人合一的梦中家园
滇西北雪域大江中
在熙攘浮躁的当今世界，这座古城已成了
难得一闻的一曲远山清音，红尘牧歌

简 析

案例一是一则旅游宣传广告。标题一目了然，主体承接标题，以抒情诗的结构形式，以丽江古城的自然之美、古朴之美、人文之美为铺垫，将梦中花园——丽江古城叙述得既得体又充实，条理既清晰又易解，语言极富吸引力。阅罢，仿佛在远山的清音之中，升华出了一片远离尘世的净土，一座令人神往的世外桃源，先睹快哉！这是案例一的可贵之处，也是其广告要达到的艺术效果和真实目的。

案例二

温柔——恰似夜晚的抚爱。（××饮料广告）

像初恋的滋味。（××香水广告）

除了你之外，它是最美妙的了。（××内衣广告）

简 析

广告中最有魅力、最能感化人和打动人、给人记忆最深的那一点就是广告的诉求焦点，广告的焦点是公众关注的焦点。案例二的三则广告产品虽不同，却凸显了广告的焦点，是倚重广告产品本身的特征、特点、功效或给予消费者的利益、主观价值和审美情趣而撰写的，此种广告标语的写法值得借鉴。

第四节 营销策划书

一、营销策划书的含义

策划即策略规划。营销策划书，是指将营销策划的过程用文字记录下来，针对企业的经营活动，事先做出规划和安排的应用性文书。营销策划文书是营销策划的反映，通过书面材料向决策人提供自己的意见与创意，说服决策人接受自己的意见，有计划地开展营销活动，实现企业获得利润的目的。

二、营销策划书的特征

1. 针对性

营销策划具有很强的针对性，所有的分析、设计和创意都是围绕着成功营销这个终极目的。这是因为，营销策划书是为营销策划服务的，营销策划是为成功营销服务的。

2. 经济性

营销策划书涉及企业在市场环境中相关的各种资源，如何充分地利用、组合、排列这些资源，最大限度地发挥资源的优势以获取利润，是策划者需要重点考虑的。

3. 系统性

营销策划书是一项系统工程设计，要求用科学、周密、有序的系统分析方法，对企业的市场营销活动进行分析、设计和整合，系统地形成目标、手段和策略，形成高度统一的逻辑思维过程和行动方案，构造一个新的营销系统工程。

4. 可行性

营销策划是一门实践性非常强的学科，因此营销策划书要具有前瞻性，要结合实际条件，在创新思维的指引下，为企业的市场营销提供具有现实可操作性的方案和开拓市场、占领市场的系统性策略及措施。

三、营销策划书的分类

根据具体营销对象的不同，可分为商品销售策划书、促销活动策划书、市场推广策划书、新产品开发策划书、商品布局策划书、营销定位策划书、网点布局策划书等；

根据营销时间长短的不同，可分为长期营销策划书、短期营销策划书；

根据营销范围大小的不同，可分为专项性营销策划书、综合性营销策划书。

四、营销策划书的格式与写法

策划书没有一成不变的格式，依据产品或营销的不同要求，在策划的内容与编制格式上也有变化。一般由标题、正文、落款构成。

（一）标题

主要有两种形式：

单标题，一般概括策划文书的内容，提示文章的主题。

双标题，即分正题和副题。正题提示文章主旨，副题显示策划范围、内容及其文种。

（二）正文

一份完整的营销策划书，正文大致分为三部分：一是产品的市场状况分析；二是主体内容；三是效果预测，即策划书的可行性与操作性。

1. 市场状况分析

具体可包括：

(1) 整个产品市场的规模。

(2) 各竞争品牌的销售量与销售值的比较分析。

(3) 竞争品牌各营业渠道的销售量与销售值的比较分析。

(4) 各竞争品牌市场占有量的比较分析。

(5) 消费者年龄、性别、籍贯、职业、学历、收入、家庭结构的分析。

(6) 各竞争品牌市场区隔与产品定位的比较分析。

(7) 各竞争品牌广告费用与广告表现的比较分析。

(8) 各竞争品牌促销活动的比较分析。

(9) 各竞争品牌公关活动的比较分析。

(10) 各品牌定价策略的比较分析。

(11) 利润结构分析。

(12) 过去×年的损益分析。

2. 主体

一般由以下几个部分构成。

策划目的

对营销策划所要达到的目标、宗旨,树立明确的观点,作为执行策划的动力或强调其执行的意义所在,以要求全员统一思想,协调行动,共同努力保证策划高质量地完成。比如:企业开张伊始、发展壮大、改革经营和行情变化等各个阶段有不同的策划目的。企业在总的营销方案下,需要在不同的时段,根据市场的特征和行情变化,设计新的阶段性方案。

营销目标

在策划目的任务基础上,要实现的具体目标,即营销策划方案执行期间,经济效益目标达到的数目,包括销售收入、市场份额、预计毛利等。通常用表格形式表明。

例表:

年　份	××××年	××××年	××××年	××××年	××××年
销售收入					
市场份额					
预计毛利					

营销战略

市场营销的具体行销方案,包括营销宗旨、产品策略、价格策略、销售渠道和具体的实施步骤。这部分是主体的中心,要求详尽、细致地给出各个方面的策略和设想,使决策者对此有明确的认识。

费用预算

整个营销方案推进过程中的费用投入,包括营销过程中的总费用、阶段费用、项目费用等,其原则是以较少投入获得最优效果。

方案调整

在方案执行中都可能出现与现实情况不相适应的地方,因此,必须随时根据市场的反馈及时对方案进行调整。这一部分是策划方案的补充部分。

3. 可行性分析

即对整个方案的可行性与操作性进行必要的事前分析,为事后的执行进行必要的监督工作做铺垫。这也是决定着策划方案能否最后通过的重要衡量标准之一。

(三) 落款

在标题下方或结尾下一行的右面写上作者名称和文书的完成日期。

营销策划书的编制一般由上述几部分构成。企业产品不同,营销目标不同,其侧重的内容,在编制上可进行适当取舍。

五、案例简析

案例一

×××矿泉水营销策划书

前 言

×××公司采用先进技术设备生产的×××矿泉水饮料,是××市第一家开发的天然优质矿泉水,此矿泉水具有悠久的历史,是优质的"古水"。为了塑造企业最新形象,弘扬企业历史美名,拓展矿泉水销售市场,引导消费者有益消费,在有效的时间内实现市场效果,特制定营销策划如下:

总体市场分析……(文字略)

(一) 产品支持点

×××矿泉水是真正的取自×××地岩深处的千年"古水",既含锶,又含偏硅酸,质量达标,有一定的保健功效。

(二) 产品问题点

×××矿泉水价位不够稳定,缺乏导向意识;包装质劣,欠美观,影响市场形象;营销管理人员不足,产、供、销难以市场为中心;销售方式原始,缺乏科学、规范、现代化的营销手段。

消费习惯不易变更,"花钱买水"不易;假冒伪劣品扰乱市场。

(三) 产品机会点

大众消费意识的提升,追求健身、便利。是季节性集中饮品,能解渴、消暑。旅游旅途、文艺、体育、休闲娱乐,富有购买力。商社、宾馆、会议日趋青睐,追求自然、天然、纯净、高质量。

(四) 营销策略

产品定位:××市第一品牌矿泉水。

目标:打开知名度,树立全新形象,进入以××市为中心的目标市场。

卖:天然、优质的"古水";

传:先进技术设备,悠久历史的荣誉;

导:商业文化建设和消费习惯心理;

赢:社会美誉和市场占有率;

树：企业全新形象；

创：驰名品牌，著名商标。

（五）理论可行性

1. 宗旨：科学、艺术、现代、及时、有效、阶段。

瞄准企业营销切入点，确定市场目标，创造市场机会。制定企业形象战略，提升企业在市场竞争中的识别。在商业运营中，将企业的经营理念和特质视觉化、规格化、现代化。采用全新技术、强点思维、有效管理，迅速获取市场制高点，在有效的时间内实现市场效果。

2. 手段：运用视觉设计与行为的展现，将企业理念融入实用、标准、美好的线条、色彩中，塑造企业最新形象，弘扬企业历史美名，拓展矿泉水销售市场，引导有益消费。

3. 调查市场、分析市场、定位市场，制定营销方略，择定宣传广告战略切入点，打开产品消费与销售的死角。

4. 原则：合理合法、严谨创新、经济实用

以市场目标为中心，符合人性、民族性，强调特质独到，塑造亮丽高档的艺术形象，符合法律、法规要求，按科学准则行为。

（六）营销谋略

1. 运筹帷幄，决胜千里……（文字略）

2. 创造市场，引导消费……（文字略）

3. 强调传播力度，有效而经济……（文字略）

4. 谋定而后动，用技而创益……（文字略）

5. 临危不惧，化险为夷……（文字略）

（七）营销目标

一个独到：可生产含二氧化碳型“加气”矿泉水。

两个要求：高目标，占领以××市为中心的涉外销售市场。

三个新点：新观念（计划经济——市场经济）；
新起点（导入CI，提升产品定位）；
新技术（全封闭自动化灌装生产线）。

四个第一：××市第一家引进国际先进技术设备的企业……（文字略）

（八）VI系统设计

强调通过艺术化的设计弘扬企业的事业领域、经营方针、企业文化和企业基本理念。

以背景设计法和传统民族化的纹样描绘出矿泉水的市场冲击力，以××色为背景主色调，辅以××、××、××色等，在清新、和谐、动感的画面中体现企业新的营销理念和方略：

三高：高质量、高标准、高品位；

三新：新观念、新起点、新技术。

（九）产品行销

以××市为中心，放射性地逐渐向××、××、××方向发展。

（十）价格

为符合第一品牌，遵循目标市场需求，以市场竞争为导向，确立中级价位政策。

（十一）广告媒体

据企业实际现状和资金预算，合理、有效地选择最佳目标媒介。

目的：打开知名度，占领市场。

策略：强调“三高”、“三新”，树形象，创第一。

传播过程：以××市为主战场，以××以北地区和××区域为主攻方向。

时间：××月—××月。

方式：会务、活动、报刊、广播、印刷等“硬”、“软”结合。

预算：初级××万元—××万元，中级××万元以上。

（注：CI，即CI策划，是企业形象识别策划，它是指策划者为达到企业目标，尤其是树立良好企业形象的目标，在充分进行企业实态调查基础上，对总体企业形象战略和具体塑造企业形象活动进行谋略、设计和筹划的运作。）

简　析

案例一是一个较典型的产品营销策划书。通过市场调查、市场分析，结合市场状况，准确、合理地给产品定位，确立营销目标，提出理论依据，并对企业经营战略进行重点策划。

科学、有据、切合实际，是案例一的成功之处。

案例二

“××××××”（活动名）

——×××品牌××商品营销专题活动策划书

活动日期：××××年××月××日。

活动时间：××时—××时。

活动地点：××市××广场。

参加人员：

1. ××公司分管领导×名、××市总经销×名。

2. ××市报社、电台、电视台等媒体记者××名。

3. ×××等方阵×个，每个方阵××人，计约××人。

4. 演员约××名。

5. 安保、服务等工作人员××名。

活动主题：“××××××”。

活动目的：依据市场销售状况，目前，×××品牌××商品在××、××、××等地已经打开市场，年销售量达××万件。为打开××、××等地区市场，以此带动××地区市场，通过策划“××××××”大型专题营销活动，进一步提高×××品牌××商品的影响力和美誉度，树立×××品牌××商品良好的形象，为×××品牌××商品今年销售量突破××万元大关造势出力。

主要内容：本次活动除了使目标群体直接受益外，主要争取传媒尽可能广泛地宣传报道×××品牌××商品，使更多的人了解、认识××企业、××品牌，扩大×××品牌××商品的潜在销售力。

1. ××公司派出技术人员，分别到××市×个特大商场为抽奖胜出的××名消费者定制×××品牌××商品，赠送×××品牌××商品。

2. ××公司分管领导在××市××商场举行××服务，征集消费者对×××品牌××商品的建议。

3. 在××市××广场举办大型营销专题文艺演出。演出以现代歌舞为主，主持人通过与观众互动，宣传、介绍××公司的×××品牌××商品，并向观众发放小礼品、×××品牌××商品说明书、质量跟踪卡等，把专题营销活动推向高潮。

经费预测：约×万元。

附件：

1. 演出节目单(略)

2. 活动成本支出清单(略)

3. 广告方案(略)

××××年××月××日

简　析

案例二是个构思巧妙的×××品牌××商品专题营销活动策划书，活动的方案具体可行，有一定创意。案例包括时间、地点、主题、参加人员、主要内容、经费预测、附件等，策划比较周密，活动内容贴近消费者，对消费者有一定的吸引力，也容易引起媒体的关注、参与，以此达到策划的目的。

第五节　产品说明书

一、产品说明书的含义

产品说明书亦称商品说明书，是生产部门向消费者介绍和说明产品成分、构造、性能、特点、主要技术参数、使用方法、作用、维护保养等使用知识的应用文体，目的在于指导消费，宣传、推销产品。

二、产品说明书的特征

产品说明书具有实用性、科学性、条理性和通俗性的特点。

（一）实用性

产品说明书是为了方便人们了解产品、正确使用产品而制作的，所以，说明书要围绕产品的性能、特点、功用、使用方法、注意事项、维护保养等具有实用价值的内容来写。消费者要对照说明书了解产品、进行操作。如果缺少了操作、使用等必需的实用内容，乃是说明书的残缺。所以，说明书的内容，实际上具有规定性和约定性。如果疏漏或隐瞒了某些内容，就可能影响正确的操作和使用，这是对消费者的不负责任；如果把其他远离操作、使用的内容列入说明书，又画蛇添足，纯属多余。

（二）科学性

产品说明书是指导消费者科学认识和使用产品的指导文书，必须实事求是，客观表述，绝对不能为了推销，而任意夸大产品的功用。产品的功用和指标，应当符合国家质量标准，其数据要力求准确无误。夸夸其谈的不实之词，有害消费者，并有可能造成产品毁坏，甚至危及人身安全。说明书附有的技术参数、构造、图纸等，是其科学性的体现。

（三）条理性

为了达到实用、科学的要求，产品说明书在表述上要注意表达顺序，力争做到条理清晰、次序分明，以利于消费者正确理解其内容。在实际撰写中，分类说明方法的运用往往是条理性的具体体现。

（四）通俗性

产品说明书的读者对象多为不具备专业知识的普通消费者。因此，要以通俗浅显的语言形式，将产品各方面的情况写清楚，尽量不用或少用不易理解的专业术语。用语力求平实、直白。

三、产品说明书的分类

根据内容和用途的不同，可分为民用产品说明书、专业产品说明书、技术说明书等。

根据表达形式的不同，可分为条款式说明书、文字图表说明书等。

根据传播方式的不同，可分为包装式、内装式。包装式即直接写在产品的外包装上。内装式即将产品说明书专门印制，甚至装订成册，装在包装箱（盒）内。

四、产品说明书的结构和写法

产品说明书因产品的不同、用途的不同，写法也是多样的。就其结构而言，包括标题、正文和具名。

（一）标题

一般是由产品名称加上“说明书”三字构成，如“××说明书”。有些说明书侧重介绍使用方法，称为使用说明书，如“××使用说明”。如果产品属于国家有关部门批准许可生产的，还需要将批准部门的名称（或简称）、文号、专利证号等写在标题的上方或下方。

（二）正文

通常详细介绍产品的有关知识，包括产地、原料、功能、特点、原理、规格、使用方法、注意事项、维修保养等知识。不同说明书的内容侧重点也有所不同，可视产品具体情况略写或不写。写作形式主要有条款式、短文式和复合式。

1. 条款式

采用分条列项的说明方式。其优点是内容具体、层次分明、条目清楚。通常用于简单产品的说明。

2. 短文式

采用概括和叙述的方式对产品进行介绍和说明。其优点是内容完整、意思连贯。

3. 复合式

综合使用条款、短文和图表等形式。其优点是能把事物说得比较清楚、周密，既能给人一个总的印象，又能让人了解具体项目的内容。

某些结构复杂、需要向使用者全面详细说明的产品，由于要说明的事项过多，也可以将说明书编成小册子，包括封面、标题、目录、概述、正文、封底等。如某些家用电器说明书，应分章、分节地指导消费者如何运用该电器。

（三）具名

正文结束后，在正文右下方，写上产品生产企业和定点经销单位的名称以及联系方式等。

五、案例简析

案例一

××药膏说明书外用(OTC 乙类)

药品名称：××药膏

汉语拼音：××××

成分：……（保密方，文字略）

性状：本品为淡灰黄色的橡胶膏剂；气味特异。

作用类别：本品为急性软组织扭伤类非处方药药品。

功能主治：活血散瘀，消肿止痛，祛风除湿。用于跌打损伤，瘀血肿痛，风湿疼痛。

用法用量：贴患处。揭下××药膏，使药带贴于治疗部位，松紧适当即可。

禁忌：孕妇禁用。

注意事项：

1. 皮肤破伤处不宜使用。

2. 皮肤过敏者停用。

3. 每次贴于皮肤的时间少于×小时，使用中发生皮肤发红、瘙痒等轻微反应时可适当减少粘贴时间。

4. 小儿、年老患者要在医师指导下使用。

5. 药品性状发生改变时禁止使用。

6. 儿童必须在成人的监护下使用。

7. 请将此药品放在儿童不能接触的地方。

8. 如正在服用其他药物，使用本品前请咨询医师或药师。

不良反应：

过敏性体质患者可能有胶布过敏反应或药物接触性瘙痒反应。遇此，贴用时间不宜超过×小时。偶见红肿、水泡等，遇此停药。

规　　格：6.5 厘米×10 厘米

贮　　藏：密闭，置阴凉处。

包　　装：(1) 每盒装 2 片　(2) 每盒装 5 片　(3) 每盒装 10 片　纸质包装。

有效期：×年。

批准文号：国药准字 ××××××

委托方：××集团股份有限公司

注册地址：××市国家高新技术产业开发区

邮政编码：××××××

电话号码：×××××××

传真号码：×××××××

网址：××××××××××

受托方：××药业有限公司

生产地址：××××国家高新技术产业开发区××—××号地块

简　析

案例一属于条款式产品说明书，分条列项地介绍了药品知识，包括药品名称、规格、性

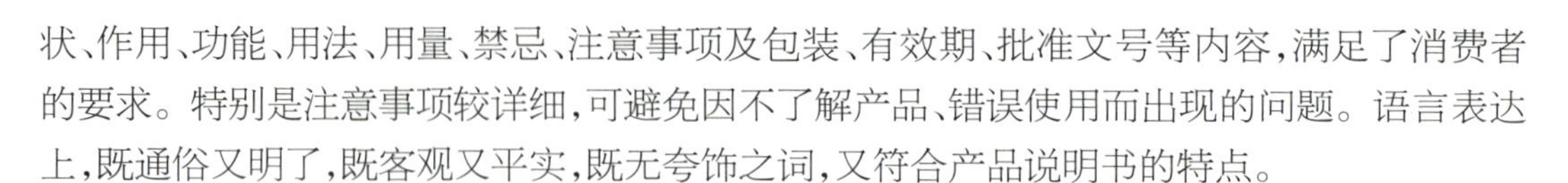

状、作用、功能、用法、用量、禁忌、注意事项及包装、有效期、批准文号等内容，满足了消费者的要求。特别是注意事项较详细，可避免因不了解产品、错误使用而出现的问题。语言表达上，既通俗又明了，既客观又平实，既无夸饰之词，又符合产品说明书的特点。

案例二

明明白白花钱　实实在在消费

——××纸品

××实业有限公司，是××地区生活用纸行业的龙头企业之一。长期以来，××公司用“××品牌，实实在在”的经营理念，努力打造“××”、“××”两大品牌系列生活用纸。××纸品选用100%纯原浆，经先进工艺加工而成。其特点是：手感好，刀纹细，洁白无菌，量足实用。敬请广大消费者放心选用。

欢迎垂询：

公司地址：×××××

电话：×××-×××××××××

简　析

语言简练、内容完整、通俗易懂是案例二的特点。说明书的写作目的就是让人们尽可能多地了解所介绍商品的知识，进而指导人们使用，因而语言必须平实易懂。案例二在写作上的可贵之处正是抓住了××纸品的特点进行说明，内容具体、实在。

第六节　招标书和投标书

一、招标书

(一) 招标书的含义

招标书亦称招标通告、招标说明书，是招标单位为了达到招标目的，对外公布的有明确招标内容和具体要求的说明性文书。其作用在于招标单位为了选择技术装备力量强、经济实力雄厚、经营管理经验丰富、足以胜任承包任务的承包单位，而达到自己进行大型工程兴建和大宗商品及设备交易的目的。在整个招标过程中，属于首次使用的公开性文件，是唯一具有周知性的文件。

(二) 招标书的特征

招标书具有公开性、指导性、明确性的特征。

1. 公开性

以最少的投入获取最佳的经济效益，是招标的根本目的。因此，招标单位要通过招标公告、招标文件等形式将招标内容及其条件和要求，公开告诉投标者，以引入竞争机制，达到降低投资和成本的目的。

2. 指导性

招标书公开的招标项目、招标内容及其条件和要求、招标程序、投标须知等内容，为投标者指明了投标的方向。投标者可以根据这些信息资料，制订可行的投标方案，填制投标文件和编写答辩词等。

3. 明确性

明确性是保证招标单位目标得以实现的基础，是投标者填制投标文件的依据。招标书应明确具体地写明招标的目的及基本情况、招标内容及要求、招标程序、投标须知等，切忌抽象笼统或含糊其辞。

（三）招标书的分类

1. 按形式

招标书可分招标公告、招标通告、招标启事和招标文件等。前者是招标单位通过报刊、广播、电视等公共传媒，以发布广告的形式吸引投标者前来竞标。后者则是招标单位编制的对外出售的招标书。

2. 按内容

招标书可分大宗商品交易类招标书、招聘企业经营者类招标书、工程项目类招标书、科技项目类招标书等。

3. 按适用范围

招标书可分国际招标书、国内招标书、部门系统内招标书等。

（四）招标书的格式与写法

招标书通常由标题、导语、主体、落款组成。

1. 标题

标题一般由招标单位全称、招标事宜、文种组成，如《××市××局××招标书》。

2. 导语

亦称前言，主要写明招标的根据、目的、工程项目、商品、设备名称、规格及招标范围，也可简明介绍单位相关情况。

3. 主体

按照《招标投标法》第十九条的规定，主体部分应当包括：招标项目的技术要求、对投标人资格审查的标准、投标报价要求和评标标准等所有实质性要求和条件，以及拟签合同的主要条款。不同类型的招标，招标书的主体内容也不同。

大宗商品交易类，主要由投标须知、需求表、技术规格、合同条款及格式、附件等内容构成。

招聘企业经营者类，主要由招标范围、招标程序、企业基本情况、合格投标者标准、承包期限、承包内容及指标、中标人的权责、中标人的收入、合同变更中止的原则等内容

构成。

工程项目类，主要由投标须知、招标工程项目介绍、工程技术质量要求、包工包料情况、合同条款、合同格式及附件等内容构成。

科技项目类，主要由项目名称、任务由来、研究开发目标、研究开发内容、经济技术指标、研究开发的进度要求、研究开发成果要求、研究开发经费要求、承包单位的条件及要求、投标截止时间等内容构成。

4. 落款

写清具体承办招标事宜的具体单位名称、地址、电话号码、传真号码、网址、联系人等。如果是国际招标，还应注明招标范围应包括哪些国家、用何种货币、付款办法等。写明制订招标文件的单位名称、日期，并加盖招标单位印章。

（五）案例简析

案例一

××大学教材招标书

为加强教材的采购管理，经校务会研究决定，现对××年秋季学生教材采购进行招标。为确保采购教材的质量和及时供应，维护招、投标双方的合法权益，特定此标书。

一、招标项目

××年秋季所用全部教材。具体招标种类、版本、数量见所附《××年秋季教材征订一览表》。

二、招标方式

××市内公开招标。

三、投标人资质条件及证明

1. 投标人必须具有一般纳税人的企业资格；具有从事大中专教材经营权及相关教材代理权（国家有规定的按照国家规定），须能直接由出版社购进者，无中间环节；遵纪守法，无经营盗版教材、劣质教材及偷漏税等不良记录，具有良好服务信誉；具有较大的经营规模；具备承担投标项目的能力；同时符合国家有关规定的资格条件。

2. 投标人必须提供下列证明材料：营业执照、图书经营许可证、法人代表证明、税务登记证、代理商具有的出版社授权证明或委托书、投标方参与人身份证；其他有关的资信证明（复印件需加盖公章）。包含投标人单位性质、供货能力、经营特色、服务保障人员及主要业绩等的投标人简介。投标人在送达标书时，应提供以上材料的原件或复印件×份（原件备查）。法人因故不能亲自参加投标而委托他人的，需有法人委托证明。

3. 投标人具备提供最新教材目录和教材发展动态的能力，主要包括新华书店总店编的《全国大中专教学用书汇编》、《高校教材图书征订目录》及高教、人大、清华、上海外教等国家大型出版社的当季的各类目录。目录套数按需方要求而定。

四、评标标准

符合投标条件的情况下，强调价格优势、投标人资信优势和服务优势。

五、供货时间及方式

购方最迟至××××年××月××日前发出订单，订单中标明各种类、版本的订购数量。

供货方接到订单后必须及时组织落实书源，若有不明或不确定之处，应尽快电话联系，中标者为拖延时间而假托出版社临时无货者，每种教材罚款××××元。供货方自中标之日起至××××年××月××日，所订教材分批到货。所有教材由供货方免费及时地送货到需方指定的库房，并在包装上分类标明教材名称，经需方查验无误后，由供货方负责搬放到指定的书架，由需方在两联单上签字确认。

六、价格条件

各种教材价格不高于出版社定价的××%。

七、中标方须做到

1. 投标人不得相互串通招标报价，不得排挤其他投标人的公平竞争，损害招标人或其他投标人的合法权益。

2. 中标人必须保证教材的质量，如果教材有质量问题，由中标人负责解决；中标人必须保证所供教材为正版优质教材，否则，由此引起的一切法律后果由中标人承担，并加倍赔偿由此造成的经济损失。中标人按招标人指定的书目提供，不得擅自夹带盗版书、劣质书和非招标方预订书。

3. 所供教材如发现版本有误，装订、印刷、污渍等质量问题，保证在××个工作日内退换完毕；因招生数量变动、学生专业调整等因素造成的教材种类数量的变化，中标人要按变动后的教材订单执行；必须保证对近一年所定教材中多余及残缺教材及时退换，不得以任何理由推诿。

4. 由于中标人漏订、迟订等原因影响教学的，由中标人赔偿需方所订教材书款三倍的罚金，并解除供货合同。

5. 按招标人提供的订单，到书率须达××%以上。中标人供书发货差错率低于×%。

6. 中标人送书到招标人指定地点，并附有微机打印准确（含订单的所有项目）的一式两联的送书清单。

7. 中标人应当按照合同约定完成中标项目，不得向他人转让中标项目，也不得将中标项目分包他人。

8. 中标人不履行合同时，每涉及一种教材扣应付教材款××××元，以此累加，且合同保证金不予退还。造成损失的按有关规定处理。

9. 采购实行信用一票否决制。投标人有下列情况之一的，一经招标人或相关业务主管部门发现，该投标单位参加投标的，投标无效；中标的，招标人有权立即终止与其签订的合同，并要求其赔偿因此造成的一切损失和费用；给招标人造成损害的，应承担相应经济责任与法律责任。且今后不得参加我校此类项目的招标。

(1) 提供虚假材料的；

(2) 采用不正当手段诋毁、排挤其他投标人的；

(3) 与其他投标人恶意串通的；

(4) 中标后，无正当理由不与招标方签订合同的；

(5) 其他违反法律法规给招标方造成损害的；

(6) 中标后在履约过程中没有严格按照招标文件、合同等要求保证质量的；

(7) 中标后转包项目的；

(8) 提供的教材有较大规模质量问题的；

(9) 违反国家法律法规其他规定的。

八、开标

投标人应在××××年××月××日上午×时前，将投标书密封、并加盖单位印章交招标办公室，同时缴纳投标保证金×万元整(￥×××××)。定于××××年××月××日上午×时在××地点开标。未中标者保证金原数退还；中标者保证金转为合同保证金。

九、本招标书解释权归教务处

附：××大学××××年秋季教材征订表(略)

××大学教务处

××××年××月××日

地址：××××××

电话：××××××××

传真：××××××××

邮政编码：××××××

联系人：×××

简　析

案例一是一份××大学××年秋季学生教材招标书。标题采用了三要素式——招标单位+招标内容+文种名称。正文由前言、主体组成。前言主要写明招标的目的、依据及招标项目名称等内容。主体部分分别写明招标项目、招标方式、投标人资质条件及证明、评标标准、供货时间及方式、价格条件、对中标方的要求、开标时间及相关事项等。落款写明招标单位名称、发文时间、地址、电话号码、传真、邮政编码、联系人等。本招标书的格式规范，内容具体明确，语言表达简洁而准确。

案例二

××商厦建筑安装工程招标书

为了提高建筑安装工程的建设速度，提高经济效益，经市建委批准，××公司对××商厦建筑安装工程的全部工程进行招标。

一、招标工程的准备条件、本工程的以下招标条件已经具备：

1. 本工程已列入××市年度计划；

2. 已有经国家批准的设计单位出具的施工图和概算；

3. 建设用地已经征用，障碍物已全部拆迁；现场施工的水、电、路和通讯条件已经落实；

4. 资金、材料、设备分配计划和协作配套条件均已分别落实，能够保证供应，使拟建工程能在预定的建设工期内连续施工；

5. 已有当地建设主管部门颁发的建筑许可证；

6. 本工程的标底已报建设主管部门和建设银行复核。

二、工程内容、范围、工程量、工期、地质勘察单位和工程设计单位(见附表)。

三、工程可供使用的场地、水、电、道路等情况(略)。

四、工程质量等级、技术要求，对工程材料和投标单位的特殊要求，工程验收标准(略)。

五、工程供料方式和主要材料价格，工程价款结算办法(略)。

六、组织投标单位进行工程现场勘察，说明和招标文件交底的时间、地点(略)。

七、报名日期、投标期限、招标文件发送方式

报名日期：××××年××月××日。

投标期限：××××年××月××日起至××××年××月××日止。

八、开标、评标时间及方式，中标依据和通知

开标时间：××××年××月××日。

评标结束时间：××××年××月××日。

开标、评标方式：建设单位邀请建设主管部门，建设银行和公证处参与。

中标依据及通知：本工程评定中标单位的依据是工程质量优良，工期适当，标价合理，社会信誉好，最低标价的投报单位不一定中标。所有投标企业的标价都高于标底时，如属标底计算错误，应按实况予以调整；如标底无误，通过评标剔除不合理的部分，确定合理标价和中标企业。

九、其他（略）

附：施工图纸、勘察、设计资料和设计说明书（略）

建设单位：××公司
××××年××月××日

地址：××市××区××路××号
联系人：×××
电话：××××××

简　析

案例二是一份××商厦建筑安装工程招标书，目的是希望众多投标者前来投标。阅罢，该招标书能激发投标者竞争意识，其内容具体且全面，从九个方面对招标项目做了较为详细的说明。向社会公开招标，招标书的内容必须具体、明确。招标书涉及法律问题，受法律的监督和保护，故起草招标书应力求结构严谨、用语准确。案例二基本具备这一点。

二、投标书

（一）投标书的含义

投标书亦称“标函”，是投标者根据招标书提出的条件，对自身的条件进行审核后，向招标单位提出投标意向，供招标人备选的文本。投标书与招标书相对应，编制是否合适，直接关系到投标者能否中标。

（二）投标书的特征

投标的目的是为了中标。因此，投标书具有针对性、求实性和竞争性的特征。

1. 针对性

主要表现在两方面：一是必须针对招标项目和招标条件、要求来写；二是必须针对投标单位自身的实际条件来写。

2. 求实性

指对投标的内容实事求是地写，不夸大也不缩小，一切承诺都要建立在自己实力的基础上，否则，要承担法律责任。

3. 竞争性

体现在投标的内容和语言上，尽可能显示出投标者所具有的某些优势条件，以击败其他竞争者。

（三）投标书的分类

1. 按投标方人员的组成情况分类

可分个人投标书、合伙投标书、集体投标书、企业投标书等。

2. 按性质和内容分类

可分工程建设项目投标书、企业租赁投标书、劳务投标书、科研课题投标书、技术引进投标书等。

（四）投标书的格式与写法

投标书通常由标题＋正文＋尾部构成。

1. 标题

一般有四种：一是由投标单位、投标项目和文种构成，如"××××商场改扩建项目工程投标书"；二是由项目和文种构成，如"××工程投标书"；三是由投标单位和文种构成，如"××单位投标书"；四是只标明文种，如"投标书"、"标书"、"标函"或"投标说明书"。

2. 正文

一般由送达单位＋导语＋主体＋结尾组成。

(1) 送达单位

顶格写明公布招标者的全称。

(2) 导语

开宗明义，以简练的语言说明投标的依据、目的或指导思想，表明投标意愿。

(3) 主体

针对招标书提出的实质性要求和条件，做相应的对策。首先可扼要介绍投标者现状、具备的投标条件，目前所做的工作，及中标后的承诺；其次提出总报价限价、完成招标项目时间，明确质量标准和保证措施等。再是可简单介绍拟派出的项目负责人与主要技术人员的简历、业绩和拟用于完成招标项目的机械设备等等。

(4) 结尾

写明投标者的全称、地址、电话号码、传真，并加盖印章。位置在正文的右下方。

3. 尾部

投标书的尾部包括附件名称、落款、成文日期和附件原文。

附件是和正文相互配合的。如果投标书的内容不是很庞杂，大部分内容在正文中表述清楚，附件就可以减少。附件应视需要和实际情况而定。附件内容一般包括：资格审查文件、工程量清单、投标报价表、分项标价明细表、材料清单、技术规格、有关图纸和表格、担保单位的担保书等等。

（五）案例简析

案例一

××公司投标书

××进出口总公司招标公司诸位先生：

经研究××号招标文件后，我公司决定参加××桥梁工程项目所需货物的投标，并授权下述代表人×××、×××代表我公司提交下列投标文件，其中正本一份、副本五份。

(1) 投标报价表。

(2) 货物清单。

(3) 技术规格。

(4) 技术差异修订表。

(5) 投标资格审查文件。

(6) ××银行开具的金额为××万元的投标保函。

(7) ××银行开具的金额为××万元的履约保证金保函。

(8) 开标一览表。

签名代表人兹宣布同意下列各点：

1. 投标保价表列拟的供货物的投标总报价为××万元。

2. 投标人将根据招标文件的规定履行合同的责任和义务。

3. 投标人已详细审查了全部招标文件的内容，包括修改条款和所有供参阅的资料及附件，投标人放弃要求对招标文件做进一步解释的权利。

4. 投标书自开标之日起两个月内有效。

5. 如果在开标之后的投标有效期内撤标，贵公司可以没收投标人的投标保证金。

6. 如果中标后，我方未能忠实地履行所有的合同文件或随意对合同文件作出修改、变动，贵公司可以没收我方许诺的履约保证金。

7. 我们理解贵方并不限于只接收最低价，同时也理解你们可以接受任何标书。

附件：

1. 投标报价表(略)

2. 技术规格(略)

3. 技术差异修订表(略)

4. 资格审查文件(略)
5. 投标保证金保函(略)
6. 履约保证金保函(略)
7. 开标一览表(略)

投标单位：中国×××桥梁公司(公章)
投标者姓名：×××(签章)
投标代表人姓名：××(签章)
地址：×××××××
电话：×××××××
传真：×××××××
××××年××月××日

简 析

案例一是中国××桥梁公司的一份投标书，是根据××进出口总公司招标公司为××桥梁工程项目所需货物向社会发出招标书而写的投标书。标题由投标单位名称(××公司)和文种(投标书)构成，顶格写明招标单位的全称——××进出口总公司招标公司诸位先生，以示尊敬。前言写明投标的依据，点明投标的项目和内容。主体部分按招标文件一一列写，表明态度，保证事项。落款写明投标单位名称、地址、授权代表人姓名、电话号码、传真号、邮政编码、投标日期等。共有七个附件，该投标书能紧扣要求进行编写，格式较规范。

案例二

投 标 书

××区建设局：

在认真研究了××地下停车库工程全部招标书，参加了招标技术说明与招标答疑，并考察了工程现场后，我公司愿意以人民币××万元的总价，按照招标书的要求承担该工程的全部施工任务。我公司现正式授权签字人×××(××项目总经理)、××(施工总监)，代表我公司向贵方提交投标书正本壹份、副本壹份。

本投标书由下列文件组成：

1. 综合说明书(见附件)。
2. 总报价书(见附件)。
3. 费率投标报价书(见附件)。
4. 工程预算表(见附件)。
5. 工程施工设计图(见附件)。
6. 工程进度图及计划书(见附件)。

我公司宣布并同意下列条款:

1. 如果贵方接受我方的投标,我方保证在接到开工指令后立即开工建设,并确保在××个工作日内按质按量完成全部工程。如果延期,每日愿意负担工程总价的×%违约金。

2. 如果贵方接受我方的投标,我方愿意在接到中标通知书后的××日内提交人民币××万元保证金。

3. 如果我方在接到中标通知书的××日内因我方的原因没有签订正式合同,贵方有权没收人民币××万元保证金。

4. 我方理解并支持贵方不负担我方的任何投标费用。

附件:(略)

代表:×××(签字)
××(签字)
投标单位:××建筑工程公司(盖章)
法人代表:×××(盖章)
投标日期:××××年××月××日

联系电话:×××××××××
联系电话:×××××××××
地址:××路××号

简　析

案例二是一份建筑工程项目投标书,标题由文种(投标书)构成,正文先通过附件写出“综合说明书”、“总报价书”、“费率投标报价书”、“工程预算表”、“工程施工设计图”、“工程进度图及计划书”后,紧接着分条逐一写出投标单位的具体承诺。落款写明招标单位名称等。具体、详细、认真是案例二的特征。此写法有利于引起招标单位的注意和重视。

第七节　其他商务文书

一、市场调查报告

市场调查是指以市场为对象的调查研究活动。是根据市场学的原理，运用科学的方法，有的放矢地搜集、整理、分析和研究市场环境和市场情况资料，从而了解市场、认识市场，获取市场信息。在此基础上写成的报告，谓之市场调查报告。

一份好的市场调查报告，能对企业的市场策划活动提供有效的导向作用，同时，对于各部门管理者了解情况、分析问题、制定经营决策、编制或者修订计划以及控制、协调、监督等各方面都能起到积极的作用。市场调查报告的写法及要求基本和事务文书中阐述的调查报告相似，只是侧重点在于市场。

案例

××××年×—××月
中国天然气市场调查

××××年×—××月，全国天然气生产总量为××亿立方米，比去年同期增长了×%，同比涨幅比去年同期提升××个百分点。××××年××月当月全国天然气生产总量××亿立方米，同比增长×%，比去年同月提升了×个百分点，比××月月份下降了×个百分点。

目前，天然气在我国一次能源消费结构中所占比例远低于××%的世界平均水平和 ×%的亚洲平均水平。但国内天然气市场有较大的发展潜力，有资料显示，我国天然气发电和工业用气以及城市燃气等消费需求快速增长。××××年天然气需求量为×××亿立方米以上，××××年达到×××—×××亿立方米。天然气在一次能源消费结构中所占的比例将逐步增加到×%。我国基本形成了以四川、鄂尔多斯、塔里木、柴达木、莺琼、东海六大盆地为主的气层资源区和渤海湾、松辽、准噶尔三大盆地气层与溶解气共存资源区的格局。另外，我国周边国家俄罗斯、乌兹别克斯坦、土库曼斯坦、哈萨克斯坦天然气资源丰富，占世界天然气总地质资源的××%，剩余可采储量××万立方米。这些国家每年尚有×××—×××亿立方米产能的天然气需寻找新市场。我国已与上述各国进行了多年的有关向我国输送天然气的可行性研究工作。

天然气作为一个朝阳产业，既有其欣欣向荣的一面，也存在着许多有待解决的瓶颈问题：第一，天然气消费结构不够合理。目前我国天然气主要用于化工、油气田开

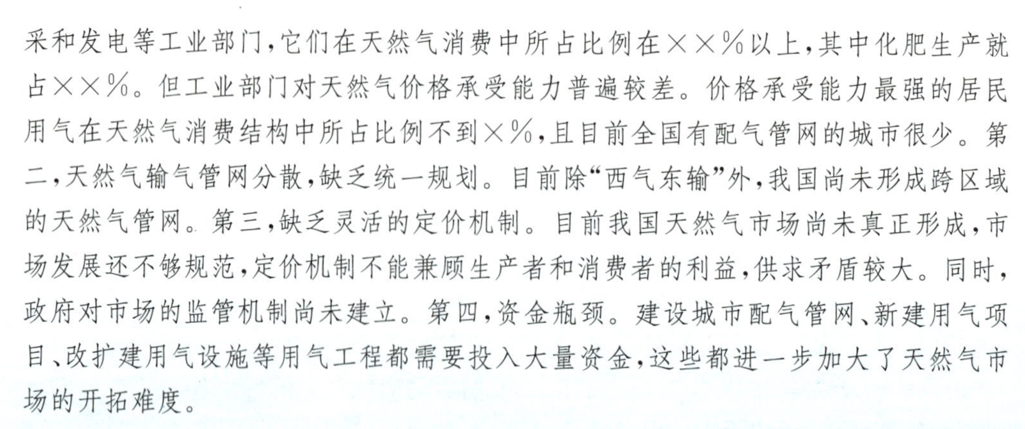

采和发电等工业部门，它们在天然气消费中所占比例在××%以上，其中化肥生产就占××%。但工业部门对天然气价格承受能力普遍较差。价格承受能力最强的居民用气在天然气消费结构中所占比例不到×%，且目前全国有配气管网的城市很少。第二，天然气输气管网分散，缺乏统一规划。目前除“西气东输”外，我国尚未形成跨区域的天然气管网。第三，缺乏灵活的定价机制。目前我国天然气市场尚未真正形成，市场发展还不够规范，定价机制不能兼顾生产者和消费者的利益，供求矛盾较大。同时，政府对市场的监管机制尚未建立。第四，资金瓶颈。建设城市配气管网、新建用气项目、改扩建用气设施等用气工程都需要投入大量资金，这些都进一步加大了天然气市场的开拓难度。

随着中国经济的快速增长，不断富裕的小康社会和日益增加的环境压力，使天然气这一优质洁净的能源在中国具有广阔的市场前景。中国的天然气产业是一个处于发展初期、快速发展的产业，巨大的需求蕴含着巨大的商机。第一，在未来×年中，天然气的消费增长速度最快，随着“西气东输”等工程的建设，我国对天然气的需求将以每年×%左右的速度增长。第二，由于国际油价长期居高不下，全球对更清洁能源天然气的需求增长强劲。第三，从环保意识上讲，各国都在对天然气这种资源的开发和利用比较重视。因此，天然气是××世纪消费量增长最快的能源，占一次性能源的比重将越来越大。由于在人们生产和生活中得到了普遍应用，促使天然气的产量保持着良好的增长态势。××××年全年天然气生产量月同比增长基本上保持在×%以下，而进入××××年逐渐增长到×%以上，在××××年下半年月同比一度超过×%。××××年，天然气生产量月同比呈现出稳定增长的趋势，同比大体保持在××%左右，但××月和××月同比增长连续超过×%。××××年天然气的月生产量保持在××亿立方米左右，波动性较小，××月当月全国天然气生产量达到了近几年来的最高值。进入××××年，天然气生产量还将继续不断地增长，××月当月天然气生产量继续稳定在××亿立方米左右，生产量同比继续走高，达到近几年来的最高值。××月当月，尽管同比有所放缓，但生产量较××月份继续抬高，这种高速增长的趋势还将在一段时期内继续延续。

简　析

案例是一篇从宏观角度对中国天然气市场进行调查的报告，报告列出一系列具有可比性的数据及事实，说明我国天然气市场具有很大的发展潜力和空间，需求不断递增，气源充足，但也存在着许多亟待解决的瓶颈问题。报告反映和分析了市场情况，在此基础上也预示了天然气市场高速增长的需求还将在一段时期内继续延续的趋势。报告中数据、事实清晰，情况明了，结论水到渠成，较有可信度。

二、市场预测报告

市场预测是一门掌握市场需求变化动态的科学，是经济信息的一个重要组成部分。它以经济理论为指导，运用科学方法，对市场调查得来的材料进行分析研究，测算、估计市场未来的发展变化趋势。用书面形式反映出来，便是市场预测报告。

按其范围，主要有宏观市场预测报告、微观市场预测报告。按预测方法，有定性预测报告、定量预测报告。按时间，有长期预测报告、中期预测报告、短期预测报告。按内容，有社会需求预测、销售预测、市场占有率预测、技术发展预测、资源预测、资金预测、生产预测、成本预测等。

市场预测报告的作用在于：为经济决策提供科学依据；为企业制订和调整生产经营计划提供科学依据；促进商品的供需平衡；提高企业的经济效益和社会效益。具有科学性、综合性、预见性、时效性的特点。

案例

当前消费市场形势分析及中长期展望

当前，消费品零售额连续近×个月保持在×%—×%的增长水平，表明消费品市场已明显进入新一轮快速平稳增长期。根据我国正处于新一轮消费结构升级的中长期趋势判断，××××年及整个“××五”期间，国内消费品市场将继续保持高位运行态势，但由于受一些短期和长期深层次问题的制约，消费品市场很难突破×%—×%的增长平台。因此，短期内，宏观调控政策的着力点应重点放在努力增加就业、提高中低收入者收入水平、增加有效供给、扩大政府公共支出等方面；长期看，则重点要从制度和体制入手，努力缩小收入差距，加快解决制约消费增长的长期性深层次问题。只有这样，消费需求快速增长势头才能得以持续。可以预计，到××××年左右，我国将有望迎来新一轮大规模消费增长的新浪潮，消费拉动型经济增长的局面将形成。

一、当前消费品市场基本判断及增长预测

初步预计，××××年消费品零售额将突破×万亿元大关，比上年增长×%左右，扣除价格因素实际增长×%，比××××年有所回升。消费需求成为拉动经济增长最为稳定的因素之一。

当前，消费品市场的主要特点表现为：

一是消费与投资增幅差距有所缩小。二者增长比例趋于协调。随着经济结构调整力度加大和宏观调控政策效应的不断释放。消费与投资增长不协调的局面有所改善。××××年×—××月消费品零售额增长×%，城镇固定资产投资增长×%，二者差距由上年同期相差×个百分点缩小为×个百分点。

二是城乡消费市场两旺。农村消费需求明显回升，和城市消费差距不断缩小。××××年×—××月城市消费同比增长×%。县及县以下消费增×%。农村消费比去年同期增幅提高×个百分点。和城市消费增长差距由上年同期的×个百分点，缩小为××××年全年×个百分点，××××年××—××月进一步缩小为×个百分点。表明随着城乡居民收入不断提高，特别是各地不断提高城镇居民最低生活保障水平和各项惠农政策的逐步到位，城乡居民消费意愿有所提高，消费需求开始释放。

三是居民消费结构升级步伐有所加快，服务性消费明显增加。××××年以来，餐饮业、文化办公用品类、体育娱乐用品类和化妆品类消费一直保持×%以上增长；旅游和通信消费增长势头依然强劲。

四是住房、汽车消费由前几年的爆发式增长转为较快增长。这对消费平稳快速增长形成了有力的支撑。××××年××月份，限额以上批发零售业中，汽车类消费增长×%；住房消费虽受宏观调控影响增速放慢，但其增幅仍保持在×%以上。

五是多数消费品供过于求。无效供给和结构性有效需求不足的矛盾较为突出。

总体来看，经过长达×年的调整。我国消费品市场随着经济景气持续向好，能够以×%以上的增长率持续在高位运行，明显高于一般认为的×%左右的正常增长率区间。改革开放以来，社会消费品零售额名义增长年均×%，与之比较，目前×%以上的名义增长水平基本接近长期趋势。这表明，当前我国所面临的已不完全是消费需求不足的问题。

当前及今后扩大消费，一是加快经济增长方式转变的需要。目前，我国经济增长过度依赖于投资和外需。我国投资率高达×%，比世界平均水平高近×倍，××××年外贸依存度超过了×%以上，这种增长方式是不可持续的。要想延长本轮经济的扩张期，必须要扩大内需，促进消费增长，实现经济增长由投资和外需拉动型向消费拉动型转变。二是从供求关系来讲，消费需求要及时跟进。新一轮投资扩张，工业领域形成的大量生产能力需要释放，消费需求如果不能及时跟进，势必导致产能过剩，最终有可能使我国经济再次陷入通货紧缩。三是促进城乡消费协调增长。消费总量需求不足的矛盾虽然明显缓解，但结构性消费需求不足的矛盾较为突出，特别是城乡消费增长极不平衡，农村消费需求增长依然偏慢，消费水平明显较低。目前，×%的农村居民(包括县及县以下)在全社会消费品零售总额中所占份额仅为×%，而×%的城镇居民所占份额达到了×%，城乡消费差距较大。由于城乡消费水平过度悬殊，导致我国大规模的消费结构升级浪潮被大大延缓，对国民经济持续均衡发展形成制约。启动农村市场、增加农村有效需求、促进城乡之间消费协调增长，已成为新时期宏观调控的一项重要内容。四是城乡居民总体消费水平依然偏低。虽然目前我国人均GDP已超过××××美元，但绝大多数城乡居民的生活水平还处于生存型消费阶段，只有极少数人进入发展型和享受型消费阶段，特别是农村仍有××××万人口的温饱问题没有完全解决，城镇也有少部分居民生活在最低保障线以下。因此，培育和扩大消费需求，促进消费需求快速增长，对××××年全面建设小康社会目标的实现具有非常重要的意义。

二、影响当前及中长期消费增长的因素分析和趋势预测

××××年，是我国"××五"规划的头一年。在科学发展观的指导下，认真解决广大人民群众最关心，与群众最直接、最现实的问题，对居民收入和收入预期增加、提高居民消费信心、进一步扩大消费将产生积极的推动作用。但随着国内供给能力增加、外部市场需求放缓，从××××年及中长期看，我国面临的市场供求矛盾将会更加突出。初步判断，××××年消费增长仍将会维持在一个较高水平，但其增速可能会比××××年有所回落。随着教育、医疗、社保等社会事业改革的加快推进和制度的进一步完善，特别是就业问题逐步得到缓解，预计到××××年左右，我国将有望真正迎来新一轮大规模消费增长的新浪潮，消费拉动型经济增长的局面有望形成。

1. 宏观环境日益朝着更加有利于消费增长的方向发展……（文字略）

2. 中低收入者收入水平有望逐步提高，即期消费需求将会得到明显释放……（文字略）

3. 居民消费结构升级呈加速趋势，将为××××年及"××五"时期消费快速增长提供可靠的保证……（文字略）

4. 国内市场趋于饱和，市场供大于求的矛盾更加突出，调整结构、扩大消费的任务较为艰巨。

从总供给与总需求的关系看，影响××××年以及中长期我国市场供求关系的，主要是总供给大于总需求，特别是工业消费品供过于求的矛盾会非常突出。从短期看，随着宏观调控效应进一步显现，经济增长速度放缓，拉动国内市场旺盛的需求将会有所减弱。中长期看，扩张期过后的新生产能力的形成，对市场供求平衡将造成一定的冲击：一方面，前几年工业领域大量投资所形成的产能将开始释放；另一方面，目前我国资金储备充裕，技术创新能力明显增强，供给能力显著增加，供过于求的矛盾将会凸显。近期尤为值得关注的是，随着国际市场贸易摩擦加剧，人民币升值压力加大，出口增速有可能明显下滑，出口国际市场的商品将会返销国内，进一步挤压国内市场（如纺织、家用电器、鞋等产品），这有可能导致××××年市场供求矛盾变得更加突出。

总体来看，××××年甚至整个"××五"时期，消费品市场受宏观环境趋好和新一轮居民消费结构升级加快的影响，可保持较长时间的稳中见旺态势。从中长期看，随着社会主义新农村的加快建设，到"××五"中后期，农村消费增速有望明显加快，与城市消费增长的差距将明显缩小，由此将带动整个消费品市场进入一个新的增长高峰期。预计到"××五"期末，我国最终消费率和居民消费率有望回升到与国民经济发展相适应的水平，即在GDP增长率为×%—×%及温和通胀的情况下，全社会消费品零售总额实际增长率将达到×%—×%的水平，最终消费率由目前×%提高到×%—×%的水平，居民消费率由×%提高到 ×%—×%的水平。

三、下一步扩大消费面临的主要问题及对策

1. 努力增加就业是当前及今后提高居民消费预期及促进消费增长的关键；

2. 提高农民收入，扩大农民消费仍将是××××年及整个“××五”宏观调控的重要任务；

3. 加快教育、医疗体制改革，加大财政对教育、医疗、社保的投入力度；

4. 控制或扭转收入差距扩大趋势，努力提高中低收入者的收入水平。

简　析

案例是一篇宏观市场预测报告。报告为文章式标题，表明报告立足于当前而展望我国的中长期消费形势。内容上以有说服力的连续近×个月保持增长的数据和其他指标，说明当前我国消费品市场已进入新一轮快速平稳增长期。但报告又指出，从中长期看，由于受一些深层次因素的制约，消费品市场很难突破×%—×%的增长平台。报告进一步分析了影响当前及中长期消费增长的诸多因素，预测了趋势，并做出了对策建议。阐述有理有据，分析透彻，结论建立在翔实的分析基础上，说服力强。案例文字表述准确、通畅，结构完整，层次清晰，可谓是一篇经济预测方面的佳作。

三、意向书

意向书是双方或多方就合作项目在进入实质性谈判之前，根据初步接触所形成的带有原则性、意愿性和趋向性意见的文书。是签订合同的前奏，不具有强制性的法律效力，主要是为下一步实质性谈判提供一个客观的、基本的依据。

案例

意　向　书

为支持××县贫困农村奶牛业的发展，××县扶贫办(以下简称甲方)与上海××××有限公司(以下简称乙方)，于××××年××月××日通过初步协商，达成在××县贫困村中推广示范××优质奶牛的胚胎移植、冷配，奶牛的饲养与管理，牧草的种植与销售等方面的技术合作意向。为使该意向顺利实施，确保农民和公司利益不受影响，双方达成如下意向：

一、甲方：

1. 拟在贫困村的农户中筛选优质适配黄牛作为受体，按照上海××××有限公司提供的饲养管理技术组织农民饲养，作为×××优质奶牛胚胎移植的示范推广基地。

2. 提供一定量的奶牛作为冷配示范推广基地。

3. 加速××县扶贫奶牛示范基地和扶贫优质奶牛胚胎移植、冷配开发中心的建设，为上海××××有限公司的先进技术的推广提供载体。

4. 加快××亩牧草种植基地的建设。

二、乙方：

1. 拟提供先进的胚胎移植、冷配和饲养管理技术，确保推广的奶牛年产优质鲜奶在×××公斤以上，以保证农户发展奶牛的效益。

2. 帮助甲方掌握相关技术，为甲方学习培训提供便利条件。

3. 帮助甲方谋划发展思路，通过若干年的时间，使该项技术得以全面推广，奶牛产业做大，使更多的农民脱贫致富。

4. 拟委托甲方为××地区技术推广示范的总代理。

三、有关具体问题双方在进行可行性研究后进一步协商。

四、本意向书一式两份，双方各执一份。

甲方：____________(章)	乙方：____________(章)
法人代表：__________(签字)	法人代表：__________(签字)
电话：____________	电话：____________
邮编：____________	邮编：____________
地址：____________	地址：____________
____年____月____日	____年____月____日

简　析

案例是一份双方推广示范××优质奶牛胚胎移植、冷配，奶牛的饲养与管理，牧草的种植与销售等方面的技术合作意向书。标题由文种构成。导言部分写明双方单位名称、因何事项进行了“初步协商”，然后用一句“为使……达成如下意向”引出主体部分。主体部分采用条文式结构，依次写明甲、乙双方的职责等内容。案例语言表达准确而有分寸，注重使用留有余地的弹性语言、模糊语言，如“拟提供”、“拟在”、“相关”、“若干”、“有关具体问题双方在进行可行性研究后进一步协商”等，这些均能体现意向书语言的特点。

四、商务贷款申请书

商务贷款申请书是企业、个人或其他经济单位因生产建设、经营或者其他经济方面的需要，由于资金短缺而向银行或其他金融组织要求贷款的书面申请。一般由标题、称谓、正文、落款和附件五部分构成。

另有一种商务贷款申请表，一般由银行或其他发放贷款的机构设计并印制，作为贷款的依据和凭证之一，内容项目根据相关的需要而制定。标准式样的文书由贷款机构提供，借款人填写相关信息。由于情况各异，各机构和银行的申请文书样式可能稍有出入，但大体上没有本质的区别。

案例

关于科技开发新产品的商务借款申请书

工商银行××省分行××市支行：

××省××工业化工厂是大型国有企业，我厂为了调整产品结构、开发新型高科技含量的新品种、增强企业的创新能力、提高企业的盈利水平，在××××年新产品试验中，成功采用新的纯化工艺。这项工艺技术大大提高了三硝二甲苯的纯度，使出厂的产品纯度达到99%以上，为我省的化工行业增加了一项新产品。我厂取得该纯化工艺的具体控制技术参数，并已申请专利。

这项科技开发新产品具有以下特点：

1. 产品质量好，销路广。该产品是重要的工业化工生产原料，油漆、香料等重要化工产品的质量都取决于二甲苯纯度。目前国内的生产企业普遍由于工艺技术问题，产品的品质较低，国内每年需求约××万吨，约80%依赖进口。根据掌握的资料情况，一旦新技术大量投入生产，产品可供上海××香料厂、天津××香料厂生产高品质合成香料，短期内可完成进口原料替代。由于该产品质量好，销路广，国外市场也有需求，因此已经具备了新产品开发的市场条件。

2. 产品效益可观。该产品市场进口价每吨××元，国产系列每吨约××元，由于我厂开发的此类产品品质优良，每吨价位可略高于国产平均价格，约为××元。而该类产品的原料成本每吨约××元，新技术开发使用后可使成本进一步降低10%左右。预计年产××吨，可创收××元，经济效益非常可观。

3. 产品原料供应稳定。作为国家大型的工业化工厂，我厂生产的产品系列比较丰富，该产品的原料可自行生产，每年产量约××吨，完全可以满足该产品生产的原料需求。

4. 产品投资少，建设期限短。我厂的7号车间原计划进行大修厂房和设施维护，先可结合该产品的开发投入进行厂房和设备的重新建设和技术改造。建设期限约为4个月。如果资金到位，预计在今年年底完工并投入生产。该项目的总投资约为××万元，属于投资少、见效快、效益高的项目。

5. 产品还款能力强。该产品预计每年可实现经济效益为××万元，如果能够尽快投入生产，年内即可增加效益约××万元。所以我厂申请科技开发贷款××万元，年内可偿还贷款比例约××%，预计明年可还清全部银行贷款。

鉴于该产品属于科技开发项目，又兼有以上诸多特点，具备国家有关政策规定的科技开发项目贷款条件，特向贵行申请借款××万元，以确保科技开发项目的顺利进行。望予以支持。

请审批！

××省××工业化工厂

××××年××月××日

简　析

案例是一份常见的企业贷款申请书，文字简洁明了，各个部分交代得都非常清楚，结构采用条目式，条理清晰，一目了然。对产品特性，特别是经济效益和投资回报率高等几方面，都着重介绍，强调了企业的还款能力。结尾语气恳切，用语妥帖。

五、企业所得税减免申请书

企业所得税减免申请书，是企业单位或其他经济组织，按照税收法规和税收管理的有关制度规定，就减免税的事项向当地的税务机关请示，并请求税务部门履行的专用文书。

按其申请性质，可分为减所得税申请书与免所得税申请书。根据申请企业，可分外商投资企业所得税减免申请函(书)和一般企业所得税减免申请书两类。

案例

外资企业所得税减免申请书

国家税务局：

上海××有限公司是外商独资企业，注册资本××万美元，投资者为×国××先生，其出资××万美元，现出资占全部出资的×%，公司的税务登记号为××××××××××××。

公司属于工业生产加工性行业，经营范围为生产加工非贵金属人造首饰及工艺品（不含金），产成品80%外销。公司的主要产品和经营项目是首饰工艺品。

公司的生产流程为：

从国外进口主要的原材料，包括金属制品（铅块等）、亚克力、锆石、卡片等。对进口的金属制品进行熔化，然后重新压模以形成首饰品的雏形。对经过初步加工的压模品进行打磨、雕刻、镀金、染色。将压模半成品和亚克力、锆石等材料经过点胶、焊接、组装形成完成品。

检验完成品。

将完成品贴上卡片和标签后装箱出库。

公司的经营期限为××年，从××××年××月××日到××××年××月××日。公司的开业时间为××××年××月。公司开业后，产品加工质量信誉良好，预计获利年度为××××年××月。

根据《外商投资企业和外国企业所得税法》及《实施细则》的规定，申请确认生产性外商投资企业，并根据《外商投资企业和外国企业所得税法》第八条的规定，申请享受所得税"二免三减"优惠资格。

根据中国税函〔××××〕××号文的规定申请享受地方所得税减免优惠资格。

请审核批示！

上海××有限公司

××××年××月××日

简　析

案例是上海某外资公司企业所得税减免申请书。标题直接点明事由，使人一目了然。正文结构严谨，既有企业基本情况介绍，又有企业具体的信息。因其内容繁多，故采用条目式结构，条理更为明晰，便于有关部门掌握情况。理由部分写得比较明确，有理有据。落款日期、标识完整，是一份较为规范的申请书。

六、商标注册申请书

商标注册申请书是商品生产者或经营者为了取得、延续或者取消商标专用权，将其使用的商标依照法律规定的注册原则、条件和程序，向商标局提出申请时需要提交的文书。

根据注册的程序、条件和应用范围，常用的商标注册文书大致可分为：商标注册申请，变更或更正商标注册，转让或续展注册。其格式一般由标题、正文、落款和附页构成。

案例

商标注册申请书

申请人名称：××××××××××
申请人地址：××××××××××
是否共同申请：□是 □否
邮政编码：××××××
联系人：×××
电话(含地区号)：×××××××××
传真(含地区号)：×××××××××
代理组织名称：××××
商标种类：□一般 □集体 □证明 □立体 □颜色
商标说明：……(文字略)
类别：
……(文字略)
(附页： 页)

申请人章戳(签字)：×××
代理组织章戳：
代理人签字：×××
××××年××月××日

简 析

案例采用的是常用的商标注册申请书格式。撰写商标注册申请书关键在于格式规范，项目齐全，语言准确，表达得当。案例格式可供参考。

七、商务谈判方案

商务谈判方案亦称谈判计划，即在谈判之前，根据谈判的目的和要求预先拟定出谈判具体内容与步骤的文书。其内容一般包括主题、目标、程序、组织(成员)四个要素。

商务谈判活动能否达到预期的目的，不仅要看谈判桌上有关策略和技巧的运用发挥如何，更有赖于谈判前充分细致的准备工作，只有认真做好谈判前的准备工作，才能使谈

判活动取得预期的效果。所以，一份合格的商务谈判方案，应在全方位搜集与谈判活动有密切关系的信息资料的基础上，确定谈判主题，明确谈判目标，合理安排谈判程序，灵活制定策略。

案例

××A公司拟收购××B公司谈判策划方案

策划背景

A公司是一家生产××××的中型股份制企业，年生产能力达××万吨，销售量××万吨，销售额××亿元，利润××万元。其主要产品销售区域在××省区。目前该公司在××省区的市场份额达到××%，另外×%的市场份额由×××的B公司(×%)和国内其他几家大型公司共同占据。近几年随着市场竞争的日趋激烈，竞争对手特别是国内几家大型公司在××省区内的销售投入越来越大，使A公司感受到极大的压力。另外随着企业的发展，公司也感到产能不足，想另外投资以增加公司的产能，为此有人提出收购或控股B公司。经初步接触了解，B公司也有被收购的意向。

一、谈判目标

控股B公司

二、资料的搜集与准备

为了进行有效的谈判，公司派出了经营管理状况评估、财务评估、法律评估等×个专家小组到B公司，进行了正式谈判前的前期接触，并搜集了大量的信息资料。

三、双方谈判的主要争议点

本次谈判中，双方最主要的几项谈判争议点会出现在：

1. 购并的方式是全资收购还是控股收购(控股的比例)；
2. 对公司原有债权债务的处理；
3. 对B公司现有管理层的变更与安置；
4. 收购价格；收购款的支付方式；
5. 收购以后的交接事宜等等。

在谈判前期还可能在收购评估公司、收购评估费用、收购谈判议程等方面出现争议。

四、对双方谈判地位的判断

经过调研，了解到B公司也是一家有××万吨产能的中外合资企业，现在年销售量为×万吨左右，多年来由于销售形势不好，经济效益较差，后续资金不足，想依靠自己的力量与A公司在市场竞争上有所起色，难度很大。由于在市场竞争中，与A公司始终是主要对手，B公司的主要管理层对A公司敌意较大，可能产生的情绪性反应比较强烈，也是必须考虑的因素之一。因此，在本次谈判中，B公司虽有一定的意向，但可能动力不足，处于防守地位，某大公司的介入，也会使该公司的立场趋强硬；而A公司处于主动地位。

五、对B公司可能持的初始立场及最后底线的分析

B公司在谈判的各争议点所持的底线主要有：

1. 在控股比例上，可能会至少要求本公司收购××%的股权；

2. 在债务上可能会要求全额承担所有债务；

3. 在收购价格上其实际底价可能在×元/股左右（每股净资产为×元，初步开盘价为×元）。

六、本次收购的战略、战术方案

根据有关情况，在策略上主要考虑以下几个问题：

1. 谈判议程的安排，主要确定先谈什么，后谈什么；分几个场次进行谈判；在什么地方谈；每场谈判的级别怎样。

2. 谈判前有关信息披露的时间、程度；是否需要采取某种信息烟雾。

3. 谈判中B公司的底线怎样确定，谈判中怎样报盘比较好。

4. 谈判的让步策略怎样等等。

简　析

拟定谈判方案，是一项复杂的工作，既要做好充分的准备，知己知彼，又要预见到各种可能出现的情况，为赢得谈判胜利打下良好的基础。案例总体考虑得比较周到，目标明确，既有谈判前的资料搜集，同时考虑到了谈判的主要争议点，并对双方谈判的地位、B公司可能持的初始立场及最后底线做了分析，还制定了本次收购的战略、战术方案。

学习重点

经济合同、商品广告、营销策划书、产品说明书、招标书、投标书。

学习难点

在具体的商务活动中，运用商务应用文基础理论知识，解析并撰写各类商务文体。

本章小结

商务应用文是工商企业在市场经济环境下，经营运作、贸易往来、发展事业、传播信息和处理各类事务时使用的文体。面广类多，体式多样，重在“以用为尚”，体现的是商务活动领域中的特点和规范。文字是载体，商务是内涵。具有实用性、专业性、规范性、简明性的特征。撰写商务应用文，除掌握一定的方针政策外，更重在深入市场调查，注意搜集资料，凸显“应”“用”特征，体现商务价值。

下编　训练和答疑

第七章　应用文写作常见错误评点与训练案例·
第八章　应用文写作答疑100问·

第七章　应用文写作常见错误评点与训练案例

引言

本章是对应用文写作中实际出现的问题加以评点和修改，体现出较强的实践性和操作性特点。评点的角度，大致分为三个类别，即："主题与材料，格式与结构，语言与表达"。具体评点的体例基本按照原文、评点和修改后的文章三部分内容组成，如果原文存在总体性的问题，则用另一篇文章予以对照阅读。但因为所评点的样本均是完整的文章，故其存在的问题往往是综合反映在同一种文本中，划分三个类别，也只是举其大要而已，特此说明。

第一节　主题与材料

案例一

关于中学学习习惯的总结

在人的一生中，学习过程占有重要地位。我们不仅要学习知识，更要学会学习、学会做人、学会生活、学会探究**(1)**。学习习惯是指学习活动中形成的固定态度和行为。良好的学习习惯是取得较好学习成绩的重要因素**(2)**。一个人成功与否，主要不是因为他的智力，而是取决于他是否具有良好的习惯。要想在学习上取得成功，那就得养成良好的学习习惯**(3)**，包括以下几个方面**(4)**：

一、预习的习惯

预习是求知过程的一个良好开端，通过预习可以提高听课效率，加深和巩固对知识的理解与记忆，同时培养了一种自主探究的品质以及自学能力。具体来说：1. 要

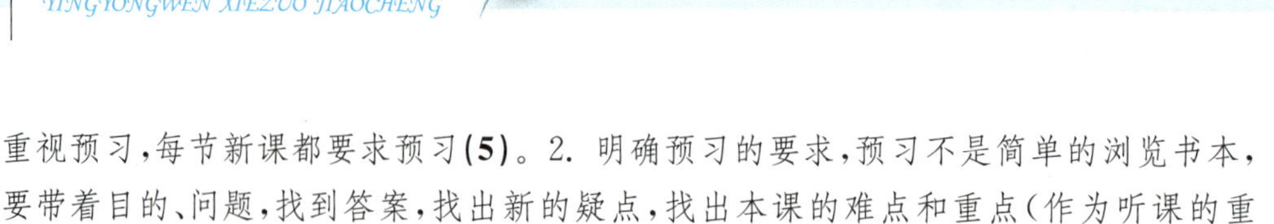

重视预习,每节新课都要求预习(**5**)。2. 明确预习的要求,预习不是简单的浏览书本,要带着目的、问题,找到答案,找出新的疑点,找出本课的难点和重点(作为听课的重点);对重点问题和自己不理解的问题,用笔画出或记入预习笔记。3. 掌握预习的方法。在预习时学会圈点、批注、摘抄、做卡片、编写阅读提纲或阅读提要(**6**)。

二、专心听课的习惯

要提高学习成绩,必须提高课堂效率,向45分钟要质量。集中注意力听课是非常重要的,只有认真听课,方能心领神会,以达到课堂学习的最佳境界。应做到:1. 克服分心。学会思路追着老师的话转,尽量当堂掌握所学的知识点。2. 积极思考,敢于提问。积极思考是提高学习效率的重要因素。3. 做好课堂笔记。记录老师所讲的重点、难点,课后再去问老师(**7**)。

三、及时复习的习惯

及时复习加深和巩固对学习内容的理解。复习时应注意:1. 趁热打铁,养成当天课程当天复习的习惯。在复习中形成独立思考和自主探索的精神。2. 重视阶段复习习惯的养成。阶段复习可以解决各部分知识之间的联系,使所学的知识系统化。在复习中理解知识之间的联系,在联系中掌握学科知识的基本结构,提高综合运用学科知识认识、理解和解决现实生活中的问题的能力(**8**)。3. 注重养成比较复习的习惯(**9**)。

四、独立完成作业的习惯

做作业可以加深对知识的理解和记忆,作业促进了知识的"消化"过程,使知识的掌握进入到应用的高级阶段。作业中的问题,会引起积极的思考,在分析和解决问题的过程中,使新学的知识得到了应用,得到了"思维的锻炼",使思维能力迅速得到提高。应遵循的原则是:1. 独立完成作业。2. 通过做作业积累复习资料。作业题一般都是经过精选的,有很强的代表性、典型性。做过的习题应当定期进行分类整理,作为复习、考试时的参考资料(**10**)。

五、搜集信息的习惯

对于生活在信息社会的我们来说,不掌握最新信息,就等于落后于时代。信息量的多少直接影响对知识的理解程度。怎样搜集信息呢?1. 课前在相关的书籍、网站搜集信息。2. 提高多途径获得信息的能力。用心留意,是搜集信息的一种途径。3. 利用社会实践活动搜集处理资料(**11**)。

六、良好的考试习惯

注意形成良好的考试习惯、考试方法、策略。比如:1. 书写规范。常言道,字如其人,见字如见人。书写的好坏直接影响到人们对书写者学习态度、学习质量甚至个人的素质的评价。2. 认真审题,真正理解题意。3. 仔细复查(**12**)。

总之,我要感谢中学时代老师的精心培养,没有他们的关怀和教导我不会取得很好的成绩。我认为只有不断挑战自己、超越自己，才能跟上时代的步伐，成为适应时代的学习型创新人才。在未来的岁月中，我会再接再厉好好学习专业技能，能够用自己所学回报我的父母、学校和导师。让他们因我的存在而看到我们这一代的内在潜力和希望**(13)**。

向明中学　高三四班**(14)**×××

二〇〇〇年六月三十日**(15)**

评　点

(1) 这里的开头有两个问题：其一，从文体要求来说，总结带有时间段落性，所以往往需要对所总结的时间段落予以概述；其二，是本文开头的两句，前句与后句缺乏逻辑联系。第一句既然是讲学习的重要意义，那么接下来的第二句就应该概述在人的一生中，学习的重要意义怎样体现，而不能像这篇例文中的第二句，只是对学习内容的展开。

(2) “学习习惯是指学习活动中形成的固定态度和行为。良好的学习习惯是取得较好学习成绩的重要因素。”既然本文强调的是学习习惯，所以在文章概述部分对学习习惯进行界定确有必要，但因为前文在谈学习的意义，所以接下来先谈学习习惯的意义，再对学习习惯做一解释，语气比较顺畅。据此，两句位置应前后互换。

(3) “一个人成功与否，主要不是因为他的智力，而是取决于他是否具有良好的习惯。要想在学习上取得成功，那就得养成良好的学习习惯。”前后两句，语义简单重复，特别是前句语义涵盖了后句，故删去后句。

(4) 这第一段是小结的概述部分，一般在小结的概述中，应该对一般情况做总的回顾，在分出主次的前提下，引入正文主体部分的主要内容。本文虽然把学习习惯作为中学学习生活的主要总结内容，但就学习习惯本身言，其分出的六个方面，仍显得主次不够分明，详略有欠妥当。

(5) “要重视预习”这是一句不言而喻的废话，因为本文的题旨就在于总结良好的学习习惯，所以与其空泛说一句口号，还不如切实谈一些预习的重要意义。

(6) 这里谈及的预习方法都显得不具体，总结来自个人的学习生活，应该都是有切身体会的，把这些体会纳入到总结中去，才能使总结写得有血有肉。

(7) 课后问老师什么？是重点、难点吗？自己理解了就不需要问，有疑问才需要问，这一点在表达时必须要明确。

(8) 复习的任务之一，就是要把所学到的知识系统化，但怎么系统化，文中说得仍比较抽象。应该适当举一些以往用到的事例。

(9) 对“比较复习”也应该具体说明。

(10) 作业的目的是为了所学知识的巩固，这与复习可合在一起总结。

(11) 搜集信息一般是在课外进行。如果是在课前，那么它可放在预习部分谈，如果是在课后，那么可以放在复习部分谈。

(12) 良好的考试习惯与学习习惯似乎不在一个层面而且内容也没有独特处，建议可以删除，或者概述时一笔带过。

(13) 总结最后一部分，除了已有的内容，通常的写法是：可以适当谈一些不足，以明确今后的努力方向。

(14) 班级一般要求写阿拉伯数字，从而和年级区分出来，即"高三(4)班"。

(15) 成文日期不能用汉字表示。

修改后的例文

关于中学学习习惯的总结

转眼间，六年的中学学习生活很快就要结束了。在人的一生中，中学阶段的学习占有重要地位。它对于"双基"能力的培养，对于进一步到大学深造乃至今后踏上社会工作、做人等都有重要的影响。良好的学习习惯是取得较好学习成绩的重要因素，所谓学习习惯是指学习活动中形成的固定态度和行为。一个人成功与否，主要不是因为他的智力，而是取决于他是否具有良好的习惯。这些年来，我的学习之所以都能在年级里名列前茅，原因之一，就是保持了良好的学习习惯。这些习惯包括课堂上的专心听讲、记笔记、课外大量的预复习工作以及良好的考试习惯。这里，我就体会最深的课外预复习工作，稍作一点总结。

一、预习的习惯

预习是求知过程的一个良好开端，通过预习可以提高听课效率，加深和巩固对知识的理解与记忆，同时可以培养一种自主探究的品质以及自学能力。具体来说，我主要做了如下一些预习工作：1. 保证预习的时间。每节新课前，都要求自己有少则10分钟、多则半小时的预习时间，时间的安排根据不同的课程、不同内容的难易程度而定。如果前一晚因作业太多无法完成的话，至少在早自习中也一定来进行预习。如果某一课的内容没能完成预习，就做下记号，以便在课上或者复习时补上。2. 明确预习的要求。预习不是简单地浏览书本，要带着目的、问题，而且要看看通过自己的努力，能不能找到答案，如果获得了答案，也要再来比较，求得答案的思路，和老师课上讲解的，有没有差异。同时要找出新的疑点，找出本课的难点和重点；对重点问题和自己不理解的问题，记入预习笔记，在听课时要格外专心听老师讲解。3. 掌握预习的方法。好的方法来自思路的改变。低年级的时候，我的预习范围只局限于课本，结果发现对一些教材的背景知识的理解存在很大欠缺，特别是当老师课上也没有时间来介绍的，更使我无法深入理解课文内容。其实，对于生活在信息社会的我们来说，不掌握最新信息，就等于落后于时代，信息量的多少在相当程度上直接影响对知识的理解程度。所以，我后来就有意识地把预习分为课内和课外两个层面，不但看课本，还借助一些参考书和互联网的搜索引擎，来搜集相关信息。以后，再通过老师在课上的精讲，我的学习水平就产生了一个小小的飞跃。因为尝到了学习甜头，所以这一好方法就一直保持了下来。

二、复习的习惯

关于复习，我也有几点比较深刻的体会：1. 趁热打铁，养成当天课程当天复习的习惯。德国心理学家爱宾浩斯提出的遗忘曲线规律大家都是知道的，刚学完的知识如不及时复习，很快就会忘记大半，我们在学习时也有这样的体会。所以，对学过的内容不怕重复、不怕浪费时间来进行过渡式的复习，有助于记住学到的知识。学习的相当一部分时间是用来和遗忘做斗争的，而及时复习正是这一斗争的有效手段。2. 重视阶段性的复习。阶段复习可以解决各部分知识之间的联系，使所学的知识系统化。一般来说，当所学的某门课程的知识点到了一定量的时候，我会通过阶段性的复习，把这些知识点按照树形结构的方式贯穿起来，力图发现各知识点之间的综合或者分解、并列或者递进等等的各种关系，使得所掌握的知识形成一个总体的谱系。3. 注重养成比较复习的习惯。比如，在世界历史课上学到基督教的知识时，我就会把它与以前学到的佛教知识加以比较，或者还把道教的知识也一起引入等等。4. 复习与作业结合。一般的做法是：在做作业前，先把学过的内容复习一遍，接下来，在做作业的时候，基本不再一边看书、看笔记，一边做作业，而是等作业全部做完，复查时，再回过头来快速复习一下，这样，使得作业和学到的知识有一个良好的互动作用。5. 复习与考试的结合。考试之前当然要复习，不过除了系统复习知识外，我还备有一本错题集，其中专门抄录了各次小测验以及作业中做错的题目，来重点复习。这样，通过对错误的检查，并且举一反三，能够保证不犯类似的错误。

当然，养成预习复习的学习习惯固然重要，但我也常常会因为时间不够而苦恼。如何在单位时间里提高预复习的效率，是我在以后的学习生活中要进一步努力的。

回顾六年的学习成绩，我觉得个人的努力，只不过是一个方面。老师的精心培养是更为重要的，没有他们的关怀和教导我不会取得良好的成绩。我认为在学习中只有不断挑战自己、超越自己，才能跟上时代的步伐，成为适应时代的学习型创新人才。在未来的岁月中，我会再接再厉好好学习专业技能，用自己所学回报我的父母、学校和导师，让他们因我的成绩而看到我们这一代的内在潜力和希望。

向明中学　高三(4)班 ×××

2000年6月30日

案例二

我的希望

——在夜大学开学典礼上的发言

同学们好：

在此，我要代表任课教师，对同学们的到来，表示最热烈的欢迎。不过，既然你们从今天起，已经成为我校的正式学生，不是那些来我校匆匆访问的过客，你们是来学校学习的，所以，我就要以一个教师的身份，来向你们提几点要求。

其一，要抓紧时间多读书。你们都是成人，能得到学习的机会并不容易，现在机会来了，就要好好珍惜，要抓紧时间，多读一点书，也要充分利用学校的图书馆，把平时想看而不容易看到的书，多借阅一些。以前高尔基说过，他扑在书本上，就像饥饿的人扑在面包上。希望你们对知识，也有这种如饥似渴的精神，这样才能真正有所收获。大学读书，和中学的很大区别，就是要读比较多的课外书籍，教师在课上开出阅读书目，作为对讲课内容的必要补充，你们自己要利用课余时间来阅读，这样才能和教师课上讲的内容呼应起来，形成一个知识的整体框架。有些内容，虽然教师在课上也会讲，但大多是起到点拨、深化的作用，这就更需要你们事先的阅读，来为上课的理解打下一定的基础。

其二，要开动脑筋勤思考。孔子就说过，“学而不思则罔，思而不学则殆”。在他看来，读书，如果不经过自己的思考，就等于没学习。因为别人的知识没有经过你自身的消化，原封不动进入你的大脑，这样就不能化为你自己的知识的一部分，记住的也就是些死记硬背的东西，用不了多久，或者就会遗忘，或者呢，虽然忘不了，但也无法在实践中派上用场。还有，思考不但是为了消化接受别人的东西，也是为了提高自己的鉴别力，是拿自己的思想和别人的东西来进行碰撞、比较，来激发出思想的火花来，这样，我们才能有所进步和提高。或者，通过思考，也可以把错误的、不好的内容予以去除。

其三，要善于联系实际。孔子还说过，“学而时习之，不亦说乎？”这个习，可以理解为复习，也可以为实习。实习，就是要与学习的内容，与社会生活的实践结合起来，这种联系，需要自己平时多留意，看看哪些东西，在工作生活中会派到用处，而在日常生活中，也要对一些习惯的东西，多问几个为什么。你们都是成人，基本上都是在职读书，有些同学从事的工作，就是和所学的专业有密切关系。还有些同学，恰是因为在工作中碰到了问题，觉得有必要来进一步学习，倒不是纯粹为了获得一张文凭，这就更需要把学习和实践结合起来，以学习促进实践，以实践来验证学习，这样，学到的知识不但有用，也不容易忘记。

总之，今天对你们在座的每一位同学来说，又是人生的一个新的起点，我想你们的心情一定比较激动，对自己的未来也一定有许多期盼。我祝你们百尺竿头，更进一步。通过在校的几年学习，使你们知识得到更新，视野得到开拓，能力得到提高，事业更加辉煌，生活更加幸福。谢谢大家。

评 点

此篇发言稿虽然在语言上有着流畅、亲切的特点，结构思路也比较清晰，然而最大的问题还是主题过于空泛，涉及的材料也嫌陈旧。整篇内容缺乏吸引人的亮点，却也能一、二、三地说下来，似乎句句是真理，却句句没有新意，也没有个人的见解，实在乏善可陈。此类稿件的问题，正是时下各种会议中常出现的通病，理当引起警惕。附上另一篇较具特色的发言稿，以资对照。

对照例文

羡慕中的期待

——在夜大学开学典礼上的发言

各位同学：

首先我得说明，尽管主持者介绍我为教师代表，但我还是想从我个人角度谈谈自己的一些想法。

说实话，我并不喜欢在台上，特别像这样高高在上的发言，作为老师，我同样不喜欢给在座的同学一种印象，似乎我在专业知识的掌握上具有很大的优势，需要那么一群人来听命于我，并以这种听命而沾沾自喜。不是的，所谓教师，我觉得只具有相对的意义，就像我此刻所在的主席台也只具有相对的空间意义。面对学生，教师既是一个知识的传播者，也是一个被检验被评判的对象，我们在日常生活中积累起来的专业知识，在向同学们传授的过程中，得到了最严格的检验。从这个意义上讲，我们在讲课过程中是最为紧张的，甚至是战战兢兢的，而同学们反倒是最悠然自得的。由于这一点，我羡慕你们，在这样一种特定的空间关系中，能够做学生而不是教师。特别是，你们作为夜大学的学生，更令我羡慕。

我这样的强调，可能让你们觉着奇怪，让我把话稍稍扯开一些。

十几年前，德国的洪堡大学校长到中国访问，曾作过一次讲演。在那次讲演中，他回顾了欧洲大学的历史，并对把学生封闭起来接受教育的做法提出了质疑。我们知道，欧洲一些最古老的大学，像法国的巴黎大学、英国的牛津大学都是在中世纪作为研究神学的机构而兴办的，所以一开始，就刻意地使这一机构跟世俗社会保持了一定的距离。在其以后的发展过程中，尽管变化许多，但是，把学生与社会隔绝开来教育的象牙塔式的封闭模式却没有得到根本的改变。另一方面，也有一些学校由于自身条件的不足，不得不让学生到外面去租房子住，而有些学生也由于生活困难不得不勤工俭学。其结果，人们发现，经常走出校门的学生，与一直关在校门内的学生比，不但学业没有受到影响，甚至于在某些学科的学习上反应更为敏捷，更不用说，他们在毕业后走向社会的适应性更是住校生所不能比的。也正由于此，洪堡大学那位校长才提出了要打破象牙塔式的办学模式。

而对你们夜大学的同学来说，你们是不存在一个打破不打破的问题，你们的优势是一开始就存在的。我是教中文的，我觉得在社会科学领域里，你们的优势体现得最为充分，你们比全日制的小年龄大学生，看问题更为全面和深刻。我在给夜大学同学上课，总觉得如果我读大学时也有你们这样的社会经验，我那时候对问题的思考就不会显得那么愚蠢和可笑，所以，我羡慕你们。

说到羡慕，我还有另一个理由。

大家知道，夜大学是利用业余时间来学习的。而有些同学，就他们的学习专业与他们从事的职业来说，并不保持一致，可以说，也是业余的。有人认为这是一种欠缺，我却不这样认为。如果这种业余成为自己的一种爱好的话，就非常值得羡慕。我还记得我在读大学时，有一天晚上在教室里读小说，一位数学系同学羡慕说：你们中文系同学真轻松，还有时间看小说。我说：我就是在做功课呀。这一下，他更羡慕我了，但他不知道，这是我最不喜欢读的一本小说，但因为在文学史上有一定地位，我不但要读它，而且要认认真真做笔记。所以，把自己的职业与爱好结合起来固然不错，但是，能够在作为谋生手段的职业之外，在业余的时间里保持住自己的一份兴趣与爱好，并且在学习中发展它，也实在是很令人羡慕的。我记得爱因斯坦大学毕业时，在伯尔尼的专利局从事于专利技术的鉴定工作，而在业余时间里，保持着对理论物理的浓厚兴趣，他甚至认为，在作为谋生手段的职业之外保持着自己的业余兴趣是令人羡慕的。

然而，与此形成鲜明对照的是，就以往我所接触到的夜大学同学来说，他们中有一些人对自己的评价大多是毫无道理的自我菲薄，自己看不起自己，总认为自己不如全日制的大学生。开始我以为这是一种谦逊的美德，后来却发现不是。因为他们在看轻自己的同时也就放松了对自己的要求，认为夜大学比不上全日制，所以自己的不认真是天经地义的。他们在放松自己的同时，还希望得到教师的配合，有一位学生看我课上得挺累，就用关心的口气对我说："我们反正都是夜大学的，你就一起混混算了。"

我很感谢这位学生对我的关心，但是，作为教师，我更喜欢你们是用挑剔的眼光来看待我、要求我。我在一开始就说，我走上讲台，就是准备着将我所学的知识来接受你们的检验的。我相信，只有在你们的挑剔中，我才能在教学的过程中自己获得发展，从而能够实现古人所说的"教学相长"的理想境界。这样的境界是我一直期待的。

第二节　格式与结构

案例一

滨海市关于转发《国务院关于制止滥发各种奖券的通知》的通知

各区县人民政府、市属各机关：

现将《国务院关于制止滥发各种奖券的通知》转发给你们，望你们遵照执行，具体通知如下：

最近一个时期，不少工商企业、事业交易会滥发各种彩票、奖券，已经形成一股新的不正之风。有的大搞有奖销售，推销残次积压商品，变相涨价，欺骗顾客，扰乱市场。有的发行各种彩票、奖券，设立重奖，助长人们的侥幸、投机心理，为一些人借机牟利、搞不正之风创造了条件。有的大量印制并发售“礼品券”，为一些单位滥发奖金、实物大开方便之门。有的竟采取行政手段强行摊派彩票、奖券，引起群众强烈不满。这些做法，严重损害群众的利益，腐蚀人们的思想，已经造成不良后果。这股歪风如果继续发展下去，不仅不利于改善企业经营管理，提高服务质量，而且有害于精神文明建设，败坏社会风气，干扰当前的经济体制改革。为了制止滥发彩票、奖券的歪风，特作如下通知：

一、所有工商企业都要立即停止举办有奖销售活动。已经进行有奖销售的，要进行清理，做好善后工作。由于实行有奖销售而增加的销货款，应列入企业的销售收入，不得私分。任何单位和个人也不得举办有奖募捐活动。已经搞了的，所收募捐款，全部由当地政府监督使用。

二、文艺、体育界举办文体活动搞有奖售票、有奖评选的，今后原则上不能再搞。有的文体活动，主办单位为了筹集文体事业开发资金，在不影响国家和群众利益的前提下，可以适当采取有奖售票办法，但必须报经上级领导机关批准。属于各地举办的，由省、自治区、直辖市人民政府批准；属于中央各部门举办的，要报国务院批准。

三、为兴办社会福利事业而举办的有奖集资，经过当地政府批准可以试点，但不宜普遍推广。对投资者，必须保本付息，所集资金不得挪作他用。金融单位举办有奖储蓄，已经搞了的，可以继续试办，各级人民银行要加强管理，目前不再扩大试办范围。

四、发售“礼品券”，只能在经过批准的少数大型国营商业企业进行试点。“礼品券”只能卖给个人，收取现金，不允许卖给单位，扩大集团购买力。如果发现有些单位弄虚作假，用公款购买“礼品券”分给职工，一律按违反财经纪律论处。商业企业销售“礼品券”的收入，必须存入银行专户。企业、事业单位不得发行其他形式的“代金券”，以维护金融秩序。

五、各级工商行政管理、司法、商业、银行、财政部门和审计机关，要进行监督、检查。对过去已经搞了彩票、奖券、礼品券的，要认真进行清理；对那些还打算搞的，要通知他们立即停下来。对不听招呼，违反规定继续搞这类活动的，要实行重罚，经济上没收其全部非法所得，外加罚款；纪律上追究责任，对主要责任者给予纪律处分，直至依法处理；对经过批准发售奖券的，要切实加强管理，制定严格的发售办法和监督使用制度。

六、本通知自公布之日起生效。

滨海市人民政府

××××年××月××日

这篇案例有着初学者写转发通知时经常会出现的问题。转发通知是转发国务院的通知，所以，不必把原通知内容抄入到转发通知的正文中去，而只需要作为附件一起下发。此外，标题也要作相应的改动，以免累赘。

滨海市转发《国务院关于制止滥发各种奖券的通知》

各区县人民政府、市属各机关：

现将《国务院关于制止滥发各种奖券的通知》转发给你们，望你们遵照执行。

附件：《国务院关于制止滥发各种奖券的通知》

滨海市人民政府

××××年××月××日

附件：

国务院关于制止滥发各种奖券的通知

各省、自治区、直辖市人民政府，国务院各部委、各直属机构：

最近一个时期，不少工商企业、事业交易会滥发各种彩票、奖券，已经形成一股新的不正之风。有的大搞有奖销售，推销残次积压商品，变相涨价，欺骗顾客，扰乱市场。有的发行各种彩票、奖券，设立重奖，助长人们的侥幸、投机心理，为一些人借机牟利、搞不正之风创造了条件。有的大量印制并发售“礼品券”，为一些单位滥发奖金、实物大开方便之门。有的竟采取行政手段强行摊派彩票、奖券，引起群众强烈不满。这些做法，严重损害群众的利益，腐蚀人们的思想，已经造成不良后果。这股歪风如果继续发展下去，不仅不利于改善企业经营管理，提高服务质量，而且有害于精神文明建设，败坏社会风气，干扰当前的经济体制改革。为了制止滥发彩票、奖券的歪风，特作如下通知：

一、所有工商企业都要立即停止举办有奖销售活动。已经进行有奖销售的，要进行清理，做好善后工作。由于实行有奖销售而增加的销货款，应列入企业的销售收入，不得私分。任何单位和个人也不得举办有奖募捐活动。已经搞了的，所收募捐款，全部由当地政府监督使用。

二、文艺、体育界举办文体活动搞有奖售票、有奖评选的，今后原则上不能再搞。有的文体活动，主办单位为了筹集文体事业开发资金，在不影响国家和群众利益的前提下，可以适当采取有奖售票办法，但必须报经上级领导机关批准。属于各地举办的，由省、自治区、直辖市人民政府批准；属于中央各部门举办的，要报国务院批准。

三、为兴办社会福利事业而举办的有奖集资，经过当地政府批准可以试点，但不宜普遍推广。对投资者，必须保本付息，所集资金不得挪作他用。金融单位举办有奖储蓄，已经搞了的，可以继续试办，各级人民银行要加强管理，目前不再扩大试办范围。

四、发售“礼品券”，只能在经过批准的少数大型国营商业企业进行试点。“礼品券”只能卖给个人，收取现金，不允许卖给单位，扩大集团购买力。如果发现有些单位弄虚作假，用公款购买“礼品券”分给职工，一律按违反财经纪律论处。商业企业销售“礼品券”的收入，必须存入银行专户。企业、事业单位不得发行其他形式的“代金券”，以维护金融秩序。

五、各级工商行政管理、司法、商业、银行、财政部门和审计机关，要进行监督、检查。对过去已经搞了彩票、奖券、礼品券的，要认真进行清理；对那些还打算搞的，要通知他们立即停下来。对不听招呼，违反规定继续搞这类活动的，要实行重罚，经济上没收其全部非法所得，外加罚款；纪律上追究责任，对主要责任者给予纪律处分，直至依法处理；对经过批准发售奖券的，要切实加强管理，制定严格的发售办法和监督使用制度。

六、本通知自公布之日起生效。

国务院

××××年××月××日

案例二

邀 请 信

尊敬的蒋玲小姐，您好！(1)

您还不知道我是谁吧？(2)我是您同事林海的好朋友。事情是这样的(3)：今年12月31日(4)，我们局将在市府小礼堂举行隆重的文艺联欢晚会。此前，各下属单位进行了紧张而认真地排练，现彩排快开始了(5)，亟需一至两位优秀的主持人(6)，非常高兴林海隆重推荐了您，所以我就写信邀请您前来主持这台节目(7)。

蒋玲小姐是电视台大型文艺活动的优秀主持人。我局许多员工都喜欢你主持的风格。您的主持，既得体轻松，又大方活泼(8)，给许多人留下了难忘的印象。我们知道您工作很忙，前来打扰，十分难为情(9)，如果您能够来主持我们的晚会，必将使我局的文艺汇演格外精彩，我们真是感激涕零(10)。联系方式见所附名片。具体费用由您确定。您能不能来呢？(11)致以敬礼！(12)

2007年9月1日
张三(13)

评　点

(1) 问候语不能列在抬头后，或删除，或另起一行。抬头后改为冒号。

(2) 开头一句并无意义，可删除。如需要表示打搅不相识者，则一般可用“恕我冒昧”来开头。

(3) “事情是这样的”一句多余，删除。

(4) 应写明确的起讫时间。

(5) “快开始了”过于口语化，可改为“在即”。

(6) 要求不明确，到底是一位还是两位？如果是两位，则此信中的受邀请人担当何种角色？另一位是否已经邀请到或者正在邀请，需要说明。

(7) 这一句语言累赘，“所以我就写信邀请您前来主持这台节目”可简化为“特驰函邀请”。

(8) 语言归类不妥，得体与大方应属一组，轻松活泼则属另一组，重新调整。

(9) “难为情”过于口语化，改为“不安”。

(10) “我们真是感激涕零”一句过于肉麻，不够得体，删除。

(11) “您能不能来呢”过于口语化，也未能表达出邀请人的期盼心理，故改为“期盼着您的回复”。

(12) “致以敬礼”另起一行，前面空两格，“敬礼”再另起一行顶格。或者只把“敬礼”另起一行顶格均可。

(13) 姓名要写在时间上面一行。

修改后的例文

邀 请 信

尊敬的蒋玲小姐：

我是您同事林海的好朋友。今年12月31日晚7点至10点，我局将在市府小礼堂举行隆重的文艺联欢晚会。此前，各下属单位进行了紧张而认真地排练，现彩排在即，亟需一位优秀的主持人，非常高兴林海隆重推荐了您，特驰函邀请。

蒋玲小姐是电视台大型文艺活动的优秀主持人。您的主持，既得体大方，又轻松活泼，给许多人留下了难忘的印象。我局许多员工都喜欢你主持的风格。我们知道您工作很忙，前来打扰，十分不安，如果您能够在百忙中抽空来主持我们的晚会，必将使我局的文艺汇演格外精彩。联系方式见所附名片。

具体费用由您确定。期盼着您的回复。

致以

敬礼！

张三

2007年12月1日

案例三

关于上海市某中学组团赴奥地利参加国际合唱节的请示报告(1)

滨海区教育局、外事办(2)：

本中学系上海市艺术教育特色学校，学校合唱队成绩尤为突出。日前，学校接奥地利格拉茨国际合唱协会邀请，于2005年7月赴奥地利参加格拉茨国际合唱节(3)。

我校如能组团成行，这对于开展国际文化交流、弘扬民族文化、提高我国中学生的海外影响力以及培养学生能力等方面，都将起到积极的作用。为此，经学校行政会议讨论决定，将派**(4)**一行45人的团队出访（教师10名、学生35名）。

本次出访往返国际旅费及在奥地利期间的食、宿、行等所有费用，学校负担总费用的三分之二，教师负担个人总费用的三分之一，学生家长也负担三分之一。

另外，学校决定派音乐教师一名去奥地利国家音乐学院进修合唱指挥，为期一年，所需费用由学校和教师各承担二分之一**(5)**。

以上决定妥否，请立即批示**(6)**。

上海市××中学
××××年××月××日

附件**(7)**：
1. 格拉兹国际合唱协会邀请函
2. 出访人员名单
3. 总费用预算

评　点

(1) 请示和报告属于不同文种，根据文意，此文应用请示文种，故报告两字应删去。

(2) 请示只能写一个主送机关，根据文意，应保留滨海区教育局，如果教育局同意，则由教育局再向外事办报送请示。

(3) 应该写明出访的起讫日期。

(4) 学校的决定不是最终决定，尚需得到上级部门批准，故把“将派”改为“拟派”。

(5) 派出国进修教师已经是另外一事，请示一文中，不得同时报请两件事，故删除。

(6) 结语不妥，“立即”有命令口吻，删除。如情况紧急，在题目“请示”前可加“紧急”两字；或在结语请批示后加“为盼”。

(7) 附件列入最后，但需要把附件名称写在落款前。

修改后的例文

关于上海市某中学组团赴奥地利参加国际合唱节的请示

滨海区教育局：

本中学系上海市艺术教育特色学校，学校合唱队成绩尤为突出。日前，学校接奥地利格拉茨国际合唱协会邀请，于 2005 年 7 月 1 日至 5 日赴奥地利参加格拉茨国际合唱节。

我校如能组团成行，这对于开展国际文化交流、弘扬民族文化、提高我国中学生的海外影响力以及培养学生能力等方面，都将起到积极的作用。为此，经学校行政会议讨论决定，拟派一行 45 人的团队出访(教师 10 名、学生 35 名)。

本次出访往返国际旅费及在奥地利期间的食、宿、行等所有费用，学校负担总费用的三分之二，教师负担个人总费用的三分之一，学生家长也负担三分之一。

妥否，请予批示为盼。

附件：1. 格拉兹国际合唱协会邀请函

2. 出访人员名单

3. 总费用预算

上海市××中学

××××年××月××日

案例四

简　报 (1)

第 9 期(2)

上海市文化局办公室(3)

2007 年 10 月 21 日(4)

“华文戏剧节与民族戏剧生命力”研讨会日前召开(5)

“戏剧的活力来自剧本的原创”，从日前召开的华文戏剧学术研讨会上，与会专家传出了如此一致的呼声。

华文戏剧研讨会是在华文戏剧节期间召开的，而华文戏剧节则是由市文化局承办的国家级文艺汇演活动，每两年举办一次，从 2001 年创办首届至今，已经成功举办了四届，在海内外产生了较广泛的影响。在戏剧节期间举行学术研讨活动，则尚属首次。为此，市文化局做了大量的会议筹备工作，最大限度吸纳了第一流专家前来参加，为繁荣华文戏剧事业贡献各自的智慧(6)。

在12月10日为期一天的讨论会上，来自海内外近三十位专家，围绕着华文戏剧节以及华文戏剧的创作活动展开了充分的讨论。市文化局副局长代表主办方，作了有关弘扬民族戏剧文化的专题演讲**(7)**。与会专家在赞赏华文戏剧的创作以及肯定戏剧节意义的同时，也提出了颇多中肯的意见，尤其是对原创剧本数量的匮乏、质量的低劣，提出了尖锐批评。他们认为，从历届戏剧节的剧目来看，翻译剧和改编剧比例在上升，甚至达到40%，适与华文戏剧节的宗旨及愿望相违背。出现这样的问题，是与过分强调舞台艺术的“表演中心”、“导演中心”的观念分不开的。对此问题，专家们提出了许多纠偏的建议。为了激发编剧们创作剧本的热情，也吸引更多的作家投身于戏剧创作，在与会专家的积极推动下，上海市文化局将从下届戏剧节起，设立华文戏剧原创剧本大奖，以奖励撰写剧本的优秀创作者**(8)**。

此外，专家们还就如何培养潜在观众，如何建立一套良性的戏剧市场运行机制，发表了不同的看法，并引发了争论。

发送单位**(9)** 印制份数

评 点

(1) 简报的名称一般应写上发文机关，如需要进一步细分的话，还可以在名称中予以分类，如工作简报、会议简报等。

(2) 期数一般写两项内容，即该年度的期数和总期数。总期数加圆括号。

(3) 编写单位写在间隔横线上方的左上角，并写明“编”字样。

(4) 日期写在间隔横线上的右上角。

(5) 标题最好采用双行标题，提出会议的重点所在。

(6) 此段为背景部分，应该放在会议概述后比较合适。

(7) 此两句是会议概述部分，应该放在会议背景之前。另外，应该加上一句过渡句，以承接第一段。

(8) 关于奖励原创剧本的内容移至结尾，从而与标题、开头起到呼应作用。

(9) 发送单位可分三项：送上级单位用“报”，平级单位用“送”，下级单位用“发”。

修改后的例文

上海市文化局简报

2007年第9期(总第101期)

上海市文化局办公室编　　　　　　　　　　　　　　　　　　2007年10月21日

戏剧的活力来自剧本的原创

——“华文戏剧节与民族戏剧生命力”研讨会日前召开

“戏剧的活力来自剧本的原创”,从华文戏剧学术研讨会上,与会专家传出了如此一致的呼声。

此次研讨会由上海市文化局主持召开,在12月10日为期一天的讨论会上,来自海内外近三十位专家,围绕着华文戏剧节以及华文戏剧的创作活动展开了充分的讨论。市文化局副局长代表主办方,作了有关弘扬民族戏剧文化的专题演讲。

华文戏剧节是由市文化局承办的国家级文艺汇演活动,每两年举办一次,从2001年创办首届至今,已经成功举办了四届,在海内外产生了较广泛的影响。在戏剧节期间举行学术研讨活动,则尚属首次。为此,市文化局做了大量的会议筹备工作,最大限度吸纳了第一流专家前来参加,为繁荣华文戏剧事业贡献各自的智慧。

与会专家在赞赏华文戏剧的创作以及肯定戏剧节意义的同时,也提出了颇多中肯的意见,尤其是对原创剧本数量的匮乏、质量的低劣,提出了尖锐批评。他们认为,从历届戏剧节的剧目来看,翻译剧和改编剧的比例在上升,甚至达到40%,适与华文戏剧节的宗旨及愿望相违背。出现这样的问题,是与过分强调舞台艺术的“表演中心”、“导演中心”的观念分不开的。对此问题,专家们提出了许多纠偏的建议。此外,专家们还就如何培养潜在观众、如何建立一套良性的戏剧市场运行机制,发表了不同的看法,并引发了争论。

为了激发编剧们创作剧本的热情,也为了吸引更多的作家投身于戏剧创作,在与会专家的积极推动下,上海市文化局将从下届戏剧节起,设立华文戏剧原创剧本大奖,以奖励撰写剧本的优秀创作者。

报:　　　　　　　　　　　　　　　　　　　　　　　　印制份数

送:

发:

第三节 语言与表达

案例一

关于石勇文的人生三十年家庭培养计划

鉴于尹文怀孕了(1)，孩子出生在即，父亲石勇和母亲尹文决定给将出生的孩子取名石勇文，并根据三十而立的古训，对孩子未来的成长，规划一条培养发展道路。

一、现状分析

自从国家实施计划生育政策，提倡优生优育后，每个家庭只生一个孩子(2)，家庭未来的希望往往由这一个孩子来承担，望子成龙(3)的结果，使得许多家庭为培养孩子投入了大量的精力和物力。不过，就目前来看，这种培养显示了不好倾向(4)，其主要表现为四个方面：其一，对婴幼儿早期教育的理解出现观念上的偏差，以为早期教育就是对孩子智力的开发，所以往往在小孩子开始说话伊始，就异想天开地让他们背外语、背唐诗，而忽视了对身体活动、肢体发育并相应促进脑机能发育健全的更重要培育。其二，过多、过满安排了孩子的学习时间，既没有保证孩子的充足休息，也没有给予孩子以一定的闲暇时间来自由活动和充分遐想。其三，对孩子的饮食结构没有合理安排，或者填鸭式地塞给了孩子过多的营养，或者一味顺从孩子的饮食嗜好，吸纳太多的垃圾食品，使孩子过早出现了肥胖等症状。其四，双职工的家庭，使得父母没有时间来陪伴孩子，常常让上一代的爷爷奶奶或者家庭小保姆来带养孩子，亲子教育成为家庭教育中一个很大的缺失。据此(5)，使得孩子的成长在身心两方面，都留有诸多的遗憾。基于这种现状，石勇家庭认为，对孩子的培养制定一个指导思想正确、目标明确、措施得当的培养计划(6)，就显得十分必要。

二、培养目标(7)

总体目标

孩子取名勇文，意味着不论这孩子是男是女，都要在身心上有全面发展，乐观向上，情感丰富，有智慧、有艺术品位、身体健康并能适应社会不断发展的人，是培养石勇文成长的总体目标。

阶段性目标

学龄前(1—7 岁)：加强对孩子活动能力的培养和艺术的熏陶，使孩子身体健康、头脑灵敏。

小学阶段(8—12 岁)：把体育、音乐、美术和语言能力，作为培养的主要目标，强调能力、强调感觉而不是简单的技巧。不但学习演奏和绘画方面的技巧，也初步学习欣赏名画名曲。在小学后半阶段，适当引入计算能力的培养。

中学阶段(13—19 岁)：强化语言能力的读写方面，进一步拓宽史地博物等知识面，借助于音乐美术熏陶，形成良好的艺术趣味，并尝试学习从现象中探求原理、原因的能力，这包括物理原因、化学原因和社会发展的原因。熟练掌握母语的读写能力，精通一门外语**(8)**，并在计算中，学习抽象逻辑思维能力。健康的心灵和健康的身体，依然是这一阶段的基本目标。

大学和研究生阶段(20—30 岁)：身体发育健康，形成一种成熟的世界观和稳定的意志力，培养起学习、思考和研究的能力，与人交往合作的能力以及适应新环境的能力。

三、指导原则

首先，必须坚定不移地以马克思主义、毛泽东思想和邓小平理论为指导思想**(9)**。

其次，以现代认知心理学的教育目标分类学原理为具体方法论的指导**(10)**。

而不论是伟人的理论还是认知心理的发展观，确立人的发展的主体性，应该是培养孩子的最根本立场。

四、落实措施(11)

第一，观念到位。

石勇家庭虽确立起培养石勇文的指导思想，但这种指导思想必须深入到家庭每个成员头脑中，并成为行动的自觉前提，尚需进一步努力。虽然父母是孩子最好的**(12)**老师，但父母作为老师的身份却需要得到提高**(13)**。教育者必先受教育。没有对儿童教育科学理论的学习积累，家长就只能被一种过于陈旧的理论所制约，从而使他们对孩子的教育和培养产生种种失误和偏差。家长除了留意于一般的经典教育理论外**(14)**，一些特为家长撰写的家庭教育讲座类读物，以及儿童的保健读物，也应该是家长的必备读物。这种阅读时间，应该从孩子怀孕开始就得到保证**(15)**。

第二，人员到位。

父母与孩子的亲子活动，应该从孩子出生开始一直延续到把孩子送上社会。这种活动包括早期对孩子的看护，教会孩子走路说话，与孩子一起体育娱乐活动和阅读，包括与孩子一起听音乐会，参观画展，以及更大的时候，与孩子交流对人生和世界的看法，所有这些，都不应该让上一代的亲属或者保姆来替代。这样，从孩子出生伊始，母亲留在家里陪伴孩子，到孩子日渐长大，父母与孩子的面对面接触，始终不应该中断。

第三，时间到位。

对时间的安排应该起码包括三方面内容，即父母自己阅读的时间，亲子活动的时间，还有就是孩子自身的业余时间。

父母阅读时间：双方各自做到每星期有相关阅读时间2至3小时。这样的阅读，应该一直延续到孩子的中学阶段。

亲子活动时间：以平均时间来计算，学龄前，每天保证3至4小时，小学阶段，每天保证2小时，初中阶段，每天保证1小时，高中阶段每天保证半小时。

孩子作息时间：孩子作息时间分为学龄前和学龄后两部分，学龄后要依据学校作息时间来加以适当安排，起到一个调节平衡作用，学龄前的作息时间则包括睡眠时间、饮食时间和活动时间等部分，活动时间则可细分为户内和户外两部分，具体安排参见附件(附件2)。

第四，资金到位。

孩子从出生到工作，培养期间投入的资金应予以充分考虑，这种投资费用不但包括了婴幼儿阶段的奶粉尿布费用，也包括购买各种学习资料用品、延聘辅导教师、就读学校的各种费用开支。以当前物价标准，从出生到大学毕业，总计需要50万元人民币**(16)**。这笔资金必须得到保证。

五、结语(17)

总之，只要能切实按照这一计划去努力实践，相信一定能完成预期的各项目标，使得三十岁的他(她)，足以具备应付事业与生活的各项能力，能毫不气馁面对各种挑战，以一个大写的人字，屹立于社会舞台的最前列。

附件： 1. 推荐阅读书目(1) 中华人民共和国教育部推荐中小学生阅读书目(略)
(2) 前苏联《帕夫雷什中学》课外阅读书目(略)
(3) 美国费迪曼《一生的读书计划》所列书目(略)

附件2： 石勇文学龄前作息时间表(略)

石勇、尹文家庭
2007年7月18日

评　点

(1)“怀孕了”太口语化，虽然家庭计划不像单位计划那样，对语言有庄重的要求，但此篇的主要语言风格还是以书面语为基调，比如与后文小孩“出生在即”相对比，就显得语气不连贯，故修改为“怀胎足月”。

(2)“只生一个”过于绝对，故前面加上修饰“大多”。

(3)“望子成龙”只相对于男孩而言，可加上“望女成凤”与之并列。

(4)“不好倾向”口语化，改为“不良倾向”。

(5)“据此”可改为“凡此”，作为对前文多方面的概括性引语。

(6)“指导思想正确，目标明确、措施得当的培养计划”是对全文的总体概括，也符合计划的写作顺序，问题是下文却并没有按照此顺序展开，故应将指导思想一节内容提到目标前面。

(7) 在计划中，培养目标需要量化，才能便于操作，因为这个计划时间跨度长，故可以考虑把目标分为三个层面，即：总体目标、阶段性目标和量化目标。

(8)“精通一门外语”属量化目标，在阶段性目标中出现唯一的量化目标比较突兀，应该归并到量化目标的类别中去。

(9) 类似“必须坚定不移地以马克思主义、毛泽东思想和邓小平理论为指导思想”这样的句子出现在许多指导思想部分，其实只是一句空洞的口号，所以需要进一步具体化，以切合此计划的题旨。

(10) 对教育目标分类学理论可做简要说明。

(11)“落实措施”涉及面很广，且是一个多方合作的系统工程，本计划所罗列的只是局限于家庭教育这一范围，所以必须对此有一个简要说明。

(12)“最好的”不准确，应改为“第一个”。

(13)“作为老师的身份却需要得到提高”一句意思不通，可把“身份”改为“作用”。

(14) 关于“一般的经典教育理论”可以举出一两本名著作为例子，下文的家庭教育讲座类读物最好也能举例。

(15) 此句涉及时间的到位，应该归并入第三点。

(16) 计划如涉及资金预算，一般都应该列出细目表作为附件。

(17) 本计划的结语采用的是展望未来的抒情方式，虽然并非绝对不可，但是，说话不给自己留有回旋余地，这种态度也是制定计划所不可取的，而且这一长远计划，也需要有更细的阶段性计划来予以充实、补充或者修订，这都可以在结语中予以交代。

关于石勇文的人生三十年家庭培养计划

鉴于尹文怀胎足月，孩子出生在即，父亲石勇和母亲尹文决定给将出生的孩子取名石勇文，并根据三十而立的古训，对孩子未来的成长，规划一条培养发展道路。

一、现状分析

自从国家实施计划生育政策，提倡优生优育后，每个家庭大多只生一个孩子，家庭未来的希望往往都寄托在这一个孩子身上，望子成龙、望女成凤的目标，使得许多家

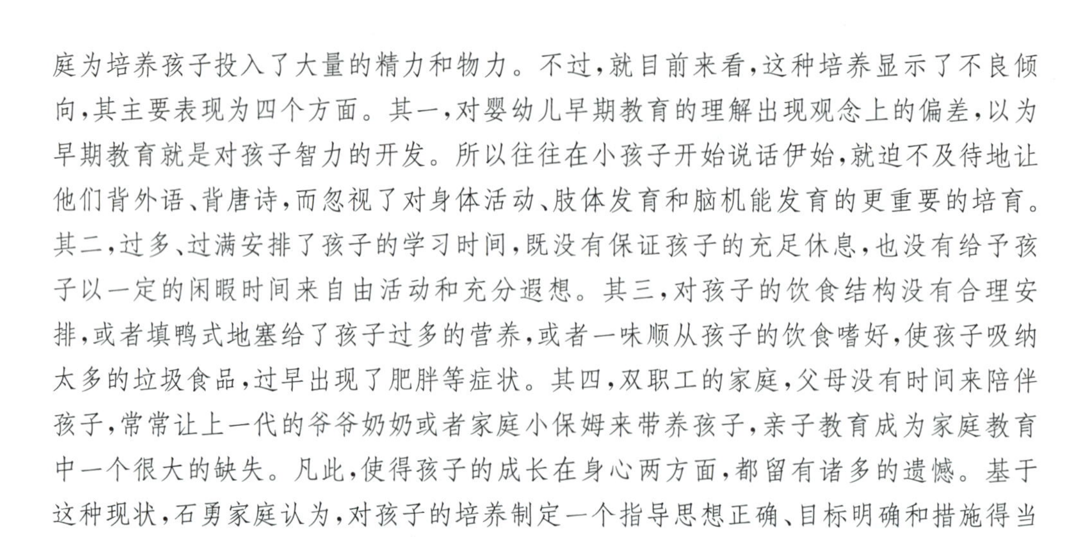

庭为培养孩子投入了大量的精力和物力。不过，就目前来看，这种培养显示了不良倾向，其主要表现为四个方面。其一，对婴幼儿早期教育的理解出现观念上的偏差，以为早期教育就是对孩子智力的开发。所以往往在小孩子开始说话伊始，就迫不及待地让他们背外语、背唐诗，而忽视了对身体活动、肢体发育和脑机能发育的更重要的培育。其二，过多、过满安排了孩子的学习时间，既没有保证孩子的充足休息，也没有给予孩子以一定的闲暇时间来自由活动和充分遐想。其三，对孩子的饮食结构没有合理安排，或者填鸭式地塞给了孩子过多的营养，或者一味顺从孩子的饮食嗜好，使孩子吸纳太多的垃圾食品，过早出现了肥胖等症状。其四，双职工的家庭，父母没有时间来陪伴孩子，常常让上一代的爷爷奶奶或者家庭小保姆来带养孩子，亲子教育成为家庭教育中一个很大的缺失。凡此，使得孩子的成长在身心两方面，都留有诸多的遗憾。基于这种现状，石勇家庭认为，对孩子的培养制定一个指导思想正确、目标明确和措施得当的培养计划，就显得十分必要。

二、指导原则

一是正统马克思主义强调的人的全面发展理论。

马克思的全面发展观基于对人的本质理解可以分为两个层面：其一是理想层面的，那就是自由，是人从自然王国向自由王国的飞跃；其二是现实层面的，是现实关系的总和。不论是理想层面还是现实层面，人的自身和谐与外界的和谐关系，使得人的全面发展成为必需。这种和谐，在我国的教育界被界定为德、智、体、美、劳五个方面。

二是现代认知心理学的教育目标分类学。

在当代西方，普遍流行的认知心理学也是基于人的全面发展观而对教育目标进行了相似的细分，大致来说分为三个领域，即知识和智慧领域、动作和技能领域、道德和情感领域。

不论是马克思全面发展观还是认知心理的发展观，确立人的发展的主体性，应该是培养孩子的最根本立场。

三、目标设定

总体目标：

孩子取名勇文，意味着不论这孩子是男是女，都要成为一个身心全面发展，乐观向上，情感丰富，有智慧、有艺术品位，身体健康并能适应社会不断发展的人，这是培养石勇文成长的总体目标。

阶段性目标：

学龄前(1—7 岁)：加强对孩子活动能力的培养和艺术的熏陶，使孩子身体健康、头脑灵敏。

小学阶段(8—12 岁)：把体育、音乐、美术和语言能力，作为培养的主要目标，强调能力、强调感觉而不是简单的技巧。不但学习演奏和绘画方面的技巧，也初步学习欣赏名画名曲。在小学后半阶段，适当引入计算能力的培养。

中学阶段(13—19岁)：强化语言能力的读写方面，进一步拓宽史地博物等知识面，借助于音乐美术熏陶，形成良好的艺术趣味。并尝试学习从现象中探求原理、原因的能力，这包括物理原因、化学原因和社会发展的原因。熟练掌握母语的读写能力，精通外语，并在计算中，学习抽象逻辑思维能力。同时注意均衡的营养和适当的锻炼。健康的心灵和健康的身体，是终生的目标，任何时候都不能偏废。

大学和研究生阶段(20—30岁)：形成成熟的世界观和稳定的意志力，培养起学习、思考和研究的能力，与人交往合作的能力以及适应新环境的能力。

量化目标：

上述阶段目标，与学校课程教育的具体目标互为补充，并通过量化的方式体现出来，即：

1. 在小学、中学、大学每一个相对完整的学习阶段，力争两至三次被评为年度校三好学生；

2. 在小学、中学学习阶段，争取各获得不下于一次的区级单科竞赛等奖励；

3. 在大学学习阶段，争取有实验报告、调查报告或尝试性研究论文在公开出版的刊物上发表；

4. 参照推荐阅读书目(参见附件1)，每一年精读两本中外文史哲类的名著，并参考阅读相关书籍，做读书笔记；

5. 每一年深入了解两位经典音乐家和美术家的作品；

6. 大学、研究生阶段，通过社会实践赚取自己的旅游费用，每年利用假期进行有计划的旅游考察，了解各地风土人情；

7. 在中学毕业前，初步掌握一门器乐演奏和一种传统书画艺术的表现方式；

8. 在中学毕业前，熟练掌握一至两种竞技类体育活动项目；

9. 在中学毕业时，能精通一门外语，在研究生毕业时，能精通两门外语。

四、落实措施

人的培养是一个系统工程，需要全方位的配合，涉及家庭、社会、学校各个方面。这里仅就家庭可控因素，拟定初步的措施。概而言之，要做到四个到位，即观念到位、人员到位、时间到位、资金到位。

第一，观念到位。

石勇家庭虽确立起培养石勇文的指导思想，但这种指导思想要深入到家庭每个成员头脑中，并成为行动的自觉前提，尚需进一步努力。教育者必先受教育，没有对儿童教育科学理论的学习积累，家长就只能被一种过于陈旧的理论所制约，从而使他们对孩子的教育和培养产生种种失误和偏差。因此，父母作为孩子的启蒙老师，必须要进行学习，提高教育孩子的水平。家长除了留意于一般的经典教育理论如蒙台梭利的

《童年的秘密》外，一些特为家长撰写的，如苏霍姆林斯基的家庭教育讲座类读物，以及儿童的保健读物，也应该是家长的必备读物。

第二，人员到位。

父母与孩子的亲子活动，应该从孩子出生开始一直延续到孩子进入社会。这种活动包括早期对孩子的看护，教会孩子走路说话，与孩子一起进行体育娱乐活动和阅读，包括与孩子一起听音乐会，参观画展，以及当孩子更大些的时候，与孩子交流对人生和世界的看法。所有这些，都不应该让上一代的亲属或者保姆来替代。这样，从孩子出生伊始，母亲留在家里陪伴孩子，到孩子日渐长大，父母与孩子的面对面接触，始终不应该中断。

第三，时间到位。

对时间的安排应该起码包括三方面内容，即父母自己阅读的时间、亲子活动的时间，还有就是孩子自身的业余时间。

父母阅读时间：双方各自做到每星期有相关阅读时间2至3小时。这样的阅读，应该一直延续到孩子的中学阶段。

亲子活动时间：以平均时间来计算。学龄前，每天保证3至4小时；小学阶段，每天保证2小时；初中阶段，每天保证1小时；高中阶段每天保证半小时。

孩子作息时间：孩子作息时间分为学龄前和学龄后两部分，学龄后要依据学校作息时间来加以适当安排，起到一个调节平衡作用，学龄前的作息时间则包括睡眠时间、饮食时间和活动时间等部分，活动时间则可细分为户内和户外两部分，具体安排参见附件(附件2)。

第四，资金到位。

孩子从出生到工作，培养资金应予以充分考虑，这种投资费用不但包括婴幼儿阶段的奶粉尿布费用，也包括购买各种学习资料用品、延聘辅导教师、就读学校的各种费用开支。以当前物价标准，从出生到大学毕业，总计需要50万元人民币。这笔资金必须得到保证。具体开支预算，参见相关计算细目(参见附件3)。

五、结语

作为一个三十年的培养纲要，其宏观性显而易见，在具体实施中，还需要通过具体计划来进一步完善和细化。这样，学龄前、小学阶段、中学阶段和大学研究生阶段的培养计划(包括每学期必写的新学期打算)，将作为对此纲要的细化，而其他计划，也以此纲要为基准。并在相应的时间节点上予以总结，在需要的情况下，作出调整，使培养计划日趋完善，对行动起到真正有效的指导作用。

附件：1. 推荐阅读书目 (1) 中华人民共和国教育部推荐中小学生阅读书目(略)
(2) 前苏联《帕夫雷什中学》课外阅读书目(略)
(3) 美国费迪曼《一生的读书计划》所列书目(略)

2. 石勇文学龄前作息时间表(略)

3. 石勇文从出生至大学毕业所需资金细目表(略)

石勇、尹文家庭

2007 年 7 月 18 日

案例二

关于协助做好张三同志援疆期间相关工作的复函(1)

市审计局党组：

为了(2)市委组织部、市人事局选派优秀干部赴新疆工作的要求，经我区区委组织部选拔、审核，确定我局所属上海市××区高级中学副校长张三同志赴新疆工作三年(2005 年 7 月—2008 年 7 月)，将担任新疆××地区教育局副局长。

张三同志的妻子李四同志为你(3)局工作人员，你们党组织应该(4)在工作和生活上给予她适当的关心和照顾，逢年过节，最好能给予一定的经济补助(5)。这样的话(6)，张三同志能更安心地完成好在新疆的三年工作任务。

特此函复(7)。

中共××教育局工作委员会

××××年××月××日

评　点

(1) 发此文的目的是希望不相隶属的单位协助工作，是主动发出，故函前不能加以"复"字，并在"关于"后加"商请"一词，表示客气。

(2) 引出以主动性为主的目的用"为了"，引出上级的工作布置或者政策法规，应该用"根据"。

(3) 第二人称改为"贵"比较客气。下句"你们"也应如此改动。

(4) "应该"是指示性语气，欠妥，改为"希望"，放在句子的前面。

(5) 此建议没有相关政策依据，而且由发文单位提出也不合适。

(6) 用口语化的词语欠妥,改为"以使"。
(7) 既然不是复函,则结尾应改为"特此函达"。

修改后的例文

关于商请协助做好张三同志援疆期间相关工作的函

市审计局党组:

根据市委组织部、市人事局选派优秀干部赴新疆工作的要求,经我区区委组织部选拔、审核,确定我局所属上海市××高级中学副校长张三同志赴新疆工作三年(2005年7月—2008年7月),将担任新疆阿克苏地区教育局副局长。

张三同志的妻子李四同志为贵局工作人员,希望贵单位党组织在工作和生活上能给予适当的关心和照顾,以使张三同志能更安心地完成好在新疆的三年工作任务。

特此函达。

中共××区教育局工作委员会
××××年××月××日

案例三

关于加强机关工作管理的规定

机关日常工作虽然琐碎繁杂,但是良好的工作作风,对于提高工作效率和服务质量,促进效能建设,是有着多么重要的意义啊!**(1)**为此,我们参照市局发下的有关规定,结合本机关工作实际,特作如下规定:

第一章 上下班要求

第一条 上下班时间要按时打卡登记,任何人不得代为他人打卡。

第二条 上班时间穿戴要整洁、美丽**(2)**、大方,要挂牌办公,接受群众监督。

第三条 文明礼貌,见面点头问"你好",接待群众来访热情周到,自觉使用诸如"你好"、"请稍稍等候"等文明用语**(3)**。

第四条　上班时间不得打牌，不得外出炒股票**(4)**、喝茶或办私事；不得在办公场所大声呼叫、争吵或喧哗。

第五条　外出办公务或下基层来不及打卡者，事先向科室领导和值班领导报告并做好登记。科室全体工作人员外出办事，由科室领导告知分管局长，并在科室门上挂牌告示及报值班领导作好登记。

第二章　工作要求

第六条　坚决贯彻执行党和政府的各项方针、政策，做到令行禁止，不做有损国格人格的事情。

第七条　接到上级有关部门电话或群众来电时，语气要亲热**(5)**，要做好电话记录，及时呈报有关领导阅示或通知有关工作人员。

第八条　明确工作职责，落实岗位责任制，有交叉职能的科室，要主动做好协调，做到办事不推三阻四**(6)**、不扯皮、件件有回音、事事有着落。

第九条　按照法规制度和工作程序办事，减少办事环节，做到办事及时不拖拉、不违章、不违法。

第十条　服从领导，团结协作，按时按质按量完成组织和领导交办的各项工作。

第三章　工作场所要求

第十一条　办公室整洁，桌椅无灰尘，墙壁无蛛网，地面无纸屑、无痰迹、无烟蒂，各种办公用品摆放整齐，更不能给人以脏、乱、差的感觉**(7)**。

第十二条　办公室悬挂工作职责、一周工作安排及日常工作文明用语。

第十三条　文件资料及时归档，放置整齐有序，便于查找，保密性好。

第四章　廉洁要求

第十四条　坚持党性原则，不假公济私，不吃、拿、卡、要，办事公开、公平、公正，不搞权钱交易，勤俭节约，不铺张浪费**(8)**。

第五章　请假要求

第十五条　请假(包括公休、事假、病假)1天以内由科室领导批准，2至5天以内由科室领导报分管领导批准，5天以上由分管领导报局长批准。凡不请假者，按无故缺勤处理**(9)**。

第十六条　如遇有急事未能及时请假者，事后由科室领导证明补办请假手续，违者视缺勤处理。

第十七条　工作人员临时外出办理公务或下基层，须告知科室领导，并征得批准后方可离开岗位。

第十八条　没有特殊情况，政治学习时间各科室不得安排其他工作，工作人员不得请假。

第六章　其他要求

第十九条　转变机关作风，局设立领导干部群众接待日，热情接待群众来电、来访，主动为群众排忧解难。

第二十条　值班领导要忠于职守，做好记录，检查和督促机关工作。

第二十一条　推行层次管理，局长负责全面工作，分管副局长对局长负责，科室领导对分管局领导负责，科室工作人员对科室领导负责。凡在工作环节上出现失误的，应由负责某一工作环节**(10)**的领导或工作人员承担责任。

第二十二条　本规定自公布之日起正式实行。

上海市××区文化局
××××年××月××日

评　点

(1) “机关日常工作虽然琐碎繁杂，但是良好的工作作风，对于提高工作效率和服务质量，促进效能建设，是有着多么重要的意义啊！”规定中采用抒情的表达方式欠妥，应该直接用说明目的的句式来开头。

(2) 穿着“美丽”不应该是对机关工作人员的要求，故改为“朴实”、“庄重”等比较合适。

(3) 规定中不宜用直接引语，故“问‘你好’”可改为“问好”，而后文的“诸如‘你好’、‘请稍稍等候’等”均可删除。

(4) “外出炒股票”一句用词不严密，因为现在好多炒股者是利用网络或者电话委托，故“外出”移至下文“喝茶”前。

(5) “语气要亲热”不适宜于对公共环境中人际交往的要求，故可改为“态度要和蔼”。

(6) “不推三阻四”过于口语化，欠妥，改为“不互相推诿”或“不推诿”。

(7) “更不能给人以脏、乱、差的感觉”一句笼统而无操作性，应删除。

(8) 廉洁要求当然也属机关工作要求的一部分，但因为此一问题特别重要，应该单独提出反腐倡廉的工作规定，与日常行为细节做出区分。故此章建议删去。

(9) 此处用词不严密，“不请假者”一句，未能将请假未获批准而擅自离岗者包括进来。

(10) “某一工作环节”指代不明确，应改为“该工作环节”。

修改后的例文

关于加强机关工作管理的规定

为加强机关工作管理，转变工作作风，提高工作效率和服务质量，促进效能建设，结合本机关工作实际，特作如下规定：

第一章　上下班要求

第一条　上下班时间要按时打卡登记，任何人不得代为他人打卡。

第二条　上班时间穿戴要整洁、朴实、大方，要挂牌办公，接受群众监督。

第三条　文明礼貌，见面点头问好，接待群众来访热情周到，自觉使用文明用语。

第四条　上班时间不得打牌、炒股票、外出喝茶或办私事；不得在办公场所大声呼叫、争吵或喧哗。

第五条　外出办公务或下基层来不及打卡者，事先向科室领导和值班领导报告并做好登记。科室全体工作人员外出办事，由科室领导告知分管局长，并在科室门上挂牌告示及报值班领导作好登记。

第二章　工作要求

第六条　坚决贯彻执行党和政府的各项方针、政策，做到令行禁止，不做有损国格人格的事情。

第七条　接到上级有关部门电话或群众来电时，态度要和蔼，要做好电话记录，及时呈报有关领导阅示或通知有关工作人员。

第八条　明确工作职责，落实岗位责任制，有交叉职能的科室，要主动做好协调，做到办事不互相推诿、不扯皮、件件有回音、事事有着落。

第九条　按照法规制度和工作程序办事，减少办事环节，做到办事及时不拖拉、不违章、不违法。

第十条　服从领导，团结协作，按时按质按量完成组织和领导交办的各项工作。

第三章　工作场所要求

第十一条　办公室整洁，桌椅无灰尘，墙壁无蛛网，地面无纸屑、无痰迹、无烟蒂，各种办公用品摆放整齐。

第十二条　办公室悬挂工作职责、一周工作安排及日常工作文明用语。

第十三条　文件资料及时归档，放置整齐有序，便于查找，注意保密。

第四章　请假要求

第十四条　请假（包括公休、事假、病假）1天以内由科室领导批准，2至5天以内由科室领导报分管领导批准，5天以上由分管领导报局长批准。凡不请假或请假未获批准而擅自离岗者，按无故缺勤处理。

第十五条　如遇有急事未能及时请假者，事后由科室领导证明补办请假手续，违者视缺勤处理。

第十六条　工作人员临时外出办理公务或下基层，须告知科室领导，并征得批准后方可离开岗位。

第十七条　没有特殊情况，政治学习时间各科室不得安排其他工作，工作人员不得请假。

第五章　其他要求

第十八条　转变机关作风，局设立领导干部群众接待日，热情接待群众来电、来访，主动为群众排忧解难。

第十九条　值班领导要忠于职守，做好记录，检查和督促机关工作。

第二十条　推行层次管理，局长负责全面工作，分管副局长对局长负责，科室领导对分管局领导负责，科室工作人员对科室领导负责。凡在工作环节上出现失误的，应由负责该工作环节的领导或工作人员承担责任。

第二十一条　本规定自公布之日起正式实行。

上海市××区文化局
××××年××月××日

案例四

承揽合同

订立合同双方：

供方：盛威公司

需方：百通公司(1)

根据《中华人民共和国合同法》及有关规定，为明确供方和需方的权利和义务，经双方协商同意，签订本合同。

一、产品名称："神通"物业流程软件。

二、产品数量：2套软件光盘。

三、产品单价：100 000元(2)。

四、产品质量：按国家电子产品颁布标准执行。

五、交货期限：2007年9月1日前交付使用。

六、交货地点：百通公司(3)。

七、付款方式：通过银行转账一次付清(4)。

八、产品验收：需方使用后，由需方技术人员负责跟踪检查；如由于技术原因而无法正常使用，由供方重新制作，其所需费用由供方承担(5)。

九、违约责任：供方误期15天交货，按总价的5%赔偿；误期一个月交货，按总价的10%赔偿，依此类推(6)。需方在交付前两个月退货，须支付供方50%货款；在交付前一个月退货，须支付供方80%货款；在交付前10天退货，须支付供方全额货款。

十、解决争议办法：本合同执行过程中如果双方发生争议，按照国家有关规定解决。

十一、本合同未尽事宜，由双方另行商定**(7)**。

十二、本合同正本一式两份，双方各执一份；合同副本两份，送各自主管部门备案。

供方（盖章）	需方（盖章）
地址：江洲市永青路11号	地址：海城市淮海路11号
法定代表人：张成功	法定代表人：赵英明
委托代理人：尹勇文	委托代理人：金秀丽
开户银行：中国工商银行永青分行	开户银行：中国工商银行海城分行
账号：23679495278901	账号：5879333199000
电话：020－67580808	电话：023－66556688
传真：020－67580909	传真：020－66552626
邮编：200111	邮编：200112
签约地点：盛威电子技术有限公司	签约时间：2007年5月8日

评　点

(1) 两家公司名称都应写全称，并点明“有限”性。

(2) 价款应明确是“人民币”。

(3) 公司写全称，并写明交货的确切地址。

(4) 没有写清付款期限。

(5) 对重新制作的时间应该有所约定，并应对损失的时间作适当赔偿。另“技术”原因界定不清，可改为“设计”原因。

(6) 依此类推应该是有限定的，不可能无限期类推下去。

(7) 软件制作涉及知识产权问题，应该在合同中予以明确，不能列入未尽事宜。

修改后的例文

承揽合同

订立合同双方：

供方：盛威电子技术有限公司

需方：百通物流贸易有限公司

根据《中华人民共和国合同法》及有关规定，为明确供方和需方的权利和义务，经双方协商一致，签订本合同。

一、产品名称："神通"物业流程软件。

二、产品数量：2套软件光盘。

三、产品单价：人民币100 000元。

四、产品质量：按国家电子产品颁布标准执行。

五、交货期限：2007年9月1日前交付使用。

六、交货地点：百通物流贸易有限公司行政部办公室。

七、付款方式：银行转账。2007年8月31日一次付清。

八、产品验收：需方使用后，由需方技术人员负责跟踪检查；如由于技术原因而无法正常使用，由供方重新制作，其所需费用由供方承担。重新制作的期限为三个月，需方所损失的时间，由供方补偿总价款的10%。如重新制作的软件仍无法正常使用，则中止该合同执行，并由供方返还需方已支付的总价款200%。

九、违约责任：供方误期15天交货，按总价的5%赔偿；误期一个月交货，按总价的10%赔偿，依此类推。误期至十个月的，除了供方赔偿给需方总价的100%，同时中止该合同的执行。需方在交付前两个月退货，须支付供方50%货款；在交付前一个月退货，须支付供方80%货款；在交付前10天退货，须支付供方全额货款。

十、本软件系供方自主开发设计之软件，如因盗版而被追究责任，则需方不承担任何责任；供方拥有该软件的版权，需方不得复制给其他物流公司，一经发现，则由需方承担相应的法律和经济责任。

十一、解决争议办法：本合同执行过程中如果双方发生争议，按照国家有关规定解决。

十二、本合同未尽事宜，由双方另行商定。

十三、本合同正本一式两份，双方各执一份；合同副本两份，送各自主管部门备案。

供方(盖章)
地址：江洲市永青路11号
法定代表人：张成功
委托代理人：尹勇文
开户银行：中国工商银行永青分行
账号：236794952778901
电话：020-67580808
传真：020-67580909
邮编：200111
签约地点：盛威电子技术有限公司

需方(盖章)
地址：海城市淮海路11号
法定代表人：赵英明
委托代理人：金秀丽
开户银行：中国工商银行海城分行
账号：5879333199000
电话：023-66556688
传真：020-66552626
邮编：200112
签约时间：2007年5月8日

第八章　应用文写作答疑100问

第一节　导　读

1. 为何要学习应用文写作?

答:应用文写作是出于人们实际生活、学习和工作的需要而进行的一种书面表达活动。主要用于人们交流信息、协调或者指导实践、寻求解决问题的帮助,等等。可以说,只要人是社会人,需要与别人交往,需要在集体中沟通和协调,那么应用文的写作就是不可或缺的。

2. 怎样学习应用文写作?

答:学习应用文写作应该首先从了解应用文的一般特点入手。当然,应用文写作作为书面表达的一种,既有写作的一般特点,也有和非应用文——主要是文学性文章相区别的特点。学习应用文写作,就应该着眼于它的一般性和特殊性。其次,写作作为一种实践性很强的活动,需要多操练,特别是对范文进行揣摩模仿,这样便可以对一些固定格式、习惯用语有直接领悟。习惯上说的多看多练,就是这个意思。再次,就是需要提高更广泛意义上的文化修养。

3. 怎样理解学习应用文写作上的多看多练?

答:我们经常说学习写作要多看多练,而学习应用文写作也要多看多练。那么,学习应用文写作的多看多练有何特殊性呢?在我们看来,学习应用文写作固然要多看范文,揣摩类似文种的格式,但也不能仅仅局限于此。应用文最基本的载体是语言,而语言的学习是需要广泛阅读优秀文学作品,特别是语言大师们的文学作品,切不能认为单靠阅读类似的应用文就可以得到语言的提高。文学写作的语域要比应用文写作的语域宽广得多,语言的锤炼要求也高得多。一般来说,如果对文学语言能驾轻就熟的话,那么,写作应用文在语言的运用上也能得心应手。那么,怎么来区分文学语言和非文学语言的各自特点呢?最好的方法就是对相类似的对象进行不同文体的写作训练,比如,针对一次交通事故,尝试着用三类文体(文学散文、新闻报道、事故报告)进行训练,才能对应用文体的本质特点有更好地掌握。总之,学好应用文的写作,固然需要对应用文本身多看多练,同时也需要把文学性文体与应用性文体来对比揣摩,才能使得自己的应用文学习有长足的进步。

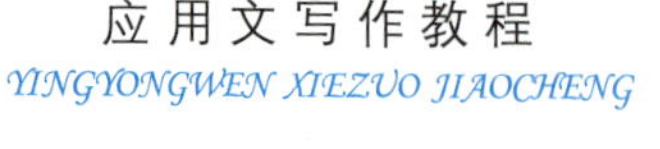

4. 学习应用文写作也需要在"诗外"花工夫吗?

答：古人有诗道:"汝果欲学诗,功夫在诗外。"这一劝告,似乎已经成了至理名言,那么,对应用文写作是否也适用呢? 其实,这句名言,虽然说的是学写诗,但也适用于所有以书面语言为表达形式的写作活动。写作固然是以语言为载体,但语言并不是抽象的,而是根植于深广的社会现实。一切语言,只要它是言之有物而不是空洞的、形式化的,那它必然要把社会现实、把人们的内心需求和想法反映出来。如果说,文艺性作品对现实与心灵的反映有合理的变形与改造的话,那么,应用性文体对现实的反映就更为直接与确凿。没有对情况的深入了解,又怎能写好一篇情况通报? 没有对市场的广泛调查,又怎能写好调查报告? 没有对本单位的现状、综合实力有一个基本的估计,没有对科学发展观的自觉认识,又怎能设想出一个令人满意且具有指导意义的未来行动计划? 正是因为一般意义的写作活动具有综合性的特点,所以,对学习应用文写作来说,"功夫在诗外"的劝告依然适用。

5. 学好应用文写作,应该加强哪些修养?

答：如前所述,写作修养可以分为两个方面：一个是所谓"诗内的"修养,也就是对语言文字和写作技巧的训练;另一就是"诗外的",是超越于文本的普遍意义上的文化修养。语言文字和写作技巧的训练,大致可以细分为三点：第一是对遣词造句能力的培养,第二是对文体格式的把握,第三是对常用表达方式的运用。而关于普遍意义的文化修养,对应用文写作来说,也有一些具体要求：第一是逐步提高马克思主义的基本理论修养,第二是自觉学习党的一些方针和政策,第三是初步涉猎一些相关法律文件,特别是应该熟悉一些和本职工作相关的或者与公民日常生活相关的政府规定及民间的约定。

6. 本教材的编写有何特色?

答：关于应用文写作的教材可谓汗牛充栋。本教材与其他教材比,显示出一定的特色。第一,既有理论性,也有操作性。应用文写作是一门实践性很强的课程,以往的教材,大多把主要篇幅放在实际操作的指导上,这是应该的,而且是必要的。但是因为过于注重实际操作而对理论的忽视乃至无视,由此带来的弊端,也值得我们引以为戒。对写作的基本概念认识不清,对一些文体的特点和要求缺乏知其所以然的了解,都使实际操作中,出现了许多失误。本教材的一大特点,就是将应用文的写作理论知识单列一编,使学习者的实践操作能够建立在牢固的理论知识指导下,不致使自己的实践流于盲目。第二,突出重点,精讲精炼。应用文涉及具体的文种数量浩繁,全面铺开逐一讲解,既没有必要,也没有太多的篇幅可以容纳。本教材精选人们在日常生活中使用频率最高的若干文种,予以说明。至于相类似的其他文种,则让读者自己在举一反三中予以领会,相应的练习也依此原则。希望读者通过使用本教材,能得到事半功倍的效果。

第二节 基础知识

7. 什么是应用文?

答:应用文是出于人们实际生活、学习和工作的需要而进行的一种书面表达方式,在沟通信息、指导工作、解决问题等方面,起着不可替代的作用。应用文,有着不同于文学性写作的特点和要求,举凡应用文的特点、分类和写作格式等,都是应用文的题中之意。

8. 应用文有哪些基本特征?

答:应用文在实际使用中,逐渐形成了一些被大家所认可的基本特征。这些特征,涉及了内容和形式两方面,主要包括有:第一,实用性。实用性是应用文最基本的特性,在不同的文种中,这种实用性可以有不同的体现,比如有的是规范人们的行动的,如条例、规定;有的是指导人们的使用方法的,如一些家电的说明书;还有的是沟通信息、给人的工作以参考的,如简报。第二,时效性。应用文虽有实用性,但这种实用性必定是有时间性的,同样,不同的文体,它的时效性是长短不一的,不能一概而论。有的文种,比如表彰决定,时效性是比较长的,可能会跟随对象的一生。也有的文种,比如会议通知,会议开完,这一通知也就自然失效。还有的文种,对时效做了特别约定,比如签订合同,有时候双方会对该合同的有效期进行约定。第三,真实性。应用文的真实性,既指材料来源的确凿无误,也指在使用、加工这些材料时,必须实事求是,不得加以夸大、夸张或者部分虚构,更不能捏造事实。文学性的虚构创作原则,在应用文写作中也应基本摒弃不用。第四,规范性。应用文的规范性主要是指其各类文体的格式都有大致的规定,有的是政府有关部门规定的,有的则是民间约定俗成的,一般不允许写作者自己来创造发挥,随意改变。除格式外,还形成了一些习惯用语,也在应用文中得到普遍使用。凡此,都显示出它的规范性的特点。

9. 应用文有怎样的分类方式?

答:对于应用文,有两种分类方式。第一是外部的分类,就是把文章分为应用性和文学性文章两大类。分类的目的,是比较分析出应用文写作的一般特点。第二是内部的分类,依据不同标准,对应用文内部进行细分,从而区分出内部大致类似的共同文类。就我们的教材而言,是把应用文一分为三,即事务文书、公务文书和商务文书,并在这三类中,再进一步细分出每一种文种,来说明其各自的特点和写作要求。

10. 应用文是古已有之的吗?

答:当然!可以说,应用文是和文艺创作一样古老的。先秦的典籍中,《尚书》中有相当一部分就属于应用文,相当于现代的公文。也有学者认为,曹丕的《典论·论文》中提出的"文章者,经国之大业,不朽之盛事",所谓的"文章",也是指应用文。而在《文心雕龙》中,所论及的各类文体,有相当一部分就属于应用文。应用文的语言和格式要求,历来受到人们的

重视，随着时代变迁，语言的特点和格式要求也有了相应变化，但是我们仍能够发现其中的变化脉络。例如现代书信抬头顶格的要求，仍然是对古代书信的点滴回应。

11. 了解写作学的一般理论知识对学习应用文写作有必要吗？

答：应用文写作是写作学的一个分支，所以，学习应用文写作，必然和写作学基础理论有紧密联系。就我们所参考到的一些应用文写作教材来说，写得好的、能够给人以启发的，大多是能够把写作学理论结合进教材一起谈的，而写得平庸的教材，往往是把写作学基础理论和应用文写作的知识割裂开来，使得那种学习所谓的纯应用文写作知识的人，最终也不能有较多收获。其实，在古代，一些谈到文章写作学理论的专著，并没有有意把文学写作和应用文写作的知识分割开来，特别是谈到基础理论时，更是如此。只是在进行文体特征探讨时，才把文学性写作和应用文写作的文体进行了辨别。所以，我们在谈及写作的基础理论时，其探讨的结构框架，也是依据了一般写作学理论知识的，而没有特意列出分支层面上的所谓应用文写作理论知识。

12. 探讨写作学理论知识涉及哪些基本要素？

答：我们探讨写作学理论知识，是以写作活动涉及的几个方面作为依据的。首先，我们把写作要素分为两个方面：一个是内部要素，也就是形成文字的文本方面的要素；另一个则是外部要素，即写作所反映的生活现实。写作活动的承担者或者说生产者，也就是作者；写作活动的消费者，也就是读者。

13. 与文艺创作相比，应用文作者的特殊性体现在哪里？

答：虽然应用文包括不同的文类，涉及的作者的特性也不尽相同，但是，大体来说，除一小部分文种，如书信、个人小结、求职书等外，应用文的作者与文艺创作的作者比，其特性也是可以概括出来的。首先，作者的个人特性是不明显的，甚至是看不见的，许多应用文都代表着发文机关的集体或者主要领导，而实际的执笔者，并不署名，所以，需要靠写文章来扬名的想法，对应用文写作来说，是不切实际的。其次，对作者来说，绝大部分应用文的写作动机往往不是因为个人对生活的感触，更不是个人感情的宣泄，而是一种实际的生活需要或者领导指示的下达，是所谓的“遵命写作”。

14. 应用文所反映的社会现实，具体体现在哪些方面？

答：我们所谓的社会现实，是一个比较笼统的说法，具体说来，应用文应该反映三方面内容：其一，是社会的真实状况；其二，是国家机关单位企事业的一系列政策法规；其三，是集体或者领导的意图。而这三者应该是互相制约、互相协调的。一旦其中发生抵触时，就应该本着实事求是的根本原则，来进行写作。

15. 应用文的读者有什么特殊性？

答：虽然写作活动对读者都是有所期待和设定的，但在应用文写作中，这种设定常常变得相当明确和固定，常常把读者或者说接受者的一方直接写入文章，构成文章的一个部分，而后文的展开，包括遣词造句，也在很大程度上受到这固定读者的制约。这种制约，对不同文种的行文方向，也有具体的规定，这是应用文读者相当特殊的地方。

16. 写作的内部要素有哪些方面？

答：写作的内部要素大致分为五个方面，即：材料、主题、结构、语言和表达方式。表达方式又可以进一步分为叙述、描写、议论、说明和抒情。

17. 应用文写作对材料有何具体要求？

答：所谓材料就是用以体现主题的事件、数据和观念。对应用文而言，材料的基本要求是真实、确凿、典型和新鲜。真实，指的是不容许有虚构、虚假的成分，特别是在叙述发生的事件时，不能凭借主观想象或者艺术创造来歪曲事实；确凿是指材料的清晰性，特别是涉及量化的数据、引用到的观点时，要做到准确无误；典型是指有代表性，即便是个案，也能体现普遍意义；新鲜则强调在材料的挖掘上有新的发现，这对带有一定新闻性的实用文体来说尤为重要。

18. 应用文写作关于主题的具体要求是什么？

答：主题是一篇文章的中心意思。它贯穿在文章始末，体现着写作者的明显意图。就应用文来说，主题的要求主要是正确和明确。所谓正确，是指任何应用文的写作，其基本主题都不能与政府的方针政策、法律法规相抵触，也应该符合人们日常生活的常情常理，符合为人处世的基本准则。大部分应用文在主题上都不要求有个人的独创性。而明确则指的是主题不应该有含糊之处，写作意图、文章的基本意思都应该让人一目了然。文学作品的那种含蓄主题，虽可以引起读者多方面的联想，但在应用文写作中是不合适的。

19. 应用文写作关于结构的要求有哪些？

答：所谓结构，是根据主题把材料联系起来的方式，一般也称之为谋篇布局，主要处理文章整体与局部，以及局部与局部的关系。一般写作学主要把开头和结尾、段落和层次、过渡和照应，作为结构的主要内容。就应用文写作而言，关于结构的要求有如下几点：其一是完整性。也就是说，文章的各部分应该齐全，不能有残缺，而且各部分的内容，应该与整体是协调的、统一的。其二是连贯性。这是指前后的各部分内容应该保持脉络贯通，不能出现脱节甚至矛盾的现象。其三是规范性。应用文的许多文种在格式上都有约定俗成的规范，有些文种乃至有相关部门的明确规定，这都应在结构安排上体现出来。

20. 应用文结构的完整性有哪些具体要求？

答：应用文的结构，涉及两个层面，其一是正文层面的，包括通常所谓的开头、主体和结尾；另一个就是格式层面的，是从标题开始，包括像公文的发文字号、主送机关、正文、落款、附件等等每一个方面，都要予以注意，不能无故残缺。

21. 应用文写作在语言方面有哪些基本要求呢?

答：应用文对于语言的最基本要求是准确，反对用词的含蓄，也不主张用词形象生动。其次是简洁。为了做到简洁，大部分文种都比较适合选用书面语以及少量的也是大家熟悉的文言词语。反对过于口语化的用词。在句式方面，也是尽量用陈述句，如非特殊需要，避免使用疑问句。比如，像“你们什么时候到达呢？请告诉我们，这样我们可以来迎接”这样口语化的表达，一般可以改为“请贵方告知到达的时间，以便我方迎接”。

22. 应用文写作经常涉及哪些习惯用语?

答：应用文写作中经常会涉及一些习惯用语，这在公文中出现得最为频繁，主要有以下几种。开端用语，如：根据，依照，由于，为了，等等；引叙用语，如：已悉，收悉；称谓用语，如：我、我们、本(第一人称)，你、你们、贵(第二人称)，他、他们、该(第三人称)；经办用语，如：业经，责成，参照执行；过渡用语，如：据此，凡此，总之；结尾用语，如：为盼，此复，特此通知，特此通告，特此函达，特此函复，等等。

23. 应用文写作主要涉及哪些表达方式?

答：写作表达方式一般分为五种，即：叙述、描写、抒情、议论和说明。应用文大部分文种涉及的主要有叙述、议论和说明。而描写和抒情则在应用文的极少数几种文种使用到，例如抒情仅限于部分书信和演讲等，而描写则限于书信、通讯等。

24. 什么是叙述?

答：叙述就是对事物的发展、人物的经历以及环境的变迁所作的交代。虽然交代的对象有区别，但其着重于对对象的动态反映的特征却是一致的。

25. 什么是叙述的人称问题?

答：不管采用何种叙述方式，都涉及叙述的人称问题。所谓人称，就是叙述的角度和立场。这主要分为两种：用当事人的立场来叙述人或事的，就是第一人称；用局外人的立场来叙述的，就是第三人称。

26. 叙述人称和人称代词是相同的概念吗?

答：两者是不同的概念。叙述人称是整篇文章展开的一个角度和立场，就应用文来说，是就文章和作者的关系而言的，也往往体现为发文者与文章的关系，但人称代词则是在文章中对涉及的具体人物的称谓。所以，叙述人称有第一人称和第三人称，但没有第二人称，因为文章不可能站在对方的立场上来叙述，但人称代词就有第二人称，它往往是文章的特定读者或主送机关。

27. 什么是叙述的要素?

答：叙述有所谓的三要素、五要素和六要素之说。三要素就是指时间、地点和事件，这是构成叙述的最基本成分。在三要素的基础上，再加上人物和结果就构成五要素，而再加上一个起因，就构成叙述的六要素。

28. 关于叙述方法，有哪些具体要求呢？

答：叙述的要求，根据文体的不同而各有差异，但最基本的要求，则大致相同。其一是交代明白。所谓明白，就是叙述涉及的基本要素，比如最基本的三要素，应该清楚而不遗漏。其次，是线索贯通。因为叙述主要是交代人或事的变化，所以在叙述这一变化时，其基本的线索应该贯通，不能出现中断甚至前后颠倒的状况，特别是在应用文中，一般不主张采用逆时序叙述的方法。如果偶尔在类似简报的文体中用到倒叙等，在转接处也都要用过渡的文字加以衔接，使叙述的线索得以畅通。再次是详略得当。要根据写作意图、文章主题的需要，来处理详叙和略叙的差异问题，从而使叙述做到既突出主题，也简洁恰当。

29. 叙述的方法有哪些类别？

答：对于叙述的方法，有多种分类方式。根据叙述事件的粗细程度，可以分为详叙和概叙。详叙往往会对事件的过程有充分展开，而概叙往往交代出事件的时间、地点、结果等一些基本要素就可以了。根据事件的发生与叙述的先后关系分，叙述又分为顺时序叙述和逆(部分)时序叙述。顺时序叙述简称顺叙，又称平叙或者直叙。而逆时序叙述又进一步分为倒叙、插叙和补叙等。所谓倒叙，是把事件的中间部分或者结尾部分提到文章开头先予以叙述，然后再进入常规的顺叙。所谓插叙，是在顺叙的过程中，把所叙述的事件暂时搁置起来，中间插入一段与此事相关乃至无关的另一事件的叙述。所谓补叙，就是等事件叙述到结尾时，又来补充叙述之前发生的事件片断。在应用文中，基本采用概叙和顺叙的方法。

30. 什么是议论？

答：议论就是针对某种现象、某个话题发表观点和看法。作为一种表达方式，议论在生活中有着广泛的运用。议论可以正面提出自己的看法和判断，也可以反驳已有的观点。前者称为立论，后者称为驳论。议论的主要目的是以理服人。

31. 议论涉及哪些要素？

答：完整而又全面的议论表达，往往涉及三个要素。其一是论点，这论点且不论正确与错误，都必须存在，这是议论可以被称为议论的关键；其次是论据，就是使论点得以成立的依据；再次是论证，与论点和论据不同的是，它是把论据和论点联系起来的方法，论点和论据往往直接存在于文字之中，可以被摘录出来，但论据却一般融化在议论的展开中，需要进一步的抽象才能概括出来。

32. 关于议论的论点确立有哪些要求？

答：就应用文来说，关于论点的基本要求是鲜明和正确。所谓鲜明，不但指提出的论点要明确、不含糊，而且要尽可能杜绝歧义的多方面理解的可能。而所谓正确，不但是指自己对现实生活的一种理解，也同时意味着对政府法律法规及政策的透彻理解，或者对领导意图的准确把握。在做到这两点的前提下，在涉及部分文体时，我们才可以提进一步的要求，比如新颖、深刻等等。

33. 关于论据使用的要求有哪些？

答：常见的论据有事实论据和理论论据两种。事实论据可再细分为事件和数据，理论论据则可细分为普遍原理以及专家权威的论述。对于事实论据的要求是真实、典型、确凿、概括。所谓真实，是指论据必须是现实生活中发生过的事件，而不能凭空想象乃至捏造。所谓典型，是指有代表性。所谓确凿，主要指数据不能有误差。而概括则指议论中的事实论据，基本是以概叙的方式呈现出来。理论论据的引用必须符合原义，不能断章取义。这可以从两方面来说明：一是不能割裂原话的完整性，二是要注意原话的语言环境。

34. 论证的方法主要有哪些？

答：论证的最基本方法就是应用事实论据的归纳论证和引用理论论据的演绎论证。此外，还有一些辅助性的论证方法，比如对比论证、类比论证、比喻论证等等。这些辅助论证，往往是为了增加论证的鲜明性和形象性，并不具有实质性的意义。

35. 什么是说明？

答：说明就是用简明扼要的文字对事物、事件的性质、特点、原理、作用等等进行交代。其主要目的是给人以知、教人以用。在应用文的大部分文种中都有比较充分的运用。

36. 说明的方法主要有哪些？

答：说明的方法主要有定义说明、诠释说明、举例说明、比较说明、数字说明、图表说明、分类说明、引用说明等等。

37. 什么是定义说明？它和诠释说明有何区别？

答：所谓定义说明，就是用下定义的方法，对事物的特有属性加以说明。其基本方法是先把这一事物归到所属的一个类别，然后再把该事物与同一类别中其他事物的性质加以区分。比如，我们要对教学使用的粉笔下一个定义的话，首先把它归到所属的书写工具这一类别中，然后再把粉笔与其他书写工具加以区分，我们就可以得到粉笔的一个定义：由白垩粉加工成的主要写在黑板上的书写工具。但在实际生活中，有时候我们并不需要对任何事物都用下定义的方式来加以说明，这样既过于复杂和困难，且不总是必要的。诠释的方法在许多场合替代了下定义的作用。所谓诠释，就是揭示事物的某方面属性或者作用，并不需要把该事物与其他事物作严格的区分。比如，一个从来没有看到粉笔的吸烟者，当他烟瘾上来而恰好看到同事手里拿着一支崭新的粉笔时，他也许会误以为这是卷烟而要求同事给他抽一下。这时，这位同事只需要用诠释来回答他，说这不是香烟，只是书写工具就可以了。

38. 什么是举例说明？

答：通过举出生活中的具体事例来说明某种现象或者原理，这就是举例说明了。举例说明往往具有直接、生动、形象的特点。比如要说明死海海水的含盐量和各种矿物质成分高，只需要举出生活中，有人曾平躺在死海的海面上而不下沉的事例，就能说明这一点。

39. 什么是比较说明？

答：为了说明某事物或者事理的性质，我们往往会通过寻求同类的其他事物或者事理来加以比较，以揭示事物和事理间的相似、相异点，从而更清晰地说明该事物或者事理的特点，这就是比较说明。比较说明的前提是用来比较的事物必须具有可比性，而事物的同类是具有可比性的基本保证。比较说明分纵向比较和横向比较。纵向比较往往是以同一事物的前后发展变化来予以比较，而横向比较则是对同一类别的不同事物的平行比较。

40. 什么是数字说明？

答：用量化的数据来说明某种事物或者事理，这就是数字说明。用不用数字说明，这是解释对象是否精确的明显标志。有时候，在数字说明获得精确性的同时，还会结合换算说明的方法，使这种精确性与形象性结合起来。比如，要说明一根蜘蛛丝有多么细时，一般的做法是：既给出一个精确的测量数据，同时又会把这一数据换算成头发丝的几分之几，从而使人获得一种既精确又形象的感受。

41. 什么是图表说明？

答：用图片或者表格来说明对象的性质、特点、功能等，就是图表说明。图片说明具有形象、一目了然的特点，经常应用于产品说明书等一些文种，而表格则便于将一些数据予以汇总，在许多应用文中有广泛使用。

42. 什么是分类说明？

答：依据某一标准，对说明对象进行区分，这就是分类说明。运用分类说明，必须把说明的对象全部包进来，而不能有遗漏；所分出的类别，又必须是并列关系，而不能有交叉。对同样的对象，分类说明可以多次进行。可以说，每提出一种分类标准，就可以对对象进行一次分类，同时也是对对象的一个侧面加以了解。例如，对同一人群，既可以根据性别标准，分为男人和女人；也可以根据年龄标准，分为幼儿、少年、青年、中年和老年；还可以依据文化程度，分为文盲、小学程度、中学程度、大学程度和研究生程度等等。

43. 什么是引用说明？

答：通过引用相关典籍等资料来对对象加以说明，就是引用说明。引用说明往往是为了增加说明的丰富性或者权威性。

44. 说明的最基本要求有哪些?

答:说明的写作要求是由说明的作用而规定的,即一个是科学性,另一个是实用性,以对应于说明的给人以知、教人以用的作用。所谓科学性,是强调表达的精确和准确,在可能的情况下,尽可能对说明对象予以量化。而实用性则应从接受者角度考虑,方便读者的实际操作和使用,能够充分估计读者心中可能的疑虑和困惑,而予以简明扼要的解释。

第三节 法定公文

45. 怎样理解关于党政机关的公文定义?

答:党政机关公文的定义:"是党政机关实施领导、履行职能、处理公务的具有特定效力和规范体式的文书,是传达贯彻党和国家方针政策,公布法规和规章,指导、布置和商洽工作,请示和答复问题,报告、通报和交流情况等的重要工具。"据此可以发现,公文首先是实行党政公务活动的重要工具,公务活动和公文的关系密不可分。没有公务活动,就无所谓公文,而没有公文,公务活动就得不到更有效的开展。其次,这一工具因为是政府意志和权威的体现,所以往往具有特定的效力,有时候甚至可以动用国家机器来予以强制执行。再次,公文必须是书面材料,而这书面材料,从制作完成到交付处理,都必须有规定的程序,而从写作角度来说,则是对具体格式的明确规定和要求。

46. 如何理解公文的规范性特点?

答:公文的规范,包括了写作的规范体式和处理的特定程序。从写作学角度来考虑,我们在此主要说明其规范体式。体式,大致涉及公文的文类、语体和格式。规范,则受制于两方面,其一是来自社会书面交往的约定俗成,另一是国家党政机关的办法规定。比如,公文列有主送机关一项内容时,则主送机关往往需要顶格书写,这种方式,近似于民间书信有关抬头的约定俗成。而公文如有附件,需要在正文后、落款前,对附件的份数和名称加以说明,则是公文处理办法的明确规定,不能随意省略。就体式言,文种不能随意乱用,这是最基本的前提。例如,在基层行政单位,需要表彰某人,可以用通报也可以用决定,但一般不用嘉奖令。需要向上级单位申请拨款的,通常用请示而不能用报告,也不能把请示和报告合并为一种文类。还有,公文一般多使用习惯语和书面语,尽量避免使用口语,能够用陈述句来表达疑问的,则一般不选用疑问句。而在格式上,不同的文种展开方式,也都有大致固定的模式化要求,如会议纪要第一部分一般都要求是概述,批复的开头必定是对请示的引叙,等等。

47. 公文的不同分类有何意义?

答:公文有不同的分类方式。依据不同的分类,可以对公文从制作到交付实施加以不同的处理。例如,依据秘密等级来对公文进行分类,就是要求对标有密级的公文做好相应的保密工作。秘密的文件,如果通过计算机传送,就需要加设密码,而对绝密文件,则必须有机要员专门送达。还有对紧急程度的分类,就是要求从时间安排上对公文做相应处理,有些特级公文，还会限定具体时间。又如根据行文方向来分类，则不同方向的行文，在写作时的用语就有很大差异。根据作用来分类的公文也如此。如果是报请性的公文混同于指挥性公文，其语词的欠妥也便可以想见。

48. 发文机关标志就是公文的标题吗？

答：不对。发文机关标志是发文机关文件的通称，而公文标题则是对特定文件内容的概括，两者不可混淆。发文机关标志位于公文的版头部分的中央，由发文机关的全称或者规范化的简称加“文件”两字组成。而公文标题则列入公文的正文部分，也就是文章的标题。对公文标题的写作，有相应的要求。

49. 对公文的发文字号有何特殊要求？

答：发文字号是发文机关对其制发的公文依次编排的顺序号，是以一年度为一个段落来排序的（只有命令可以破年度来排流水号，如主席令是按主席的任职期依次排列的），由发文机关代字、年份和序号组成，如上海市人民政府文件“沪府〔2012〕2 号”，“沪府”是发文机关代字，“2012”是发文年份，“2 号”为文件序号，表明这份文件是上海市人民政府在 2012 年度制发的第 2 号文件。发文机关代字与发文年度之间，一般会加“发”字，也有加“字”字的。批复、函等文种，一般在发文机关代字之后加“函”字，如国务院的此类公文就曾用“国函〔2012〕2 号”。为便于识别，机关代字应选用能反映该机关特征的“代”字，并固定使用，而不应随意变换。

50. 对公文标题的写作有何要求和规定？

答：最全面的公文标题包括发文机关、事由、受文机关和文种。但受文机关在实际运用中基本省略，所以，党政机关的公文处理办法在规定公文标题的写作时，都没有提及受文机关。当然，除受文机关，发文机关和事由有时候也可以省略，只有文种名在公文标题中才是不可省略的。公文标题除颁布的法规等加书名号外，一般不用标点符号；如果是批转或者转发文件，则原有的文件名可加书名号，也可不加；引入事由的介词结构短语“关于什么什么”一般只使用一个；如果转发的是通知，两个通知的文种名也只保留一个，以求简洁。如：《黄浦区教委转发上海市教委关于进一步减轻中学生作业负担的通知》。如果转发的是其他文种，则原来的文种名不省略，如：《国务院批转财政部关于开展企业财务检查情况和今后意见的报告的通知》。

51. 对公文的主送机关有何格式书写要求？

答：主送机关应该顶格书写，写全称或者规范的简称，也可以写同类机关的统称。上行文尤其是请示，只写一个主送机关，不得多头请示，也不能越级请示。如需要其他机关了解或批准的，可以用抄送的办法予以解决。下行文中，如果要写几个主送机关，则这些机关应该是平级单位，名称也应该书写统一，不能有的用全称，有的用简称。

52. 公文的无正文说明有何新的处理规定?

答:根据新的规定,当公文排版后所剩空白处不能容下印章位置时,应当采用调整行距、字距的方式处理,必须使印章与正文同处一页;不得标识"此页无正文"。

53. 怎样确定公文的成文日期?

答:公文的成文日期一般是指公文的生效日期,以机关负责人签发之日为准。联合行文以最后签发机关的领导人签发日期为准。法规性文件以批准日期为准。会议通过的公文以通过之日为准。电报以发出日期为准。

54. 成文日期中的数字有怎样的新规定?

答:以往的成文日期都用汉字表示,而 2012 年版的公文格式标准,则改为用阿拉伯数字表示。

55. 对公文的抄送机关有何要求?

答:如果需要抄送的机关很多,有上级、下级或者平行的、不相隶属的机关等,在安排顺序上应上级机关在前,不相隶属机关和下级机关在后。向下级机关的重要行文应同时抄送上级机关,向上级机关的请示、报告,则不得同时抄送下级机关。抄送机关应是确实需要知道公文内容的机关,不可滥抄滥送,以避免文牍主义。

56. 通告的特点有哪些?

答:通告的特点主要有三个。其一,公开的告知性,往往用公开张贴的方式来广而告知,其内容本身不同于某些公文存在保密性的问题。其二,使用的广泛性。通告不仅可以在一定范围内公布重大事项,还可用来公布社会生活中的一些具体事务,如节假日的交通管制等。其三,内容的强制性。通告中所提出的规定、要求带有法规性质,各单位或个人都必须遵照执行,如有违反,将受到查处,如交通管制区域不得强行进入等。

57. 公告与通告这两种文体有怎样的联系和区别?

答:《党政机关公文处理工作条例》规定公告"适用于向国内外宣布重要事项或者法定事项",通告则"适用于在一定范围内公布应当遵守或者周知的事项"。两相比较,可以发现,公告和通告都是向社会公开发布的事项。而就写作技巧来说,其要求也相似。不过,相对而言,公告发布的事项更重大,面向的范围也更广阔,尤其是当事项从境内延伸至境外时,一般都采用公告文种而不采用通告。所以,当有些小区物业清洗水箱,或者某些便民店因盘点库存而停业一天,都张贴所谓的公告时,则属于文种的误用。

58. 通报有怎样的特点?

答:通报的特点主要有三个。其一是事实性。这里有两层意思。首先是通报的内容必须以事实为依据,强调事实本身的真实可信,切忌夸张或者虚构;其次是事实而不是议论构成内容的主体。其二是时效性。通报的事实必须对近阶段工作有指导意义，如将已成为历史陈迹的内容做通报，则失去了实用价值。其三是典型性。通报反映的个案，必须具有普遍意义，在当前社会有广泛的代表性，这样才能更好地发挥通报对工作的广泛指导意义。

59. 通报的写作有何注意事项？

答：首先，通报的写作强调事实性。例如，不论是表扬性的通报还是批评性的通报，都强调以事实教育人，所以，对涉及的事实，要用叙述的表达方式，予以较为详细的展现，不可一笔带过。其次，通报表扬和通报批评各具有两层不同的含义，需要在文字上予以明确。一层含义，是表示一种书面的、让更多人知道的表扬或者批评，除此之外，就没有其他奖励或者惩罚的措施，那么，在叙述完事实后，一般要写明“特予以通报表扬”或者“特予以通报批评”。但是，通报表扬或者批评还有另外一层含义是：通报的不仅仅是事实和书面的表扬或者批评，除此之外还有其他措施，那么在叙述完事实后，首先要写明表扬或者批评的其他措施，例如记功或者记过等，然后再写一句“并予以通报”，就可以了。

60. 通知的特点是什么？

答：与其他文种相比，通知具有如下的鲜明特点。其一，适用范围广。它的运用，不受机关级别的限制，上至中央、下至地方最基层的单位均可使用。其二，发挥作用多。通知的内容，既可用于部署工作，也可用于知照事项，还可用于发布法规、转发文件等等。其三，正因为有上述两个特点，因此形成了其第三个特点，就是在各种公文中，使用频率最高。其四，通知属于下行文，但也可以是平行文。

61. 批转性通知和转发性通知的写作有何联系和区别？

答：不论是批转还是转发，其内容的关键是要转另一份公文，所以在该通知的标题和正文中，都需要把所转的公文的名称放在核心位置，所转的公文作为附件附录于后，并在正文后、落款前的附件说明位置，写上所转公文的名称。但是批转公文和转发公文的一个重要区别是：批转通知一般要由发文机关表明自己对所转公文的态度，即所谓“批”，比如“同意”或者“原则同意”，然后再予以下发，而转发通知则一般不需要发文机关的表态，直接下发，让下级单位学习或者参照执行即可。至于对下发的公文是不是需要另外提出补充意见，则视具体情况而灵活掌握。

62. 会议通知的写作有哪些注意事项？

答：会议通知的写作在日常工作中使用频率甚高，写作起来看似相当简单，但也有一些细节问题，常被撰写者疏忽，以致带来麻烦。首先，通知中一些要素一定要确切，包括明确的出席对象、会议的确凿时间和地点、会议的具体议题等等。其次，是否与会者需要准备以及怎样准备，会议通知中也应该予以提示，比如，是否需要发言？口头的发言需要几分钟？书面发言需要多少字？等等。再次，大型的重要会议，一般需要有预备性通知，而且需要在通知中列入回执一项，以确保与会者收到。

63. 请示和报告主要有哪些区别?

答：请示和报告虽然都属于上行文，在实际运用中，会出现一定程度的混淆，但其差别也是明显的，主要表现在如下几方面。

其一，内容要求不同。请示的内容要求一文一事；报告的内容可一文一事也可一文数事。

其二，行文目的不同。请示的目的是请求上级机关批准某项工作或者解决某个问题；报告的目的是让上级机关了解下情，掌握情况，便于及时指导。

其三，行文时间不同。请示必须事前行文；报告可以在事后或者事情发展过程中行文。

其四，报送要求不同。请示一般只写一个主送机关；受双重领导的单位报其上级机关的请示，应根据请示的内容注明主送机关和抄报机关，主送机关负责答复请示事项。报告虽原则上只报送一个上级机关，但遇到特殊情况，也可用“×××并×××”的形式向多个上级机关发送。

其五，篇幅不同。请示一般都比较简短；报告的内容涉及面较为广泛，篇幅一般较长。

其六，标题写作不同。一般来讲，请示的标题中不写报告二字，就是“×××关于××××的请示”；报告的标题中不写请示二字，就是“×××关于×××××的报告”。

其七，处理结果不同。请示属于“办件”，上级机关应对请示类公文及时予以批复；报告属于“阅件”，对报告类公文，上级机关一般以批转形式予以答复，但也没必要件件予以答复。

另外，在结尾用语等其他方面也有差异。

64. 函的特点有哪些?

答：函的特点主要有：

其一，行文多向灵活。函虽归属于平行文，用来与平级机关或不相隶属的机关开展工作，但是也可用于上行和下行，是公文中行文方向最灵活的一种。

其二，内容简单、直接。函较多用于联系事项，商洽工作，往往是开门见山，直截了当，篇幅大多短小。

其三，语言直白，语气恳切，以显示开展工作的商量、协商性基调。

65. 被动答复的函相比于主动发出的函在写作上有何区别?

答：被动答复的函是为了回应主动发出的函而写作的，所以在开头一般都要引述主动发出函的发文字号和函件名称，再加以“收悉”字样，然后提出答复意见。关于商洽性的复函，通常的写法是：如果同意对方的要求，则会提出一些相应的要求；而如果委婉拒绝时，则会说明拒绝的理由。其结语与主动发出的函也有区别。如果说主动发出的函是用“盼予复函”作结，则复函是以“特此函复”或者“此复”来做结。

66. 会议记录和纪要有何区别?

答：会议记录和纪要的区别主要在于两点：第一，在内容上，记录是会议全过程的实录，发言的内容依照自然顺序展开，一般不作省略或者概括处理；纪要则必须体现出它的指要性,对会议的内容有所概括,在结构上也可以根据议题而不是严格按照发言的自然顺序来展开。第二,纪要对议定的事项,通过主管部门或者领导确认后,可以作为指导工作的公文而下发,但记录一般不能直接用作指挥性的公文。

67. 对纪要的写作有何要求?

答:纪要的正文写作一般分为两部分,一部分是概述,另一部分是主体。概述一般采用动态消息的写法,对会议的时间、地点、出席对象以及会议的议题加以概述,然后转入主体部分,对讨论的各项内容,分专题加以综述。如果是情况分析,则以“会议认为”一句领起下文,如果是确定的方针,则以“会议确定”或者“会议提出”来引领。

68. 批示与批复有何区别?

答:在党政机关公文处理条例和办法中,规定批复是对下级机关请示的答复,而批示未予提及。参照实际情况,我们能够发现,这两种文体虽然都是下行文,但区别也是明显的。批示往往是由上级机关主动发出的,也可以用于被动答复。而批复总是被动的,是对应于请示的,所以,在批复的开头,如同复函一样,要对所答复的请示名称和发文字号予以引述,指示则没有这样的一个特殊部分。

69. 决议和纪要的区别点在哪里?

答:就召开会议而言,决议和纪要有相似性,但其区别也是明显的。首先,作出决议的会议,应该有不言而喻的权威性,如党代会、人代会,但是对纪要,似乎并无这样的要求;其次,决议只提出议定的事项,显示出指挥性,纪要也提及未议定的事项,但同时兼顾指挥性和记录性;再次,决议一般不介绍讨论过程,但纪要也可对讨论过程做简单叙述。

第四节 日常事务应用文

70. 法定公文和事务性文书有何区别?

答:日常工作虽然都会涉及法定公文和事务性文书,两者也具有相近或者相似的特点,如实用性、规范性等等,但区别也很明显,主要体现在:第一,法定公文更具权威性,甚至可以动用国家机器来强制实行,其涉及的面也比较广泛,而事务文书相对来说权威性要弱一些,适用的范围也往往局限于一个单位一个系统;第二,法定公文的文种以及格式有相应的党政部门来明确规范,但划入事务文书的文种并无统一的标准,格式要求主要是约定俗成,也不如法定公文那么严格;第三,法定公文一般都需要标明发文字号,并需要在秘密等级、紧急程度上加以区分,而事务文书则一般没有这方面的要求。

71. 计划的三要素在实际操作中有何变通?

答:计划的写作,一般都要求包括三要素,即:目标、措施和步骤。但实际写作过程中,

也不是所有的计划都一概分成这样简单的三部分。首先，当计划涉及的事项比较重大，年限比较长远时，就会把目标分解成总体目标和阶段性目标，以总体目标作为计划的宏观性蓝图，而把阶段性目标作为实施这一总体目标的量化指标。这样，使得目标和措施、计划联系得更为紧密。其次，计划的制订既要体现前瞻性，也要体现可行性。前瞻性和可行性，都要落实在目标中，被目标所统一。所以，常常在提出目标前，有一个现状的分析，以此作为确定目标的基础，但简单的计划，就没有这样的内容。再次，措施往往是比较具体的，可以操作的，但对于一些更基本的观念问题，在计划中常常也会被提及，所以，有些计划还会增加一个指导思想的部分。最后，步骤常常是以时间的年月来自然分割，但有时候也在这中间，确立几个时间的节点，使得这时间性的步骤与阶段目标协调起来。总之，这些变通，都是要根据计划的实际要求，来做出相应的处理。

72. 总结的写作有何常见失误？

答：总结是对个人或者单位前阶段工作的回顾，在具体写作中常常出现如下一些弊病：其一是内容空泛，只谈些空洞无物的道理，却没有对以往实际工作予以认真回顾，这样的总结，移用于同一系统的任何单位或者个人都可以，从另一方面说，其实也是用抽象的议论代替了具体的说明，不但是内容的不当，也是表达方式的误用。其二，平均使用笔墨，主题不突出，详略处理不当。总结的主体部分往往是由两部分构成，一部分是成绩和经验，另一部分是失误和教训。这两部分一般不是用对等的笔墨来写，而是根据实际有所侧重，或者以谈成绩为主，则教训应该略写；如果重点是谈教训，则成绩就应该少写或者不写。即使是以谈成绩为主，仍然应该有所选择，把最有体会、最典型的经验重点加以说明，这样才能突出主题。其三，没有全局观念，见木不见林。有时候，总结的撰写者，因为过于注重重点个案，忽视了总结往往是对一个阶段工作的全面回顾，从而走向了另一个偏差，整篇总结，往往只有两三个事例，却没有对整体工作的介绍。这样的总结，也是不可取的。纠正这种偏差的最好做法，就是通过统计一些数据，来反映面上的、总体的工作，而通过典型事例，来突出重点，通过这样的点面结合，最后水到渠成引出规律性的经验。这样的总结，才是比较符合要求的，也是对今后的实际工作有指导意义的。也许有人要问，总结分专题总结和全面总结，专题总结要突出重点，要详略得当是可以理解的，如果是全面总结，不是本来就要求面面俱到吗？其实，就全面总结来说，一个阶段的工作分成几个方面，这大致的几个方面即使篇幅相差不大，但就每一个方面内部而言，也有一个重点突出、详略处理的问题，这是不应有所例外的。

73. 调查报告的写作有何关键点？

答：调查报告的写作有两个关键点，每每为一些写作新手所忽视。其一，调查报告在写作之前，作者必须深入社会现实，经过较长一段时间的亲身调查，采用诸如问卷调查、谈话调查等方法，以搜集得来的第一手资料作为写作的前提和基础。但事实却是，不少撰写者往往只是通过网上检索或者对图书资料的拼凑，来作为自己写作的素材来源。其二，即便通过自己深入社会，获得了第一手资料，也并不意味着把这样的资料罗列起来，就可以架构起一篇调查报告。还需要对这些资料进行科学研究，总结出一些基本的规律，才能开始动笔写作。

所以,调查报告,有时候也称为调查研究报告,其调查所体现的资料原始性,和研究所体现的学术性,是两个常被撰写调查报告的人所忽视的关键点。

74. 问卷调查有何基本要求?

答:撰写调查报告的前提之一是调查,而问卷调查又是调查中常用的方法之一,这里简单谈一些操作上的要点。首先,如何设计问卷呢?问卷中的题目应该以选择题为主,题干的空格必须安排在句子的结尾处,供被选择项填入。单项选择一般提供四个被选择项,供答题者选出唯一正确答案。多选则不少于五项,供答题者选出不少于两项的选择项。问卷的总题量不能过大,以免导致答题者的厌倦心理。其次,当问卷的发放达到比较大的数量时,则最好先在小范围内,利用小数目的样本进行预备性的调查,把小样本问卷回收后,对答题结果进行初步统计和评估,以确定问卷本身的质量和价值,然后作适当修订,再正式进行大范围的调查。再次,需要统计问卷的回收率,一般而言,倘若回收率不足70%,则其统计结论的可信度就会大大降低,甚至需要重新调查。

75. 简报的写作有何特点?

答:在简报的多种类别中,最常用的是反映工作动态的和用于交流经验的,前者的写法基本相似于新闻分类意义上的动态消息,而后者的写法相似于新闻分类中的通讯。不过,不论何种简报,要求反映及时则是一致的。另外,消息和通讯的标题,有时候会采用多行标题的形式,简报的标题也类似。两种简报在写作上的差别主要体现在正文部分。反映工作动态的简报一般采用简洁叙述的方法,把新闻的基本要素或主要部分(即时间、地点、事件、人物、结果和起因)交代出来就可以了,基本不作过程的展开和主观的评论;但是,交流经验的简报除了叙述最基本的要素外,也往往会对过程加以展开,并适当加以一些议论。也正因为上述的简报与新闻稿有十分相似的地方,所以有时候也把简报称为内部新闻。

76. 纪要和会议综述有何区别?

答:也许有人会觉得奇怪,纪要和会议综述,都是对会议内容的一种概括,分出两种文体来提各自写作上的要求,有何必要呢?不错,从比较笼统的写作学角度看,两者的写法是近似的,正文的结构也大致分概述和主体两部分,但是仍有一些区别值得注意。首先,就适用范围来说,纪要主要用于党政机关企事业单位的工作会议,既用于记载会议情况,也用于传达议定事项,是兼具记载和指挥的功能;但会议综述一般多用于记载,指挥功能并不明显,而其记载的,虽然也可以用于基层的工作会议,但更多是一些文化、学术会议讨论内容。其次,正因为纪要有着指挥性的一面,所以在写作时,常常会把议定的事项作为重点来加以突出;相反,会议综述因为用以反映文化、学术会议居多,所以,恰恰是一些未定的,甚至是引起争论的内容,成为会议综述的侧重点。但是,当文艺性的、学术性的会议内容被概括后作为指挥性文件而下发时,采用纪要而不是综述的文种名更为合适。

77. 写讲话稿需要注意哪些事项?

答:在党政机关会议场合,讲话稿和发言稿的名称还是有着约定俗成的区别的:领导在会议上的公开说话被称为讲话,而群众代表的公开说话被称为发言,领导讲话的底稿,被称为讲话稿。撰写讲话稿,需要注意如下事项:第一,讲话稿是用于口头表述的,因此,通俗性,是讲话稿的起码条件。这需要选用容易理解的常用字和一些简单的句子结构来表达意思。第二,深刻性。通俗性与深刻性其实并不矛盾,正因为领导对现实有着清醒的认识,站得高看得远,所以能够在一个更高的层面上,来发表一些常人所难以领悟的真知灼见,所以,观点的深刻,直指要害,一针见血,也构成讲话稿的特色。第三,针对性。领导讲话固然需要高瞻远瞩,发人深省,但也必须与现实结合起来,尤其是与听众普遍关心的问题结合起来。所以,了解现场听众的普遍心理、他们的共同兴趣和具有趋同性的困惑,有针对性地说话,才能引起听众的共鸣。

78. 撰写演讲辞有何基本技巧?

答:一般说来,内容真切,有现实针对性,有真感情的演讲辞都是感人的,但所谓“言之无文,行之不远”,在保证内容质量的前提下,注意技巧,能够更有效地打动听众,可以产生更广泛的影响。首先,在选材上,最好能从一个典型的事件或者某种现象切入,亮出自己的观点,切忌无的放矢,空发议论。其次,语言在通俗易懂的前提下,尽可能做到生动形象,适当选用比喻和对比的手法,可以增加形象感。再次,在篇章的整体层次结构上,通常采用前后逆转的方式,来引发听众的内心冲突。最后,通过适当的排比句,来增加演讲辞的气势。其实,演讲辞作为用于口头的文稿,其基本写作要求,与讲话稿有相似之处,但由于说话人的身份以及说话目的的不同,还是有一定的差异,把两种文体的写作要求对照起来看,也许对提高这一类文稿的写作会更有启发。

79. 规章类文书的正文结构主要分为哪几种类型?

答:规章类文书的正文结构主要有三种。最简单的一种,就是直接以具体条款构成正文的全部内容,典型的如上海市颁布的《七不条例》。第二类是引言加具体条款的,这样的结构,例如守则,一般会在引言部分提出制定具体守则的目的或者依据,并以一句“特制定如下守则”或者“特制定守则如下”领起下文,然后具体写出各条的守则。第三类结构是引言、主体和结尾三部分,有时候这三部分分别称为总则、分则和附则。一般来说,总则是提出制定规章的目的、依据或者界定受制约的对象等,而分则是逐条提出具体的规定,附则是对该规章的解释者、制定者以及实施日期等作必要的说明。需要说明的是,并不是说凡在规章中有宗旨、具体规定和实施日期说明等三方面内容的,都需要在结构上分为三个部分。其实,如果具体规定的内容不是太多、太复杂的话,也可以直接采用条款式的。不过,在这样的条款式中,一般是把制订规章的目的、宗旨列为第一条,而实施日期的说明列为最后一条。

80. 规章类文书对语言有何要求?

答:规章类文书主要是用来规范人们的行为的,具有很强的实际操作性,所以对表述意思的语言准确性有很高的要求。如果遣词造句留有理解上的歧义，就会让人执行起来无所适从。比如，某校对新生的入学规定，有一条为：“开学两周后未报到者，将被取消入学资格。”让人困惑的是，如果该新生两周后前来报到了，或者一个月以后前来报到了，那么校方能不能取消其入学资格呢？按规定是不能的，因为它只限定未报到者，至于以后任何时间前来报到者，则未予以任何规定，这样的一条规定，究竟有何意义呢？探求制定者的原意，是在两周内未能报到者，即被取消入学资格，但因为撰写者用词不当，把两周内误写成两周后，遂给执行此具体规定的工作人员带来了困惑。用词不当不但给执行带来困难，也使得规定不严肃、不庄重，无法引起人们对规章制度的起码尊重。比如，在某大学校园里张贴的整洁校园环境的规定，其中有一条是：“校园中不准饲养鸡鸭，如有违者，送交食堂宰杀。”连宰杀的对象都没有搞清楚，这样的规定，除了增添笑话外，并不能对人有任何的制约。

81. 专用书信和一般书信有何区别？

答：专用书信虽然在形式上与一般私人间交流用的书信十分相像，但也有一些差别，在写作上需要加以注意。第一，专用书信一般都有标题，如介绍信、感谢信、求职信、倡议书。但一般书信则不会列标题，比如男女交往写的情书，不会在信纸正上方先写下“情书”这样的标题而后开始写抬头。第二，专用书信有标题，与书信的内容也有关系，一般都是围绕标题而展开，不用说直截了当的介绍信，就是表扬信、倡议书等，也不会游离于主题，旁及其他内容。相对来说，一般书信则比较灵活，在主题上并无要求始终统一、题旨集中等等。第三，专用书信的表达比较单一，一般不追求文字的生动和形象，但一般书信却没有这样的限制，即使在谈及很实用的问题时，也不妨碍文笔的生动活泼，使得有些书信兼具实用性和文学性功能。

82. 写作求职信需要注意哪些事项？

答：我们往往要在求职信中介绍自己的长处，但一个人的长处应该有许多方面，在短短的求职信里不可能也没必要予以充分展示，因为连篇累牍地介绍自己，常常会令人产生厌烦情绪而影响到对求职者的评价。所以，根据职位的特点，有针对性地介绍与之相对应的知识与能力，就变得尤为重要。其次，要尽可能客观而又坦诚地介绍自己，多说明事实，少用主观性的评价，与其说自己能做什么，还不如说自己已经做了什么。再次，作为求职信的附件，要有选择地提供能证明自己学历、能力的各种证书复印件，不是证书越多越好，要少而精，不能多而滥。

83. 书信的格式有何共通性的要求？

答：书信的抬头一般要求顶格书写，在同一行中，不能接下去写“你好”之类的问候语，一般需要另起一行，或者干脆不写。正文内容结束时，一般以敬语收尾。书写敬语一般分两行，根据着眼点的不同予以分割。如“遥颂秋安”一句，“遥颂”是从我出发，“秋安”是从对方着眼，所以把它分为两行。既可以在正文后，紧接着写“遥颂”，然后另起一行，顶格书写“秋安”两字；也可以另起一行，开头空两格写“遥颂”，再另一行顶格书写“秋安”。遵循的是以顶

格表示尊敬的传统。最后的落款,写在结尾敬语下一行的右下方(竖写的则为左下方)。先写上单位或者个人的名称,再另起一行,在名称下方写上日期。

第五节 商务应用文

84. 经济合同有怎样的作用?

答:经济合同是协作关系的具体而直接的反映,是管理经济活动、达到经济目的的有效手段,也是保证合同签订方切实履行义务、享受相应权利的有效方法。它还是用经济手段解决经济问题的有效措施。具体说来,其一,它对合同签订方的经济活动起到指导、规范作用。由于合同上记载的履约条款相当清楚,从而对经济活动的达标,必然起到导向和规范作用,不致使履约产生偏差。其二,它对市场机制的良性运转,起到积极的协调作用。由于经济合同主要是以经济目的来规范企业的日常运作,从而使企业活动与市场机制的制约性充分协调起来。其三,有利于发挥上级部门的监管作用。通过一个企业对合同的执行情况,可以对企业的绩效予以评估,并实行监管。尤其是当代表国家机关监管企业的国家银行与企业签订信贷合同时,这种监管得到了最直接的体现。其四,法律的凭证作用。一旦签订合同双方发生经济纠纷,依据合同条款作为书面凭证来解决争端,就成为最具法律效力的证据。

85. 怎样理解签订合同的自愿、平等原则?

答:合同的条款虽然对双方具有约束力,甚至可以通过法律来强制对方予以履行,但所依据的条款,必须是建立在自愿、平等的原则上。一旦有证据显示合同是在外力胁迫下签订的,或者合同签订的一方发现条款所规定自己的权利和义务存在明显不对等,则可以通过法律途径,要求将该合同予以撤销。如果是这样的话,所谓要求法律支持来强制履行合同,也就无从谈起。正是基于这样的前提,自愿、平等的原则,应该成为合同签订者的高度自觉意识。

86. 合同条款用词的最基本要求是什么?

答:合同必须用准确周密的文字来表达签订者的意愿,数字要精确,标点符号要正确,要尽量避免理解上有歧义的文字,以免给经济活动造成不必要的损失或者引起无谓的争端。例如某皮装厂曾向新疆某公司定购一批皮革原料,在订货合同中,对货品要求的条款中有“小于一平方尺。有剪刀斑的作退货处理”。及至货物运到,发现皮料都是一小块一小块的,难以作为皮装的原料使用,令厂家感到十分惊讶。原来他们本来的要求是每块原料既不能小于一平方尺,也不能留有剪刀斑痕。但因为在这两个语段中用了句号而不是顿号,结果,“作退货处理”只是规定了后一点,而“小于一平方尺”反而变成订货的要求了。至于因合同文字的歧义而引起争端的,在生活中也是相当多的。比如,上海某房产商在售房合同作的补充规定,其中有一条是涉及小区安排班车每天往返地铁站、接送小区住户的事项,对费用问题开发商作了如下承诺："一年三百六十五天，天天免费接送。"但是，班车开通后，第二年就采取了收费措施，令小区居民大惑不解。原来，开发商所谓的"一年三百六十五天"，是指总计一年之内的日期，而小区居民，把"一年"理解成了"每年"，这样，最后不得不要对簿公堂了。总之，合同文字的推敲，需要慎之又慎，如果对有些无可回避的词语理解上存有分歧的话，最好在合同中用补充说明的文字予以进一步界定，扫除可能的歧义。

87. 怎样理解广告对消费的推动作用？

答：广告既是为了向顾客提供商品的信息，更是为了通过塑造产品的形象，激发起消费的欲望，使得一个本来无意购买此商品的人，产生了一种购物的内驱力、一种不由自主的精神需求，从而吸引顾客来自觉消费。就这个意义来说，广告词的指向不单单是指向产品的，更是指向人们心理的。通过反复出现的广告词，可以在人们的心理上制造出一种幻觉，从而把这种幻觉赋予该产品。例如，一种对爱情的永恒期待，被凝练概括在钻石戒指的广告词中，所谓"钻石恒久远，一颗永流传"。在这里，一颗坚固的钻石，似乎可以跟一颗爱的心互为指代，使人产生一种幻觉，似乎购买了钻戒，就是获得了爱的保证。再比如，用"小时候妈妈的手最温柔"来引出美加净润肤皂，就是要让人产生一种心理错觉，似乎用了此肥皂，就能让自己重温被母亲呵护的温柔感受。由于广告词中的关键句或者广告标语有着直指人内心的定位，所以，含蓄的、一语双关的文字表达方式，常常得到使用，推动着消费者在一次次幻觉中心甘情愿来购买商品。

88. 广告标语就是广告词的标题吗？

答：广告标语又叫广告口号，是指广告主为了维持广告宣传的连续性，反复运用于同一商品的一系列广告中的一个带有鲜明个性和强烈鼓动性的简短语句。广告标语和广告标题虽同样引人注目，但两者还是有相当的区别，不能视为等同。标题是整篇广告的题目，是对广告内容整体的概括，引导人们把注意力进一步投向广告。它总是出现在广告的最前面。但广告标语是对广告内容的一种提升，并不概括广告的整体内容，但可以把广告内容提升、改造为一种相对独立的观念和意识，可以出现在一篇广告乃至同一产品一系列广告的任何位置，甚至可以独立于整篇广告而出现，对消费者施加持续的影响。著名的酒类广告标语如"人头马一开，好事自然来"，"品和酒，交真朋友"，咖啡广告标语如"味道好极了"，矿泉水标语"味道有点甜"，啤酒广告标语"喜欢上海的理由"，西服广告标语"不要太潇洒"，鸡肉广告标语"美好人生，鸡不可失"等等，皆是。

89. 怎样撰写广告标语？

答：广告标语的主要目的不是为了提供商品信息，而是为了确立一种牢固的生活观念，所以，塑造产品的形象，提炼出个性，把它与日常生活的某种普遍的感觉和需要联系起来，成为撰写广告标语的基本原则。比如，在"百服宁，保护您"这样的标语中，不但是说明了百服宁对感冒的治疗作用，更是因此把这种药物，与人们在生活中渴望安全、渴望被保护的感觉联系起来，从而使得这种药物催生了你生活中安全感，而且，当一种需要安全的感觉在你心

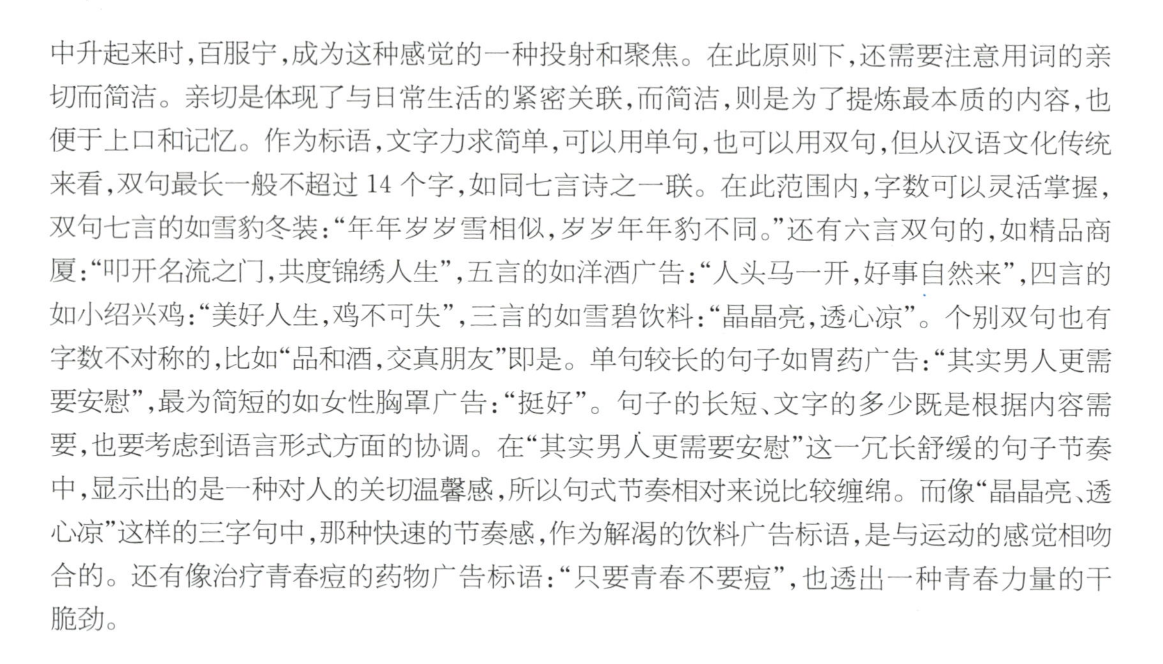

中升起来时，百服宁，成为这种感觉的一种投射和聚焦。在此原则下，还需要注意用词的亲切而简洁。亲切是体现了与日常生活的紧密关联，而简洁，则是为了提炼最本质的内容，也便于上口和记忆。作为标语，文字力求简单，可以用单句，也可以用双句，但从汉语文化传统来看，双句最长一般不超过14个字，如同七言诗之一联。在此范围内，字数可以灵活掌握，双句七言的如雪豹冬装："年年岁岁雪相似，岁岁年年豹不同。"还有六言双句的，如精品商厦："叩开名流之门，共度锦绣人生"，五言的如洋酒广告："人头马一开，好事自然来"，四言的如小绍兴鸡："美好人生，鸡不可失"，三言的如雪碧饮料："晶晶亮，透心凉"。个别双句也有字数不对称的，比如"品和酒，交真朋友"即是。单句较长的句子如胃药广告："其实男人更需要安慰"，最为简短的如女性胸罩广告："挺好"。句子的长短、文字的多少既是根据内容需要，也要考虑到语言形式方面的协调。在"其实男人更需要安慰"这一冗长舒缓的句子节奏中，显示出的是一种对人的关切温馨感，所以句式节奏相对来说比较缠绵。而像"晶晶亮、透心凉"这样的三字句中，那种快速的节奏感，作为解渴的饮料广告标语，是与运动的感觉相吻合的。还有像治疗青春痘的药物广告标语："只要青春不要痘"，也透出一种青春力量的干脆劲。

90. 撰写广告词和广告标语一般会用到哪些文学表现手法？

答：广告词虽也被归入应用文文体，但与其他应用文不一样的地方在于：在写作时，会用到不少文学性的表现手法。由于广告词需要对人的感情和心理产生直接的作用，所以从表达方式来说，一般应用文不用的描写、抒情的方式，在广告词写作中反而经常被涉及。虽然被推荐的商品往往是日常生活中最具物质性的产品，但写作广告词的目的之一，恰恰是要超越这种物质性，要使这种物品在尚未被使用前，就已经在人心理上产生一种需求和感情，使用过后，还留有一份依恋和回味，这样，通过文学的表现手法，用一种虚幻的形象化的感觉，把产品的物质性联系起来，就成为广告词撰写者必须加以特别考虑的问题。因为兼容了物质与感情的两种意义，暗示的、双关的语言文字常常被精心组织进来，仿用成语或者惯用的句式，来制造一种全新的效果，如同"美好人生，鸡不可失"，利用谐音把"机"替换成"鸡"等，类似的手法，也是在广告词中常用的。此外，应用文写作一般不允许采用夸张的修辞手法，因为这会带来与事实不符的效果。但是在广告词写作中，只要用得恰当，没有故意对商品的物质性信息产生误导，只是作为一种想象，那么夸张的手法仍是被允许的，如同白丽香皂的广告标语"今年二十，明年十八"一样，是被大家所能够接受的。

91. 怎样理解广告词对产品的形象塑造？

答：商品广告词固然可以理解为是对商品的一种介绍，但这种介绍在很大程度上不是照相式的客观记录，也不是全然被动的反映。在广告词的写作过程中，有着很大程度的创造性。这种创造，不同于厂家对产品的生产——这是文字所无能为力的——而是当产品生产尚未完成或者已经完成后，怎样帮助这一产品在意识领域里塑造起它的形象来。举例来说，万宝路牌和健牌，是两种香烟的牌子，这两种香烟的烟草味，可能会有所区别，一个浓烈点，一个柔和点。这对抽烟的人来说，本来是各取所需的嗜好问题。但是，万宝路和健牌的广告，却不是要告诉人们万宝路烟味的浓烈与健牌烟味的柔和，因为这个事实大家都是清楚的，而且也只有在品尝时，才能充分感觉到。那么，万宝路广告是怎么做的呢？它是通过美国西部的山野和牛仔在骏马上奔驰，塑造起了一个豪放粗犷的形象，并以一句“欢迎你加入万宝路的世界”的广告标语加以总结，于是，这使消费者产生了一种幻觉，好像万宝路，就是男子汉气概的代名词，一个本来不抽烟的人，可能就是因为对男子汉气概的向往，也想着要去抽万宝路了。这样，万宝路的形象，就被广告塑造起来了。而这形象又是富有个性的，不同于健牌对绅士风格的定位。这就是广告对商品形象的塑造，它把烟草味的浓烈作为一个引子，最后完成了一个与烟草并无必然联系的男子汉的形象世界。

92. 商品广告词与商品说明书有怎样的区别？

答：商品广告词和商品说明书尽管都以商品为服务对象，面向消费者，在各自的文字中对商品加以介绍，增加消费者对商品的了解，但两者的区别还是比较明显的。商品说明书用于售后服务，重在介绍说明商品的规格、质量、性能、使用等方面的知识，客观、真实地介绍说明，方便消费者对商品性能的理解和实际的使用。而广告则是一种促销手段，用于激发消费者的购买欲望，达到出售商品的目的。此外，商品说明书一般是附属于每一件具体商品的，常常分为简单说明和详细解释两部分。简单说明往往作为商品外包装的一部分，使人一目了然。而详细说明复杂时会装订成书籍的样子，和商品一起配送。而广告词则一般脱离于商品，出现在各种宣传媒体上。文字表达时，还能够配以各种声像效果，但相对来说都比较简单，没有复杂如一本书那样的庞杂内容。在表达手法上，商品说明书基本用说明的方法，而广告词则不受此约束，往往会用到描写、抒情表达方式以及其他一些文学表现性很强的手段。

93. 商品说明书写作时如何体现实用性原则？

答：商品说明书是直接指导消费者使用的，所以在写作中需要遵循的最基本原则就是实用性。本来，应用文写作涉及的各种文体都有实用性的特点，这是不言而喻的，只不过就商品说明书而言，这种实用性体现得更为突出、更为明显，贯穿于使用该商品的各个环节。所以，在写作中也就需要注意如下一些事项：首先，说明书是以说明为主要表达方式，说明的最基本要求是客观、科学，所以，一些量化的指标，在说明书中会常常被提及，但同时还要从使用者角度来考虑是否方便。比如，某热水器的产品说明书中曾有如下一条：“听到警报声，说明热水器出现严重故障，请立即关闭煤气开关，并及时保修。”并没有说明究竟何为警报声，而在一份更详细的说明书中，对警报声虽做了说明，却是以分贝在多少之间的量化指标来说明，看似科学，但因为过于专业化，其实还是让消费者感到困惑。某用户曾在使用该热水器时，点火后听到尖锐的鸣笛声，以为热水器出现故障，赶紧关闭并保修，等来了检修人员，却被告知这不是警报声，是刚打开热水器时因煤气压力而产生的暂时的声响。警报声并没有这么尖锐，只是一种“嘟嘟嘟”的声响。这才使该用户恍然大悟。在这里，对警报声用拟

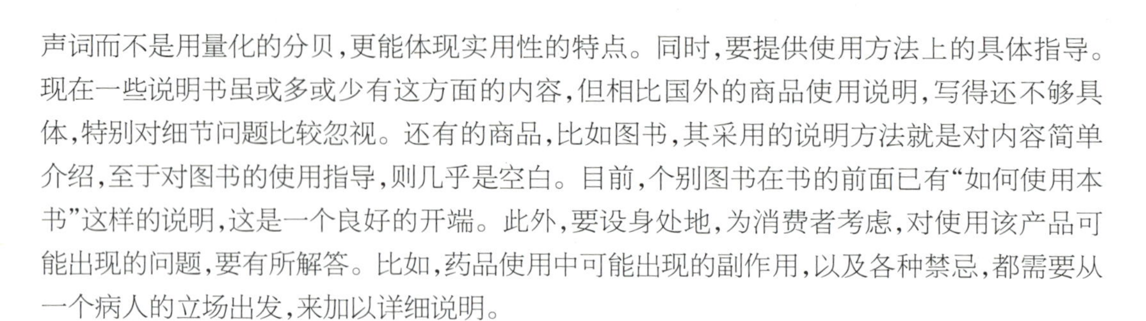

声词而不是用量化的分贝，更能体现实用性的特点。同时，要提供使用方法上的具体指导。现在一些说明书虽或多或少有这方面的内容，但相比国外的商品使用说明，写得还不够具体，特别对细节问题比较忽视。还有的商品，比如图书，其采用的说明方法就是对内容简单介绍，至于对图书的使用指导，则几乎是空白。目前，个别图书在书的前面已有“如何使用本书”这样的说明，这是一个良好的开端。此外，要设身处地，为消费者考虑，对使用该产品可能出现的问题，要有所解答。比如，药品使用中可能出现的副作用，以及各种禁忌，都需要从一个病人的立场出发，来加以详细说明。

94. 商品说明书如何安排文章的结构？

答：说明书比较重视结构的条理性和清晰性，这种重视，也是从实用性角度来考虑的。常见的结构有三种类型：其一是时间递进式的，其二是空间分解式的，其三是逻辑分类式的。时间递进式往往按照认识或者操作的先后程序来逐一加以说明。在这种结构中，为了说明条理的清晰，往往会把时间的递进分割成若干的步骤，依次予以展开。而空间式的分解在说明商品的构造或者如建筑园林的布局时，常常通过方位词语的排序来组织材料。而逻辑的分类则往往根据对象的外观、性质、功能等把相关的材料编排起来。

95. 招标公告就是招标邀请书吗？

答：严格说不是。招标公告又称为招标通告、招标启事、招标广告等，是招标单位通过报刊、广播、电视等公共传媒，以发布广告的形式吸引投标者前来竞标。而招标邀请书是招标者向经过预先选择的投标者发出的邀请参加投标的一种专用文书。为了提高投标的质量，许多招标单位往往采用公开招标与邀请投标相结合的办法。然而在实际中，我们也看到，有些单位在公众媒体上，采用了招标邀请书的名称来予以招标，表示一种客气，实际上混淆了两种不同的招标方式。

96. 写作市场调查报告都有哪些角度？

答：虽然从一般意义上说，市场调查报告属于调查报告的范畴，其涉及面比包罗万象的调查报告小得多，但也不是说市场调查报告总是以市场整体为调查、写作对象的，倒常常是从市场的一个侧面、一个因素来进行深入调查，仔细研究，从而写出有质量的报告。这些因素，主要包括企业外部环境和内部的条件。前者是指国家的政治法律环境、经济环境、技术环境、消费状况以及同行竞争对手等，后者指产品、价格、销售等方面。

97. 商务文书不分机密等级，是否不存在保密问题？

答：不是。商务文书虽然不像一些法定公文那样分有秘密等级，但同样存在保密性问题，特别是在市场竞争日趋激烈的现实社会，有些商家为达到在同行中胜出的目的，往往会采用不正当的手段，试图获取竞争对方的一些内部信息。例如，在设计招标中，了解对方的设计思路以及具体报价等，可以成为击败对手的有力武器。所以，对写作某些商务文书来说，同样有保密性问题，并且贯穿在从构思到完稿的整个过程。

第六节 余 论

98. 修改应用文,一般要从哪几个角度加以考虑?

答:严格说来,有关写作的基本要素,都应该成为思考的角度,但就应用文写作的实际来看,文体的格式和语言这两方面,是出错频率最高的,尤其要予以重视。第一,文体格式方面,比如,首先要考虑文种用得是否恰当:该用通知的,是否用了公告;该用请示的,是否用了报告,等等。其次要考虑是否遵循了该文体的格式,比如主送机关和落款的位置是否恰当,复函的开头是否呼应了来函,复杂的条例是否遵循了总则、分则和附则的次序等等。第二,由于应用文具有很强的实际操作性,所以语言表达是否准确、严密,是否留有破绽或者理解的歧义是首先需要考虑的。也由于应用文绝大部分必须采用书面语言,所以,用词是否过于口语化,也需要一并加以考虑。

99. 修改应用文应该遵循怎样的次序?

答:修改文章的一般次序是从整体到局部、从内容到形式。修改应用文也不例外。尽管整体与局部、内容与形式在实际的存在形态中密不可分,但我们可以从思考的角度来加以解析,把主题和材料归属于整体或者内容,把格式或者结构、表达方式、语言等归属于局部与形式。这样,修改的基本思考次序就是:从主题和材料开始,然后是格式与结构,最后是表达方式与语言。而操作的步骤,也是大致按照这一顺序来的。语言的推敲是最细致的工作,往往在最后一步进行修改。

100. 学完此课程后,怎样进一步提高写作技巧?

答:一句话,在生活中学习。首先,通过公共媒体,留意于国务院办公厅发布的各种公文,这是最好的范文,从写作学角度,值得细细阅读;其次,留意于家庭使用的各种说明书,用自己的实践,来亲身体会其写作上的优点或者可能存在的欠缺,比如,阅读一些家用电器的说明,按照说明书来使用,看看是否方便,是否还有说明不够清晰的地方,街头、电视里的广告词,在撰写中是否有创意、有特色;再次,在工作中,同样把单位的各种文件,也作为自己揣摩、学习写作的对象,特别是要关注一些因措辞不当而引起问题的个案,从而使自己举一反三,引以为鉴。总之,俗话说的"处处留心皆学问"对学习应用文写作同样适用,不妨说,我们生活在社会中的每一个人,其实是处在应用文的包围中的,你可能不读报不看书,不看文学类作品,但是,只要你识字,你似乎无法拒绝看应用文,而你现在需要做的,就是把熟视无睹变成自觉的吸收。

附录一

中共中央办公厅　国务院办公厅
关于印发《党政机关公文处理工作条例》的通知

中办发〔2012〕14号

各省、自治区、直辖市党委和人民政府，中央和国家机关各部委，解放军各总部、各大单位，各人民团体：

《党政机关公文处理工作条例》已经党中央、国务院同意，现印发给你们，请遵照执行。

中共中央办公厅
国务院办公厅
2012年4月16日

党政机关公文处理工作条例

第一章　总　　则

第一条　为了适应中国共产党机关和国家行政机关(以下简称党政机关)工作需要，推进党政机关公文处理工作科学化、制度化、规范化，制定本条例。

第二条　本条例适用于各级党政机关公文处理工作。

第三条　党政机关公文是党政机关实施领导、履行职能、处理公务的具有特定效力和规范体式的文书，是传达贯彻党和国家方针政策，公布法规和规章，指导、布置和商洽工作，请示和答复问题，报告、通报和交流情况等的重要工具。

第四条　公文处理工作是指公文拟制、办理、管理等一系列相互关联、衔接有序的工作。

第五条　公文处理工作应当坚持实事求是、准确规范、精简高效、安全保密的原则。

第六条　各级党政机关应当高度重视公文处理工作，加强组织领导，强化队伍建设，设立文秘部门或者由专人负责公文处理工作。

第七条　各级党政机关办公厅(室)主管本机关的公文处理工作，并对下级机关的公文处理工作进行业务指导和督促检查。

第二章　公 文 种 类

第八条　公文种类主要有：

（一）决议。适用于会议讨论通过的重大决策事项。

（二）决定。适用于对重要事项作出决策和部署、奖惩有关单位和人员、变更或者撤销下级机关不适当的决定事项。

（三）命令(令)。适用于公布行政法规和规章、宣布施行重大强制性措施、批准授予和晋升衔级、嘉奖有关单位和人员。

（四）公报。适用于公布重要决定或者重大事项。

（五）公告。适用于向国内外宣布重要事项或者法定事项。

（六）通告。适用于在一定范围内公布应当遵守或者周知的事项。

（七）意见。适用于对重要问题提出见解和处理办法。

（八）通知。适用于发布、传达要求下级机关执行和有关单位周知或者执行的事项，批转、转发公文。

（九）通报。适用于表彰先进、批评错误、传达重要精神和告知重要情况。

（十）报告。适用于向上级机关汇报工作、反映情况，回复上级机关的询问。

（十一）请示。适用于向上级机关请求指示、批准。

（十二）批复。适用于答复下级机关请示事项。

（十三）议案。适用于各级人民政府按照法律程序向同级人民代表大会或者人民代表大会常务委员会提请审议事项。

（十四）函。适用于不相隶属机关之间商洽工作、询问和答复问题、请求批准和答复审批事项。

（十五）纪要。适用于记载会议主要情况和议定事项。

第三章　公文格式

第九条　公文一般由份号、密级和保密期限、紧急程度、发文机关标志、发文字号、签发人、标题、主送机关、正文、附件说明、发文机关署名、成文日期、印章、附注、附件、抄送机关、印发机关和印发日期、页码等组成。

（一）份号。公文印制份数的顺序号。涉密公文应当标注份号。

（二）密级和保密期限。公文的秘密等级和保密的期限。涉密公文应当根据涉密程度分别标注“绝密”“机密”“秘密”和保密期限。

（三）紧急程度。公文送达和办理的时限要求。根据紧急程度，紧急公文应当分别标注“特急”“加急”，电报应当分别标注“特提”“特急”“加急”“平急”。

（四）发文机关标志。由发文机关全称或者规范化简称加“文件”二字组成，也可以使用发文机关全称或者规范化简称。联合行文时，发文机关标志可以并用联合发文机关名称，也可以单独用主办机关名称。

（五）发文字号。由发文机关代字、年份、发文顺序号组成。联合行文时，使用主办机关的发文字号。

（六）签发人。上行文应当标注签发人姓名。

（七）标题。由发文机关名称、事由和文种组成。

(八) 主送机关。公文的主要受理机关,应当使用机关全称、规范化简称或者同类型机关统称。

(九) 正文。公文的主体,用来表述公文的内容。

(十) 附件说明。公文附件的顺序号和名称。

(十一) 发文机关署名。署发文机关全称或者规范化简称。

(十二) 成文日期。署会议通过或者发文机关负责人签发的日期。联合行文时,署最后签发机关负责人签发的日期。

(十三) 印章。公文中有发文机关署名的,应当加盖发文机关印章,并与署名机关相符。有特定发文机关标志的普发性公文和电报可以不加盖印章。

(十四) 附注。公文印发传达范围等需要说明的事项。

(十五) 附件。公文正文的说明、补充或者参考资料。

(十六) 抄送机关。除主送机关外需要执行或者知晓公文内容的其他机关,应当使用机关全称、规范化简称或者同类型机关统称。

(十七) 印发机关和印发日期。公文的送印机关和送印日期。

第十条 公文的版式按照《党政机关公文格式》国家标准执行。

第十一条 公文使用的汉字、数字、外文字符、计量单位和标点符号等,按照有关国家标准和规定执行。民族自治地方的公文,可以并用汉字和当地通用的少数民族文字。

第十二条 公文用纸幅面采用国际标准 A4 型。特殊形式的公文用纸幅面,根据实际需要确定。

第四章 行文规则

第十三条 行文应当确有必要,讲求实效,注重针对性和可操作性。

第十四条 行文关系根据隶属关系和职权范围确定。一般不得越级行文,特殊情况需要越级行文的,应当同时抄送被越过的机关。

第十五条 向上级机关行文,应当遵循以下规则:

(一) 原则上主送一个上级机关,根据需要同时抄送相关上级机关和同级机关,不抄送下级机关。

(二) 党委、政府的部门向上级主管部门请示、报告重大事项,应当经本级党委、政府同意或者授权;属于部门职权范围内的事项应当直接报送上级主管部门。

(三) 下级机关的请示事项,如需以本机关名义向上级机关请示,应当提出倾向性意见后上报,不得原文转报上级机关。

(四) 请示应当一文一事。不得在报告等非请示性公文中夹带请示事项。

(五) 除上级机关负责人直接交办事项外,不得以本机关名义向上级机关负责人报送公文,不得以本机关负责人名义向上级机关报送公文。

(六) 受双重领导的机关向一个上级机关行文,必要时抄送另一个上级机关。

第十六条 向下级机关行文,应当遵循以下规则:

(一) 主送受理机关,根据需要抄送相关机关。重要行文应当同时抄送发文机关的直接

上级机关。

（二）党委、政府的办公厅（室）根据本级党委、政府授权，可以向下级党委、政府行文，其他部门和单位不得向下级党委、政府发布指令性公文或者在公文中向下级党委、政府提出指令性要求。需经政府审批的具体事项，经政府同意后可以由政府职能部门行文，文中须注明已经政府同意。

（三）党委、政府的部门在各自职权范围内可以向下级党委、政府的相关部门行文。

（四）涉及多个部门职权范围内的事务，部门之间未协商一致的，不得向下行文；擅自行文的，上级机关应当责令其纠正或者撤销。

（五）上级机关向受双重领导的下级机关行文，必要时抄送该下级机关的另一个上级机关。

第十七条　同级党政机关、党政机关与其他同级机关必要时可以联合行文。属于党委、政府各自职权范围内的工作，不得联合行文。党委、政府的部门依据职权可以相互行文。部门内设机构除办公厅（室）外不得对外正式行文。

第五章　公文拟制

第十八条　公文拟制包括公文的起草、审核、签发等程序。

第十九条　公文起草应当做到：

（一）符合国家法律法规和党的路线方针政策，完整准确体现发文机关意图，并同现行有关公文相衔接。

（二）一切从实际出发，分析问题实事求是，所提政策措施和办法切实可行。

（三）内容简洁，主题突出，观点鲜明，结构严谨，表述准确，文字精练。

（四）文种正确，格式规范。

（五）深入调查研究，充分进行论证，广泛听取意见。

（六）公文涉及其他地区或者部门职权范围内的事项，起草单位必须征求相关地区或者部门意见，力求达成一致。

（七）机关负责人应当主持、指导重要公文起草工作。

第二十条　公文文稿签发前，应当由发文机关办公厅（室）进行审核。审核的重点是：

（一）行文理由是否充分，行文依据是否准确。

（二）内容是否符合国家法律法规和党的路线方针政策；是否完整准确体现发文机关意图；是否同现行有关公文相衔接；所提政策措施和办法是否切实可行。

（三）涉及有关地区或者部门职权范围内的事项是否经过充分协商并达成一致意见。

（四）文种是否正确，格式是否规范；人名、地名、时间、数字、段落顺序、引文等是否准确；文字、数字、计量单位和标点符号等用法是否规范。

（五）其他内容是否符合公文起草的有关要求。

需要发文机关审议的重要公文文稿，审议前由发文机关办公厅（室）进行初核。

第二十一条　经审核不宜发文的公文文稿，应当退回起草单位并说明理由；符合发文条件但内容需作进一步研究和修改的，由起草单位修改后重新报送。

第二十二条 公文应当经本机关负责人审批签发。重要公文和上行文由机关主要负责人签发。党委、政府的办公厅(室)根据党委、政府授权制发的公文,由受权机关主要负责人签发或者按照有关规定签发。签发人签发公文,应当签署意见、姓名和完整日期;圈阅或者签名的,视为同意。联合发文由所有联署机关的负责人会签。

第六章 公文办理

第二十三条 公文办理包括收文办理、发文办理和整理归档。

第二十四条 收文办理主要程序是:

(一) 签收。对收到的公文应当逐件清点,核对无误后签字或者盖章,并注明签收时间。

(二) 登记。对公文的主要信息和办理情况应当详细记载。

(三) 初审。对收到的公文应当进行初审。初审的重点是:是否应当由本机关办理,是否符合行文规则,文种、格式是否符合要求,涉及其他地区或者部门职权范围内的事项是否已经协商、会签,是否符合公文起草的其他要求。经初审不符合规定的公文,应当及时退回来文单位并说明理由。

(四) 承办。阅知性公文应当根据公文内容、要求和工作需要确定范围后分送。批办性公文应当提出拟办意见报本机关负责人批示或者转有关部门办理;需要两个以上部门办理的,应当明确主办部门。紧急公文应当明确办理时限。承办部门对交办的公文应当及时办理,有明确办理时限要求的应当在规定时限内办理完毕。

(五) 传阅。根据领导批示和工作需要将公文及时送传阅对象阅知或者批示。办理公文传阅应当随时掌握公文去向,不得漏传、误传、延误。

(六) 催办。及时了解掌握公文的办理进展情况,督促承办部门按期办结。紧急公文或者重要公文应当由专人负责催办。

(七) 答复。公文的办理结果应当及时答复来文单位,并根据需要告知相关单位。

第二十五条 发文办理主要程序是:

(一) 复核。已经发文机关负责人签批的公文,印发前应当对公文的审批手续、内容、文种、格式等进行复核;需作实质性修改的,应当报原签批人复审。

(二) 登记。对复核后的公文,应当确定发文字号、分送范围和印制份数并详细记载。

(三) 印制。公文印制必须确保质量和时效。涉密公文应当在符合保密要求的场所印制。

(四) 核发。公文印制完毕,应当对公文的文字、格式和印刷质量进行检查后分发。

第二十六条 涉密公文应当通过机要交通、邮政机要通信、城市机要文件交换站或者收发件机关机要收发人员进行传递,通过密码电报或者符合国家保密规定的计算机信息系统进行传输。

第二十七条 需要归档的公文及有关材料,应当根据有关档案法律法规以及机关档案管理规定,及时收集齐全、整理归档。两个以上机关联合办理的公文,原件由主办机关归档,相关机关保存复制件。机关负责人兼任其他机关职务的,在履行所兼职务过程中形成的公文,由其兼职机关归档。

第七章　公 文 管 理

第二十八条　各级党政机关应当建立健全本机关公文管理制度，确保管理严格规范，充分发挥公文效用。

第二十九条　党政机关公文由文秘部门或者专人统一管理。设立党委（党组）的县级以上单位应当建立机要保密室和机要阅文室，并按照有关保密规定配备工作人员和必要的安全保密设施设备。

第三十条　公文确定密级前，应当按照拟定的密级先行采取保密措施。确定密级后，应当按照所定密级严格管理。绝密级公文应当由专人管理。公文的密级需要变更或者解除的，由原确定密级的机关或者其上级机关决定。

第三十一条　公文的印发传达范围应当按照发文机关的要求执行；需要变更的，应当经发文机关批准。涉密公文公开发布前应当履行解密程序。公开发布的时间、形式和渠道，由发文机关确定。经批准公开发布的公文，同发文机关正式印发的公文具有同等效力。

第三十二条　复制、汇编机密级、秘密级公文，应当符合有关规定并经本机关负责人批准。绝密级公文一般不得复制、汇编，确有工作需要的，应当经发文机关或者其上级机关批准。复制、汇编的公文视同原件管理。复制件应当加盖复制机关戳记。翻印件应当注明翻印的机关名称、日期。汇编本的密级按照编入公文的最高密级标注。汇编，确有工作需要的，应当经发文机关或者其上级机关批准。复制、汇编的公文视同原件管理。

复制件应当加盖复制机关戳记。翻印件应当注明翻印的机关名称、日期。汇编本的密级按照编入公文的最高密级标注。

第三十三条　公文的撤销和废止，由发文机关、上级机关或者权力机关根据职权范围和有关法律法规决定。公文被撤销的，视为自始无效；公文被废止的，视为自废止之日起失效。

第三十四条　涉密公文应当按照发文机关的要求和有关规定进行清退或者销毁。

第三十五条　不具备归档和保存价值的公文，经批准后可以销毁。销毁涉密公文必须严格按照有关规定履行审批登记手续，确保不丢失、不漏销。个人不得私自销毁、留存涉密公文。

第三十六条　机关合并时，全部公文应当随之合并管理；机关撤销时，需要归档的公文经整理后按照有关规定移交档案管理部门。

工作人员离岗离职时，所在机关应当督促其将暂存、借用的公文按照有关规定移交、清退。

第三十七条　新设立的机关应当向本级党委、政府的办公厅（室）提出发文立户申请。经审查符合条件的，列为发文单位，机关合并或者撤销时，相应进行调整。

第八章　附　　则

第三十八条　党政机关公文含电子公文。电子公文处理工作的具体办法另行制定。

第三十九条　法规、规章方面的公文，依照有关规定处理。外事方面的公文，依照外事主管部门的有关规定处理。

第四十条 其他机关和单位的公文处理工作，可以参照本条例执行。

第四十一条 本条例由中共中央办公厅、国务院办公厅负责解释。

第四十二条 本条例自2012年7月1日起施行。1996年5月3日中共中央办公厅发布的《中国共产党机关公文处理条例》和2000年8月24日国务院发布的《国家行政机关公文处理办法》停止执行。

《党政机关公文处理工作条例》权威解读

为统一中国共产党机关和国家行政机关公文处理工作，2012年4月6日，中办、国办联合印发了《党政机关公文处理工作条例》（以下简称《条例》），同时废止了1996年中办印发的《中国共产党机关公文处理条例》和2000年国务院印发的《国家行政机关公文处理办法》（以下简称《办法》）。《条例》的发布施行，对推进党政机关公文处理工作科学化、制度化、规范化必将发挥重要作用。与《办法》对比，《条例》主要有以下特点：

一、重新定义了公文处理相关概念

《办法》规定，"公文处理是指公文的办理、管理、整理（立卷）、归档等一系列相互关联、衔接有序的工作。"也就是说，公文处理由公文办理、管理、整理（立卷）、归档等工作组成。

《条例》规定，"公文处理工作是指公文拟制、办理、管理等一系列相互关联、衔接有序的工作。"其中，公文拟制包括起草、审核、签发三个环节（在《办法》中，这三个环节均隶属发文办理）。《条例》同时将整理（立卷）、归档划归公文办理范畴。经此调整，公文处理工作由公文拟制、公文办理、公文管理组成。

二、增加了公文种类

《办法》规定公文种类有13种，《条例》规定文种为15种，增加了"决议"和"公报"，同时将"会议纪要"改为"纪要"。原有13个文种的适用范围与《办法》的规定基本相同。

三、调整了公文格式要素

《条例》规定，"公文一般由份号、密级和保密期限、紧急程度、发文机关标志、发文字号、签发人、标题、主送机关、正文、附件说明、发文机关署名、成文日期、印章、附注、附件、抄送机关、印发机关和印发日期、页码等组成。"

从格式要素看，增加了"份号"、"发文机关署名"、"页码"，减少了"主题词"。考虑到《办法》虽未对"份号"、"页码"作出规定，但实际工作中一直在使用，属于增加的要素只有"发文机关署名"。

格式要素的应用有以下变化：一是规定涉密公文应当标注份号（《办法》只要求对绝密、机密公文标注份号）；二是规定紧急公文应当分别标注"特急""加急"（《办法》要求标注"特急""急件"）；三是规定联合行文时发文机关标志可以单独用主办机关名称；四是明确规定公文标题应标发文机关（《办法》未作强制性要求）；五是规定有特定发文机关标志的普发性公

文可以不加盖印章。

公文的版式以及格式要素的具体应用,《党政机关公文格式》国家标准将作详细规定(该国家标准尚在编制中)。

四、行文规则方面增加了一些具体规定

《条例》减少了“行文规则”一章的条目,但增加了一些具体规定,主要有:上行文“原则上主送一个上级机关”(《办法》只对请示作此规定);“党委、政府的部门向上级主管部门请示、报告重大事项,应当经本级党委、政府同意或者授权”;“下级机关的请示事项,如需以本机关名义向上级机关请示,应当提出倾向性意见后上报,不得原文转报上级机关”;“不得以本机关负责人名义向上级机关报送公文”;“属于党委、政府各自职权范围内的工作,不得联合行文”。

五、公文拟制更加强调程序规范

在“起草”环节强调,“一切从实际出发,分析问题实事求是,所提政策措施和办法切实可行”;“深入调查研究,充分进行论证,广泛听取意见”;“机关负责人应当主持、指导重要公文起草工作”。

在“审核”环节强调,“需要发文机关审议的重要公文文稿,审议前由发文机关办公厅(室)进行初审”。

在“签发”环节强调,“重要公文和上行文由机关主要负责人签发”(《办法》只对上行文作此规定);“党委、政府的办公厅(室)根据党委、政府授权制发的公文,由授权机关主要负责人签发或者按照有关规定签发”。

六、简化了公文办理的环节

在“收文办理”中,将“审核”改为“初审”,将“分办”、“批办”并入“承办”,并增加了“传阅”、“答复”两个环节。

“发文办理”的环节由八个减少为四个,其中,“起草”、“审核”、“签发”三个环节列入“公文拟制”,“用印”并入“印制”。

《条例》将发文办理的“分发”改为“核发”,规定:“公文印制完毕,应当对公文的文字、格式和印刷质量进行检查后分发。”

七、公文管理更加注重安全保密

《条例》在第七章“公文管理”中着重强调了有关保密规定,提出了设立保密室和阅文室的要求,对公文定密和解密、密级文件的复制和汇编、公文的销毁和移交、新设立单位的发文立户等作出具体规定。

附录二

党政机关公文格式

2012 年 6 月 29 日发布　　　　2012 年 7 月 1 日实施

前　　言

本标准按照 GB/T 1.1—2009 给出的规则起草。

本标准根据中共中央办公厅、国务院办公厅印发的《党政机关公文处理工作条例》的有关规定对 GB/T 9704—1999《国家行政机关公文格式》进行修订。本标准相对 GB/T 9704—1999 主要作如下修订：

a) 标准名称改为《党政机关公文格式》，标准英文名称也作相应修改；

b) 适用范围扩展到各级党政机关制发的公文；

c) 对标准结构进行适当调整；

d) 对公文装订要求进行适当调整；

e) 增加发文机关署名和页码两个公文格式要素，删除主题词格式要素，并对公文格式各要素的编排进行较大调整；

f) 进一步细化特定格式公文的编排要求；

g) 新增联合行文公文首页版式、信函格式首页、命令(令)格式首页版式等式样。

本标准中公文用语与《党政机关公文处理工作条例》中的用语一致。

本标准为第二次修订。

本标准由中共中央办公厅和国务院办公厅提出。

本标准由中国标准化研究院归口。

本标准起草单位：中国标准化研究院、中共中央办公厅秘书局、国务院办公厅秘书局、中国标准出版社。

本标准主要起草人：房庆、杨雯、郭道锋、孙维、马慧、张书杰、徐成华、范一乔、李玲。

本标准代替了 GB/T 9704—1999。

GB/T 9704—1999 的历次版本发布情况为：

——GB/T 9704—1988。

1　范围

本标准规定了党政机关公文通用的纸张要求、排版和印制装订要求、公文格式各要素的

编排规则,并给出了公文的式样。

本标准适用于各级党政机关制发的公文。其他机关和单位的公文可以参照执行。

使用少数民族文字印制的公文,其用纸、幅面尺寸及版面、印制等要求按照本标准执行,其余可以参照本标准并按照有关规定执行。

2 规范性引用文件

下列文件对于本标准的应用是必不可少的。凡是注日期的引用文件,仅所注日期的版本适用于本标准。凡是不注日期的引用文件,其最新版本(包括所有的修改单)适用于本标准。

GB/T 148 印刷、书写和绘图纸幅面尺寸

GB 3100 国际单位制及其应用

GB 3101 有关量、单位和符号的一般原则

GB 3102(所有部分) 量和单位

GB/T 15834 标点符号用法

GB/T 15835 出版物上数字用法

3 术语和定义

下列术语和定义适用于本标准。

3.1

字 word

标示公文中横向距离的长度单位。在本标准中,一字指一个汉字宽度的距离。

3.2

行 line

标示公文中纵向距离的长度单位。在本标准中,一行指一个汉字的高度加 3 号汉字高度的 7/8 的距离。

4 公文用纸主要技术指标

公文用纸一般使用纸张定量为 60 g/m^2～80 g/m^2 的胶版印刷纸或复印纸。纸张白度 80%～90%,横向耐折度≥15 次,不透明度≥85%,pH 值为 7.5～9.5。

5 公文用纸幅面尺寸及版面要求

5.1 幅面尺寸

公文用纸采用 GB/T 148 中规定的 A4 型纸,其成品幅面尺寸为: 210 mm×297 mm。

5.2 版面

5.2.1 页边与版心尺寸

公文用纸天头(上白边)为 37 mm±1 mm,公文用纸订口(左白边)为 28 mm±1 mm,版心尺寸为 156 mm×225 mm。

5.2.2 字体和字号

如无特殊说明，公文格式各要素一般用3号仿宋体字。特定情况可以作适当调整。

5.2.3 行数和字数

一般每面排22行，每行排28个字，并撑满版心。特定情况可以作适当调整。

5.2.4 文字的颜色

如无特殊说明，公文中文字的颜色均为黑色。

6 印制装订要求

6.1 制版要求

版面干净无底灰，字迹清楚无断划，尺寸标准，版心不斜，误差不超过1 mm。

6.2 印刷要求

双面印刷；页码套正，两面误差不超过2 mm。黑色油墨应当达到色谱所标BL100%，红色油墨应当达到色谱所标Y80%、M80%。印品着墨实、均匀；字面不花、不白、无断划。

6.3 装订要求

公文应当左侧装订，不掉页，两页页码之间误差不超过4 mm，裁切后的成品尺寸允许误差±2 mm，四角成90°，无毛茬或缺损。

骑马订或平订的公文应当：

a) 订位为两钉外订眼距版面上下边缘各70 mm处，允许误差±4 mm；

b) 无坏钉、漏钉、重钉，钉脚平伏牢固；

c) 骑马订钉锯均订在折缝线上，平订钉锯与书脊间的距离为3 mm～5 mm。

包本装订公文的封皮(封面、书脊、封底)与书芯应吻合、包紧、包平、不脱落。

7 公文格式各要素编排规则

7.1 公文格式各要素的划分

本标准将版心内的公文格式各要素划分为版头、主体、版记三部分。公文首页红色分隔线以上的部分称为版头；公文首页红色分隔线(不含)以下、公文末页首条分隔线(不含)以上的部分称为主体；公文末页首条分隔线以下、末条分隔线以上的部分称为版记。

页码位于版心外。

7.2 版头

7.2.1 份号

如需标注份号，一般用6位3号阿拉伯数字，顶格编排在版心左上角第一行。

7.2.2 密级和保密期限

如需标注密级和保密期限，一般用3号黑体字，顶格编排在版心左上角第二行；保密期限中的数字用阿拉伯数字标注。

7.2.3 紧急程度

如需标注紧急程度，一般用3号黑体字，顶格编排在版心左上角；如需同时标注份号、密级和保密期限、紧急程度，按照份号、密级和保密期限、紧急程度的顺序自上而下分行排列。

7.2.4　发文机关标志

由发文机关全称或者规范化简称加“文件”二字组成，也可以使用发文机关全称或者规范化简称。

发文机关标志居中排布，上边缘至版心上边缘为 35 mm，推荐使用小标宋体字，颜色为红色，以醒目、美观、庄重为原则。

联合行文时，如需同时标注联署发文机关名称，一般应当将主办机关名称排列在前；如有“文件”二字，应当置于发文机关名称右侧，以联署发文机关名称为准上下居中排布。

7.2.5　发文字号

编排在发文机关标志下空二行位置，居中排布。年份、发文顺序号用阿拉伯数字标注；年份应标全称，用六角括号“〔〕”括入；发文顺序号不加“第”字，不编虚位(即 1 不编为 01)，在阿拉伯数字后加“号”字。

上行文的发文字号居左空一字编排，与最后一个签发人姓名处在同一行。

7.2.6　签发人

由“签发人”三字加全角冒号和签发人姓名组成，居右空一字，编排在发文机关标志下空二行位置。“签发人”三字用 3 号仿宋体字，签发人姓名用 3 号楷体字。

如有多个签发人，签发人姓名按照发文机关的排列顺序从左到右、自上而下依次均匀编排，一般每行排两个姓名，回行时与上一行第一个签发人姓名对齐。

7.2.7　版头中的分隔线

发文字号之下 4 mm 处居中印一条与版心等宽的红色分隔线。

7.3　主体

7.3.1　标题

一般用 2 号小标宋体字，编排于红色分隔线下空二行位置，分一行或多行居中排布；回行时，要做到词意完整，排列对称，长短适宜，间距恰当，标题排列应当使用梯形或菱形。

7.3.2　主送机关

编排于标题下空一行位置，居左顶格，回行时仍顶格，最后一个机关名称后标全角冒号。如主送机关名称过多导致公文首页不能显示正文时，应当将主送机关名称移至版记，标注方法见 7.4.2。

7.3.3　正文

公文首页必须显示正文。一般用 3 号仿宋体字，编排于主送机关名称下一行，每个自然段左空二字，回行顶格。文中结构层次序数依次可以用“一、”“(一)”“1.”“(1)”标注；一般第一层用黑体字、第二层用楷体字、第三层和第四层用仿宋体字标注。

7.3.4　附件说明

如有附件，在正文下空一行左空二字编排“附件”二字，后标全角冒号和附件名称。如有多个附件，使用阿拉伯数字标注附件顺序号(如“附件：1. ×××××”)；附件名称后不加标点符号。附件名称较长需回行时，应当与上一行附件名称的首字对齐。

7.3.5　发文机关署名、成文日期和印章

7.3.5.1　加盖印章的公文

成文日期一般右空四字编排，印章用红色，不得出现空白印章。

单一机关行文时，一般在成文日期之上、以成文日期为准居中编排发文机关署名，印章端正、居中下压发文机关署名和成文日期，使发文机关署名和成文日期居印章中心偏下位置，印章顶端应当上距正文(或附件说明)一行之内。

联合行文时，一般将各发文机关署名按照发文机关顺序整齐排列在相应位置，并将印章一一对应、端正、居中下压发文机关署名，最后一个印章端正、居中下压发文机关署名和成文日期，印章之间排列整齐、互不相交或相切，每排印章两端不得超出版心，首排印章顶端应当上距正文(或附件说明)一行之内。

7.3.5.2　不加盖印章的公文

单一机关行文时，在正文(或附件说明)下空一行右空二字编排发文机关署名，在发文机关署名下一行编排成文日期，首字比发文机关署名首字右移二字，如成文日期长于发文机关署名，应当使成文日期右空二字编排，并相应增加发文机关署名右空字数。

联合行文时，应当先编排主办机关署名，其余发文机关署名依次向下编排。

7.3.5.3　加盖签发人签名章的公文

单一机关制发的公文加盖签发人签名章时，在正文(或附件说明)下空二行右空四字加盖签发人签名章，签名章左空二字标注签发人职务，以签名章为准上下居中排布。在签发人签名章下空一行右空四字编排成文日期。

联合行文时，应当先编排主办机关签发人职务、签名章，其余机关签发人职务、签名章依次向下编排，与主办机关签发人职务、签名章上下对齐；每行只编排一个机关的签发人职务、签名章；签发人职务应当标注全称。

签名章一般用红色。

7.3.5.4　成文日期中的数字

用阿拉伯数字将年、月、日标全，年份应标全称，月、日不编虚位(即 1 不编为 01)。

7.3.5.5　特殊情况说明

当公文排版后所剩空白处不能容下印章或签发人签名章、成文日期时，可以采取调整行距、字距的措施解决。

7.3.6　附注

如有附注，居左空二字加圆括号编排在成文日期下一行。

7.3.7　附件

附件应当另面编排，并在版记之前，与公文正文一起装订。“附件”二字及附件顺序号用 3 号黑体字顶格编排在版心左上角第一行。附件标题居中编排在版心第三行。附件顺序号和附件标题应当与附件说明的表述一致。附件格式要求同正文。

如附件与正文不能一起装订，应当在附件左上角第一行顶格编排公文的发文字号并在其后标注“附件”二字及附件顺序号。

7.4 版记

7.4.1 版记中的分隔线

版记中的分隔线与版心等宽，首条分隔线和末条分隔线用粗线（推荐高度为 0.35 mm），中间的分隔线用细线（推荐高度为 0.25 mm）。首条分隔线位于版记中第一个要素之上，末条分隔线与公文最后一面的版心下边缘重合。

7.4.2 抄送机关

如有抄送机关，一般用 4 号仿宋体字，在印发机关和印发日期之上一行、左右各空一字编排。“抄送”二字后加全角冒号和抄送机关名称，回行时与冒号后的首字对齐，最后一个抄送机关名称后标句号。

如需把主送机关移至版记，除将“抄送”二字改为“主送”外，编排方法同抄送机关。既有主送机关又有抄送机关时，应当将主送机关置于抄送机关之上一行，之间不加分隔线。

7.4.3 印发机关和印发日期

印发机关和印发日期一般用 4 号仿宋体字，编排在末条分隔线之上，印发机关左空一字，印发日期右空一字，用阿拉伯数字将年、月、日标全，年份应标全称，月、日不编虚位（即 1 不编为 01），后加“印发”二字。

版记中如有其他要素，应当将其与印发机关和印发日期用一条细分隔线隔开。

7.5 页码

一般用 4 号半角宋体阿拉伯数字，编排在公文版心下边缘之下，数字左右各放一条一字线；一字线上距版心下边缘 7 mm。单页码居右空一字，双页码居左空一字。公文的版记页前有空白页的，空白页和版记页均不编排页码。公文的附件与正文一起装订时，页码应当连续编排。

8 公文中的横排表格

A4 纸型的表格横排时，页码位置与公文其他页码保持一致，单页码表头在订口一边，双页码表头在切口一边。

9 公文中计量单位、标点符号和数字的用法

公文中计量单位的用法应当符合 GB 3100、GB 3101 和 GB 3102（所有部分），标点符号的用法应当符合 GB/T 15834，数字用法应当符合 GB/T 15835。

10 公文的特定格式

10.1 信函格式

发文机关标志使用发文机关全称或者规范化简称，居中排布，上边缘至上页边为 30 mm，推荐使用红色小标宋体字。联合行文时，使用主办机关标志。

发文机关标志下 4 mm 处印一条红色双线（上粗下细），距下页边 20 mm 处印一条红色双线（上细下粗），线长均为 170 mm，居中排布。

如需标注份号、密级和保密期限、紧急程度，应当顶格居版心左边缘编排在第一条红色

双线下，按照份号、密级和保密期限、紧急程度的顺序自上而下分行排列，第一个要素与该线的距离为 3 号汉字高度的 7/8。

发文字号顶格居版心右边缘编排在第一条红色双线下，与该线的距离为 3 号汉字高度的 7/8。

标题居中编排，与其上最后一个要素相距二行。

第二条红色双线上一行如有文字，与该线的距离为 3 号汉字高度的 7/8。

首页不显示页码。

版记不加印发机关和印发日期、分隔线，位于公文最后一面版心内最下方。

10.2　命令(令)格式

发文机关标志由发文机关全称加“命令”或“令”字组成，居中排布，上边缘至版心上边缘为 20 mm，推荐使用红色小标宋体字。

发文机关标志下空二行居中编排令号，令号下空二行编排正文。

签发人职务、签名章和成文日期的编排见 7.3.5.3。

10.3　纪要格式

纪要标志由“×××××纪要”组成，居中排布，上边缘至版心上边缘为 35 mm，推荐使用红色小标宋体字。

标注出席人员名单，一般用 3 号黑体字，在正文或附件说明下空一行左空二字编排“出席”二字，后标全角冒号，冒号后用 3 号仿宋体字标注出席人单位、姓名，回行时与冒号后的首字对齐。

标注请假和列席人员名单，除依次另起一行并将“出席”二字改为“请假”或“列席”外，编排方法同出席人员名单。

纪要格式可以根据实际制定。

11　式样

A4 型公文用纸页边及版心尺寸见图 1；公文首页版式见图 2；联合行文公文首页版式 1 见图 3；联合行文公文首页版式 2 见图 4；公文末页版式 1 见图 5；公文末页版式 2 见图 6；联合行文公文末页版式 1 见图 7；联合行文公文末页版式 2 见图 8；附件说明页版式见图 9；带附件公文末页版式见图 10；信函格式首页版式见图 11；命令(令)格式首页版式见图 12。

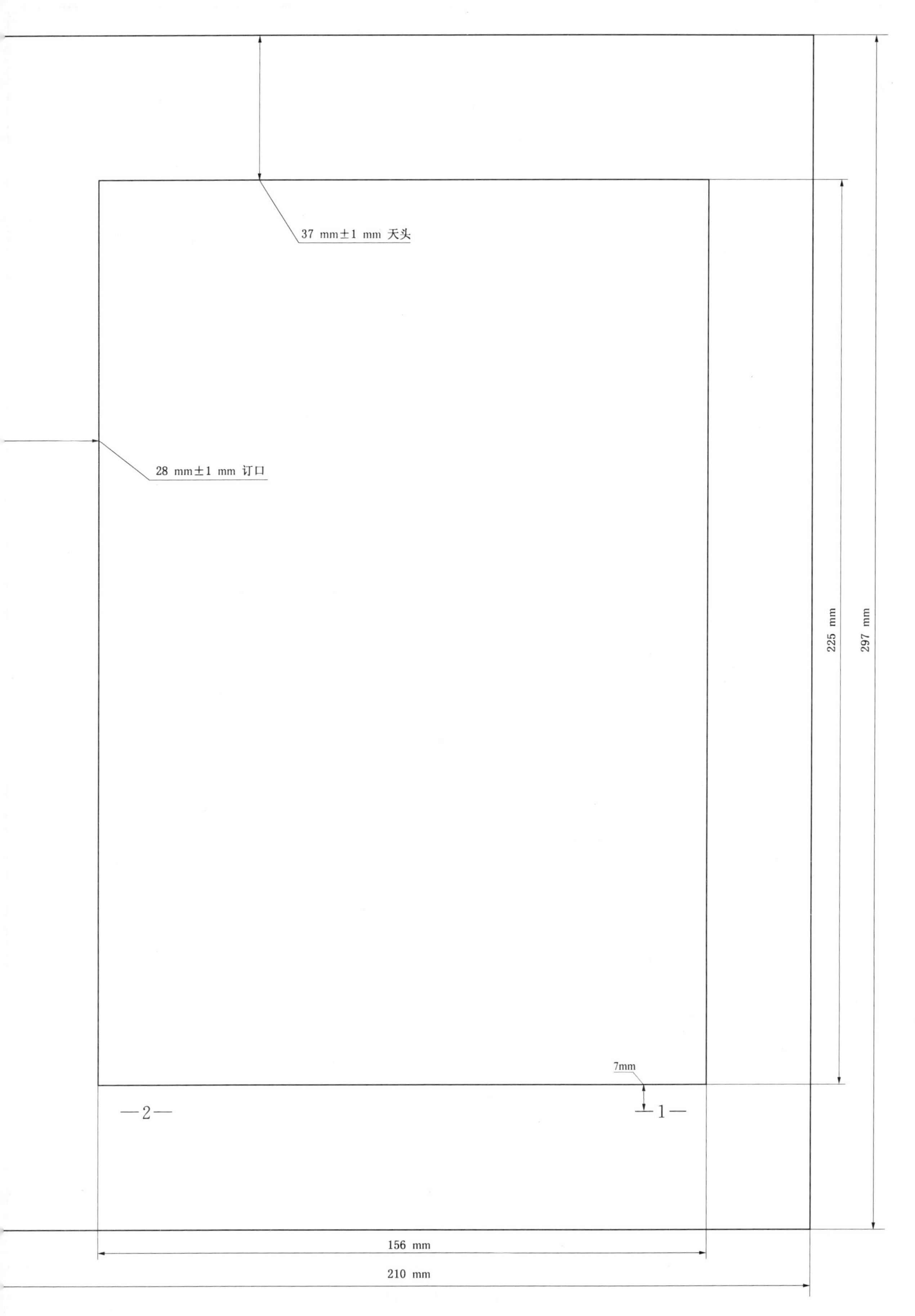

图 1　A4 型公文用纸页边及版心尺寸

000001

机密★1年

特急

×××〔2012〕10号

×××××关于××××××的通知

×××××××××：

××。

×××。

×××××××××××××。

×××××××。××

图2　公文首页版式

注：版心实线框仅为示意，在印制公文时并不印出。

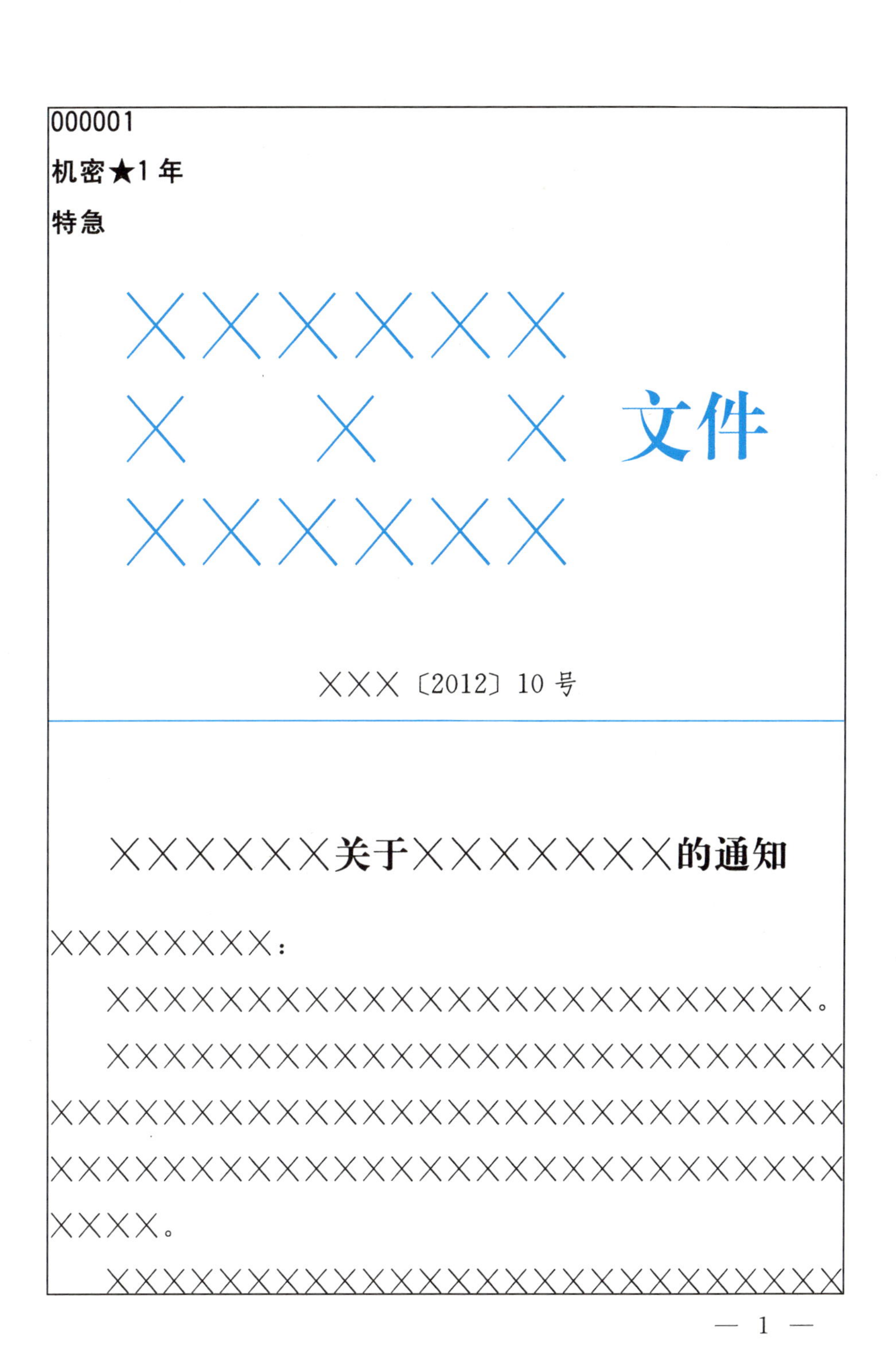

000001

机密★1年

特急

××××××
×　×　× 文件
××××××

×××〔2012〕10号

××××××关于×××××××的通知

××××××××：

××××××××××××××××××××××××××。

××。

××××××××××××××××××××××××××

— 1 —

图3　联合行文公文首页版式1

注：版心实线框仅为示意，在印制公文时并不印出。

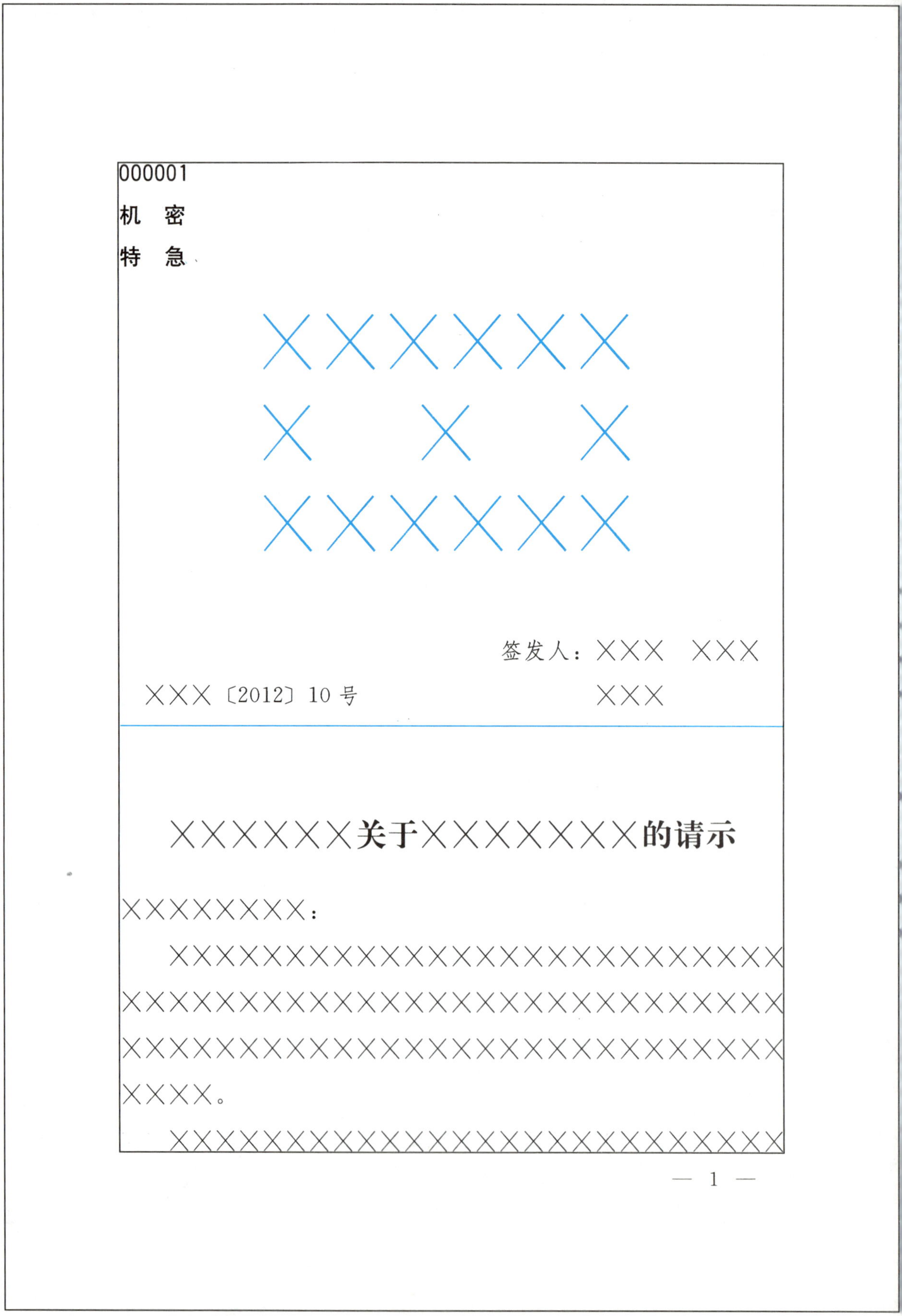

000001

机　密

特　急

××××××

×　　×　　×

××××××

签发人：×××　×××

×××〔2012〕10号　　　　　　　×××

××××××关于×××××××的请示

××××××××：

××。

×××××××××××××××××××××××××××

— 1 —

图4　联合行文公文首页版式2

注：版心实线框仅为示意，在印制公文时并不印出。

××××××××××××××××。

××。

中华人民共和国××××部

××部

2012年7月1日

（×××××）

抄送：×××××××××，×××××××，××××××，××××××，××××××。

××××××××××　　2012年7月1日印发

— 2 —

图5　公文末页版式1

注：版心实线框仅为示意，在印制公文时并不印出。

×××××××××××××××。

××。

×××××××××××

2012年7月1日

（×××××）

抄送：××××××××，××××××，×××××，×××××，×××××。

×××××××××　2012年7月1日印发

— 2 —

图6　公文末页版式2

注：版心实线框仅为示意，在印制公文时并不印出。

×××××××××××××××。

××。

××部　　　　××部

2012年7月1日

（×××××）

抄送：××××××××，××××××，×××××，×××××，×××××。

×××××××××　　　　2012年7月1日印发

— 2 —

图7　联合行文公文末页版式1

注：版心实线框仅为示意，在印制公文时并不印出。

×××××××××××××××。

××××××××××××××××××××××××××××
×××××××××××××××××××××××××××××
××××××××××。

中华人民共和国××××部　中华人民共和国××××部　中华人民共和国××××部

中华人民共和国××××部　中华人民共和国××××部

2012年7月1日

（×××××）

抄送：××××××××，××××××，×××××，×××××，×××××。

××××××××××	2012年7月1日印发

— 2 —

图8　联合行文公文末页版式2

注：版心实线框仅为示意，在印制公文时并不印出。

××××××××××××××。

××。

附件：1. ××××××××××××××××××××××××××××××

2. ×××××××××××××

×××××××

× × × ×

2012年7月1日

(×××××)

图9 附件说明页版式

注： 版心实线框仅为示意，在印制公文时并不印出。

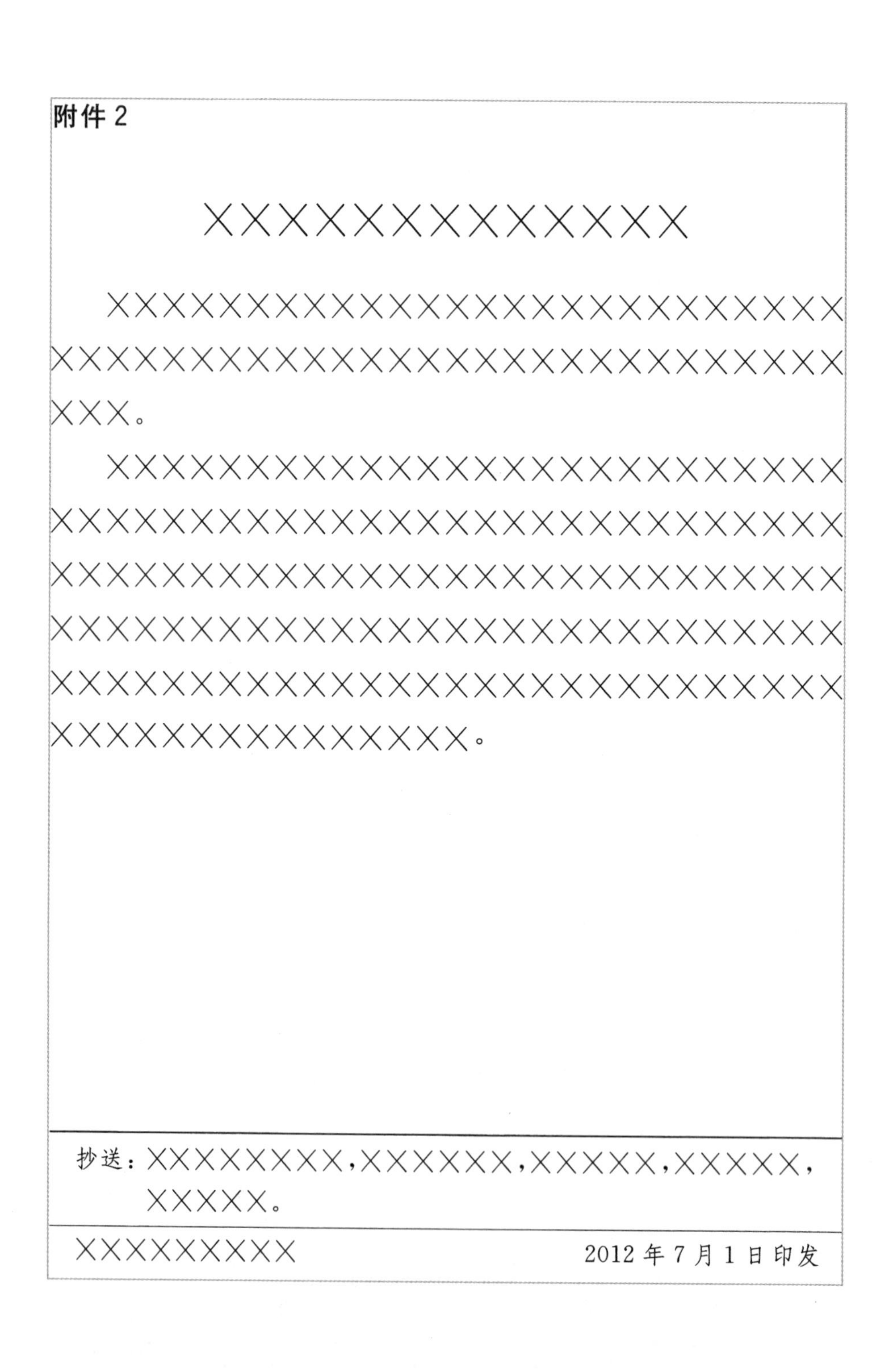

附件 2

XXXXXXXXXXXXXX

XXXXXXXXXXXXXXXXXXXXXXXXXX
XXXXXXXXXXXXXXXXXXXXXXXXXXXX
XXX。

XXXXXXXXXXXXXXXXXXXXXXXXXX
XXXXXXXXXXXXXXXXXXXXXXXXXXXX
XXXXXXXXXXXXXXXXXXXXXXXXXXXX
XXXXXXXXXXXXXXXXXXXXXXXXXXXX
XXXXXXXXXXXXXXXXXXXXXXXXXXXX
XXXXXXXXXXXXXXX。

抄送：XXXXXXXX，XXXXXX，XXXXX，XXXXX，
XXXXX。

XXXXXXXXX　　2012 年 7 月 1 日印发

图 10　带附件公文末页版式

注：版心实线框仅为示意，在印制公文时并不印出。

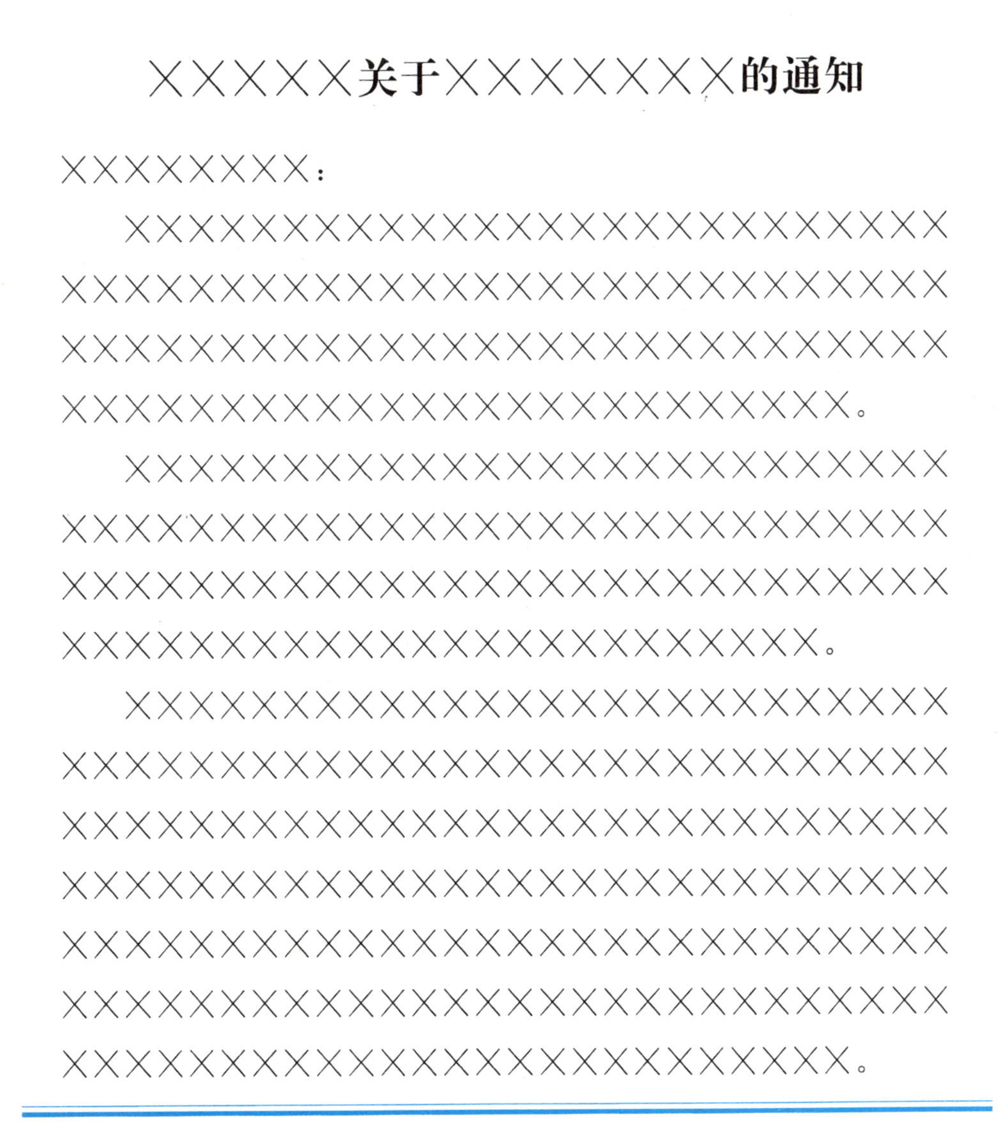

中华人民共和国×××××部

000001　　　　　　　　　　　　　　×××〔2012〕10号

机　密

特　急

×××××关于×××××××的通知

××××××××：

　　××。

　　××。

　　××。

图 11　信函格式首页版式

注：版心实线框仅为示意,在印制公文时并不印出。

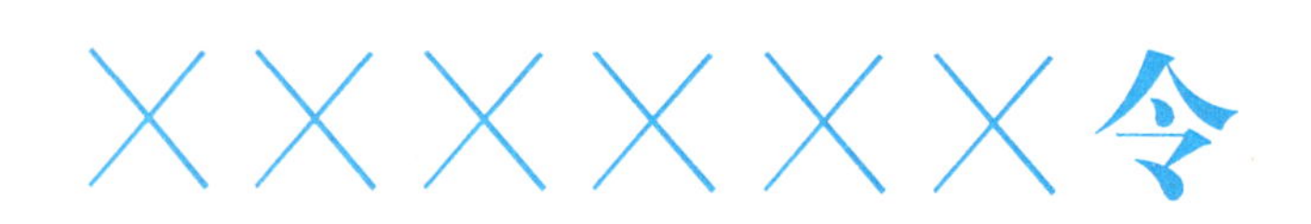

第×××号

部　长 

2012年7月1日

— 1 —

图12　命令(令)格式首页版式

注：版心实线框仅为示意，在印制公文时并不印出。

第三版后记

自《应用文写作教程》(第一版)问世以来,因为在编排体例和阐释形式方面有新的尝试,所以受到读者的欢迎,多次重印。读者在使用过程中,也提出了一些修订意见。依据中办发〔2012〕14 号文的下发,趁着《党政机关公文格式》等国家标准 2012 年版的发布,有必要对公文写作的某些具体要求做相应调整,故 2012 年编者对全书做了一次修订。更新了某些说法,替换了部分例文,而基本内容和框架,则未做大的调整。今年,又做了第三次细微调整,再次更新了部分例文。因为教材涉及大部分知识点的相对稳定,特别是当初编写时体现的一些新意,并没有随着时间的变化而失去,这也是不需要把教材推倒重来的主要原因。虽然回顾旧教材依然能够发现些微的新意,未必说明了编者当初的思想前瞻,也许只说明了编者今天的没有进步。总之,这有待读者诸君不吝指教,以便我们明确改进的方向。

修订的具体分工是由原编撰者负责相关章节,陆亚萍修订上编,张彪修订中编,詹丹修订下编,而最后的审订工作,则由陆亚萍担任。上海开放大学教务处相关领导对修订工作给予了政策支持,不少使用该教材的老师提出了一些具体的修订建议,在此一并致谢。

编　者

2014 年 9 月

图书在版编目(CIP)数据

应用文写作教程/陆亚萍,詹丹,张彪编著.—3版.—上海:复旦大学出版社,
2015.1(2024.1重印)
ISBN 978-7-309-11013-5

Ⅰ.应… Ⅱ.①陆…②詹…③张… Ⅲ.汉语-应用文-写作-教材 Ⅳ.H152.3

中国版本图书馆CIP数据核字(2014)第231450号

应用文写作教程(第三版)
陆亚萍 詹 丹 张 彪 编著
责任编辑/邵 丹

复旦大学出版社有限公司出版发行
上海市国权路579号 邮编:200433
网址:fupnet@fudanpress.com http://www.fudanpress.com
门市零售:86-21-65102580 团体订购:86-21-65104505
出版部电话:86-21-65642845
杭州日报报业集团盛元印务有限公司

开本787毫米×1092毫米 1/16 印张20.75 字数455千字
2024年1月第3版第13次印刷
印数62 801—66 900

ISBN 978-7-309-11013-5/H·2400
定价:43.90元

如有印装质量问题,请向复旦大学出版社有限公司出版部调换。
版权所有 侵权必究